fit fürs
abi
Oberstufenwissen
Musik

fit fürs abi
Oberstufenwissen
Musik

Jürgen Rettenmaier unterrichtet Musik an einem Gymnasium mit musischem Zweig. Mit der Abnahme von Abiturprüfungen hat er viel Erfahrung.

westermann GRUPPE

© 2019 Georg Westermann Verlag GmbH, Braunschweig
www.westermann.de

Druck [2] / Jahr 2021

Redaktion: imprint, Zusmarshausen
Kontakt: lernhilfen@ westermanngruppe.de
Umschlaggestaltung und Innenlayout: Janssen Kahlert Design & Kommunikation, Hannover
Umschlagfoto: iStockphoto.com, Calgary, DGLimages
Druck und Bindung: Westermann Druck GmbH, Braunschweig

ISBN 978-3-7426-**0160**-5

Vorwort

Die Vorbereitung auf die Abiturprüfung im Fach Musik erfordert ein langfristiges systematisches Arbeiten. Notentexte aus 1000 Jahren Musikgeschichte müssen in ihrer Komplexität richtig erkannt und gedeutet werden. Ihr historisches und soziologisches Umfeld, die heutige klangliche Realisierung, die Präsenz in Konzert und Medien, die künstlerische Absicht des Komponisten, die Ausdeutung durch den Interpreten und die Rezeption durch das Publikum spielen eine große Rolle in den Aufgabenstellungen.

Das Buch enthält zahlreiche Notenbeispiele, Abi-Tipps und Übersichten, die Ihnen das Lernen erleichtern sollen. Vor allem die **fett gedruckten Begriffe** im Text sollen Sie an die wichtigsten Schlagworte erinnern.

Es ist nicht unbedingt nötig, das Buch von vorne bis hinten durchzuarbeiten. Jedes Kapitel steht für sich. Allerdings ist ein Gesamtüberblick immer nützlich. Versuchen Sie daher, wann immer möglich, die im Unterricht der Sekundarstufe II meist knapp aufeinander folgende Aneinanderreihung verschiedenartigster Musikaspekte nicht als interessante Einzelphänomene wahrzunehmen, sondern in einen größeren geschichtlichen Zusammenhang zu bringen und sie dadurch zu festigen und zu vertiefen.

Geschichtlicher Zusammenhang

Fit im Abi bietet dazu sowohl einen **musikgeschichtlichen Überblick** in der Aufeinanderfolge der Kapitel, als auch innerhalb der Kapitel einen Kurzüberblick über die Entwicklung der einzelnen **Musikgattungen**.

Eingestreut in die Ausführungen über die Gattungen finden Sie an jeweils charakteristischen Stellen einige wenige **Kurzbiographien** der für die Epoche und die jeweilige Gattung bedeutenden Komponisten. Die angegebenen Zahlen und Fakten sind nicht als „Lernstoff" im Sinne von Reproduktion zu verstehen, sondern als kurze wertneutrale Informationen zu den Lebensumständen eines Künstlers in Bezug auf dessen Herkunft, Ausbildung, finanzielle und gesellschaftliche Stellung, kompositorischem Wirkungsfeld usw., welche Ihnen beim Lesen zwischen den Zeilen eine Einordnung in Ihr eigenes Wissensraster ermöglichen soll.

Kurzbiographien

Da die Lehrpläne und auch die Abiturprüfungen sich von Bundesland zu Bundesland unterscheiden, bietet Ihnen dieses Buch eine Vielfalt an Themen und Material, aus dem Sie sich das für Ihre Situation Passende aussuchen können. Gleichzeitig kann Ihnen das ausführliche Grundlagenkapitel helfen, eventuell „Verpasstes" nachzuholen. Das verhindert Unsicherheiten.

Achtung! Das Glossar gibt es als App für Smartphones.

Ein **Glossar** am Ende des Bandes erklärt die wichtigsten Fachbegriffe. Fürs Nachschlagen und Lernen unterwegs gibt es dieses Glossar auch als App für Ihr Smartphone. Einfach im Apple App Store oder bei Google Play „Fit fürs Abi" eingeben und kostenlos herunterladen. Die App erklärt wichtige Fachbegriffe nicht nur für das Fach Musik, sondern auch für sieben weitere Abiturfächer. Digitale „Karteikarten" erleichtern das Auswendiglernen.

Auf **www.westermann. de/fit-fuers-abi** finden Sie kostenlose Videos mit Prüfungstipps und vieles mehr. Klicken Sie einfach mal rein!

Auf www.westermann.de/fit-fuers-abi finden Sie außerdem kostenlose **Videos** mit Prüfungstipps. Unter anderem können Sie hier einer mündlichen Prüfung beiwohnen.

Wir hoffen, dass sich unsere Hilfen in Ihren Prüfungen anwenden lassen und wünschen Ihnen viel Freude, Kraft und Geduld bei der Prüfungsvorbereitung, faire Prüfungssituationen und viel Erfolg bei Ihren Abiturprüfungen.

Jürgen Rettenmaier

Grundlagen

1

In diesem Kapitel werden in einem Überblick die Grundlagen der Notenschrift, der Melodik, Rhythmik, Harmonik und der musikalischen Satzstrukturen dargestellt. Allein im europäischen Kulturraum entwickelte sich
innerhalb von ca. 1000 Jahren die Kunst, Musik mehrstimmig gedanklich
zu entwerfen und in zunehmender Komplexität schriftlich zu fixieren
(Komposition). Die Notationsweise ist hochkomplex, entwicklungsbedingt
aber auch unvollständig und unlogisch.

1.1 Die Notenschrift und ihre Entwicklung

Notensystem und Notenschlüssel

Das heutige Notensystem besteht aus **fünf Notenlinien mit vier Zwischenräumen**, es kann nach oben
und unten durch Hilfslinien erweitert werden. Mehrere
gleichzeitig erklingende Notenzeilen, die in einer Partitur untereinander, nennt man **Akkolade**. Die Noten

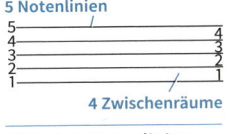

Abb. 1.1: Notenlinien

stehen jeweils auf der Linie (im Terzabstand) oder in den Zwischenräumen oder
auf bzw. zwischen den Hilfslinien über oder unter dem System.

Da hohe und tiefe Bereiche mit vielen Hilfslinien schwerer lesbar sind, verwendet man lieber verschiedene Schlüssel für die Tonhöhenbereiche, den **g- oder
Violinschlüssel** für die hohen, den **f- oder Bassschlüssel** für die tiefen Berei-
che. In der Klavieranordnung befindet sich zwischen Violin- und Bassschlüssel
eine (gedachte) Hilfslinie. Aus dem Mittelalter stammt der **C-Schlüssel**, der in
der Mensuralnotation der Vokalpolyphonie für jede Stimme auf einer anderen
Linie erscheinen konnte (Sopran auf der 1. und Mezzosopran auf der 2. Linie).
Er bezeichnet das c^1 (eingestrichenes c) und wird auf der 3. Linie (Alt- oder
Bratschenschlüssel) heute noch für die Viola verwendet, auf der 4. Linie als
Tenorschlüssel für hohe Bereiche von Posaune und Violoncello.

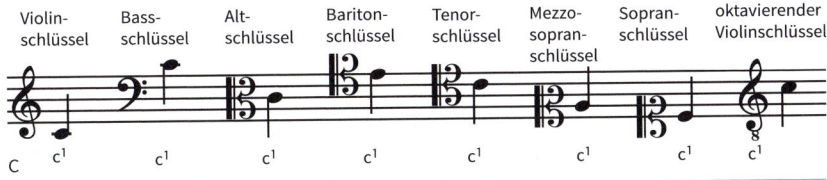

Abb. 1.2: c^1 in verschiedenen Schlüsseln

Oktavbereiche: Jeweils von c bis zum nächsthöheren h reicht ein Oktavbereich. Im Deutschen heißt der mittlere Bereich c^1 (c') c **eingestrichen**; die nächsthöhere Oktave c^2 (c'') zweigestrichen usw. Nach unten heißen die Bereiche kleine, große, Kontra- und Subkontraoktave. Im Amerikanischen wird der tiefste Ton als c^0, eine Oktave höher als c^1 usw. bezeichnet. Unser mittleres c^1 entspricht dem amerikanischen c^4.

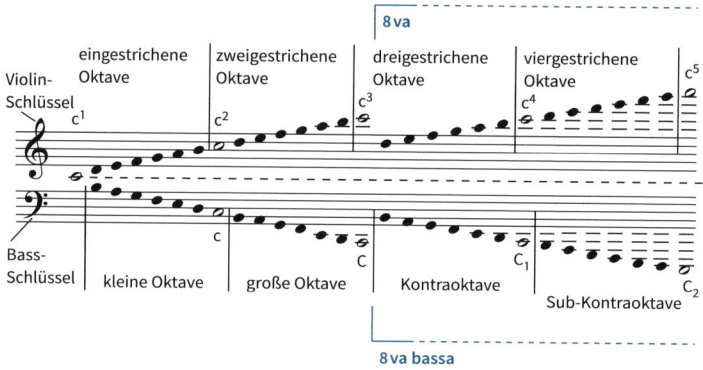

Abb. 1.3: Oktavbereiche

Tondauern

Die Tondauer wird über das Aussehen der Noten festgelegt, normalerweise vom Schlagwert ♩ = Viertel ausgehend, welcher vervielfacht und geteilt werden kann.

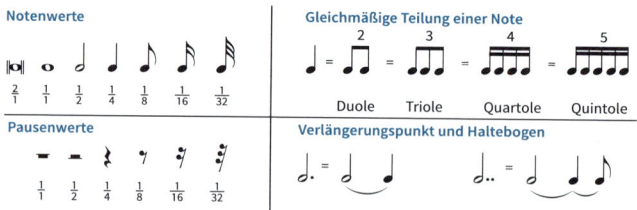

Abb. 1.4: Tondauer

⊙ Diese **Tondauern sind relativ**, da sie vom Tempo abhängen, welches durch allgemeine Angaben (z. B. Allegro – heiter, schnell) oder durch genauere Metronomangaben (♩ = 120) in Schlägen pro Minute angegeben wird.

⊙ Der **Punkt hinter einer Note** verlängert diese um die Hälfte ihres Wertes. Ein Pausenzeichen kann ebenfalls punktiert werden.

⊙ Der **Haltebogen** verlängert eine Note mit gleicher Tonhöhe über einen Taktstrich hinweg und ein Vorzeichen wird übernommen.

⊙ Besondere Teilungen durch 3, 5, 7 (Triolen, Quintolen, Septolen) werden durch **Zahlenangaben über den Noten** gekennzeichnet.

Tonhöhen, Vorzeichen, enharmonische Verwechslung

◉ Die Tonhöhe ist abhängig vom Schlüssel und von der Höhe im Fünf-Liniensystem. Die **Stammtöne** (c, d, e, f, g, a, h, c) entsprechen den Tönen der C-Dur-Tonleiter und den weißen Tasten des Klaviers.

◉ **Versetzungszeichen** (Akzidenzien): Alle Stammtöne können ein- oder zweimal um einen Halbtonschritt alteriert, das heißt erhöht oder erniedrigt werden. Bei der einfachen Erhöhung durch ♯ wird ein **-is**, bei der doppelten durch ✗ ein **-isis**, bei der einfachen Erniedrigung durch ein ♭ die Silbe **-es**, bei der doppelten durch ♭♭ die Silbe **-eses** an den Stamm angehängt.

Ausnahmen: h ⇒ b ⇒ heses; a ⇒ as ⇒ asas; e ⇒ es ⇒ eses.

Versetzungszeichen gelten innerhalb eines Stückes nur für einen Takt (über den Taktstrich übergehaltene Noten behalten das Vorzeichen). Sollen sie für das ganze Stück Gültigkeit haben, werden sie am Beginn jeder Notenzeile als Vorzeichen notiert.

◉ Das **Auflösungszeichen** ♮ macht die Veränderungen (Alterierungen) rückgängig.

◉ Von **enharmonischer Verwechslung** spricht man, wenn in der temperierten Stimmung gleich klingende Töne verschieden bezeichnet werden (c = his = deses = aisisis).

Tipp

Notenlesekompetenz
Erwerben Sie flüssige **Notenlesekompetenz in allen Schlüsseln** durch intensives Training. Computerprogramme können dabei hilfreich sein.

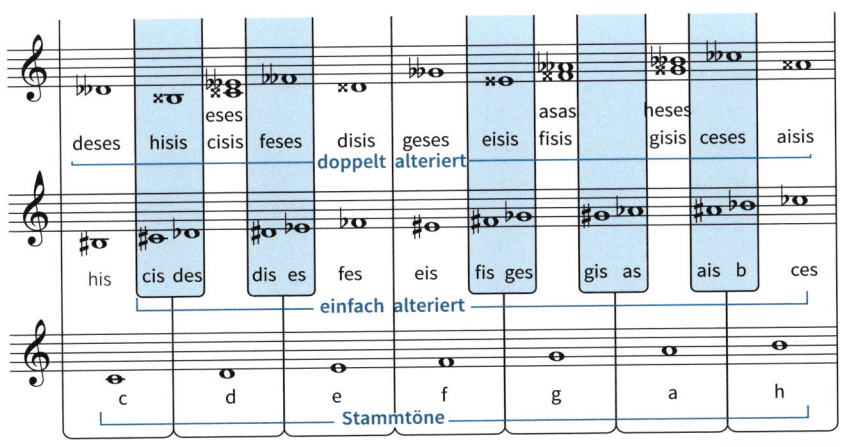

Abb. 1.5: Klaviertastatur mit diatonisch-enharmonischem Tonsystem

Übung

Die Tonfolge c, d, fes, f, fisis, asas ... klingt wie *Alle meine Entchen*, die Notation **A** zeigt aber nicht den gehörten Ausschnitt der aufsteigenden Tonleiter c, d e, f, g, g und die Tonwiederholungen wie bei **B**.

Transponiert man nun alle Töne um einen halben Ton nach oben (**C**), heißt die Folge cis, dis, eis, fis, gis, gis. Ersetzt man dabei den Ton eis durch den nur scheinbar „leichteren" Ton f (gleiche Tonhöhe, enharmonisch verwechselt), geht die aufsteigende Tonleiter wieder verloren.

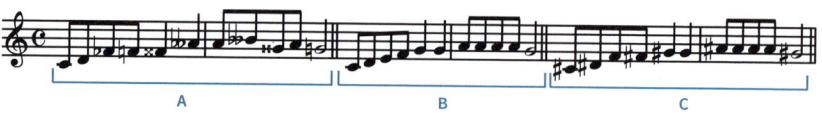

Abb. 1.6: Alle meine Entchen

Vortragsbezeichnungen

Vortragsbezeichnungen werden seit dem beginnenden 17. Jahrhundert verwendet und beziehen sich auf Dynamik, Tempo, Artikulation, Gliederung, Spieltechnik oder Ausdrucksgehalt (Affekt). Sie entstammen meist der italienischen Sprache, ab 1800 werden für den Ausdrucksgehalt oft auch deutsche Begriffe verwendet. Im Verlauf von Klassik, Romantik und beginnendem 20. Jahrhundert lässt sich ein verstärktes Auftreten der Vortragsangaben verfolgen, die auch vermehrt zum integrativen Bestandteil des kompositorischen Ausdruckswillens werden.

Die folgende Tabelle erhebt keinen Anspruch auf Vollständigkeit. Sie ist vielmehr eine Auswahl von häufig verwendeten Vortragsbezeichnungen und Abkürzungen, deren Kenntnis in Prüfungsaufgaben vorausgesetzt werden könnte.

Wichtige Vortragsbezeichnungen

Bezeichnung	Bedeutung
a cappella	Sänger ohne Instrument
accelerando, accel.	schneller werdend
adagio	langsam
ad libitum, ad lib.	nach Belieben
agitato	unruhig, erregt
Akzent V ⋀	Betonung
al fine	bis zum Ende
alla breve ¢	Schlagwert Halbe
allargando, allarg.	langsamer werdend
allegretto	etwas bewegt, munter
allegro	heiter, schnell
amabile	lieblich

Bezeichnung	Bedeutung
andante, and.	gehend
andantino	etwas bewegter als andante
animato	beseelt, belebt
a piacere	nach Belieben
appassionato	leidenschaftlich
appoggiatura	Vorschlag
arco	gestrichen (nach → pizz.)
arioso	gesanglich, lyrisch
arpeggio	gebrochener Akkord
assai	sehr
a tempo	wieder im Tempo
attacca	direkt, ohne Pause fortfahren
basso continuo, b.c.	durchgehender Bass, Generalbass
Bebung	Tonhöhenschwankung bei Cembalo, Streichern
bocca chiusa	mit geschlossenem Mund
Bogenführung bei Streichern:	Abstrich ⊓, Aufstrich V
𝄴	4/4 Takt
cantabile	sanglich
cantus firmus, c. f.	feststehende, vorgegebene Stimme
chiuso	gestopft
col basso	mit dem Bass
col canto	mit der Singstimme
colla parte	mit der Hauptstimme
col legno	mit Holz des Bogens schlagen
come prima	wie zuerst
concitatio	aufgeregt
con fuoco	feurig
con moto	mit Bewegung
continuo, cont.	Kurzform für basso continuo
crescendo, cresc.	lauter werden
da capo (al fine)	von Beginn (bis zum Ende)
decrescendo, decresc.	leiser werdend
détaché	jeder Ton mit Bogenwechsel
diminuendo, dim.	leiser werdend
divisi, div.	Akkorde werden auf die Streicher der Stimme aufgeteilt und nicht als Doppelgriffe gespielt.
dolce	süß
doloroso	schmerzvoll
espressivo	ausdrucksvoll
Euouae	Abkürzung für saeculorum amen
f, forte	laut

Bezeichnung	Bedeutung
facile	leicht
Falsett	Fistelstimme, Kopfstimme
Fermate ⌢	Haltezeichen, verlängert die Tondauer
fine	Ende
Flageolett	Obertöne durch leichtes Berühren anstelle von Abdrücken einer Saite, bei Bläsern durch Überblasen erzeugt.
flautando	flötend
flebile	klagend
forte, f	laut
fortissimo, ff	sehr laut
fortepiano, fp	laut betont, dann wieder leiser
forzato, fz	betont
funèbre	düster, zur Beerdigung gehörend
furioso	wild, stürmisch
Fuß	Registerangabe der Orgel, bezogen auf die Pfeifenlänge, 8' klingt wie notiert, 4' oktaviert nach oben, 16' nach unten; auch beim Cembalo gebräuchlich
gedackt	Orgelregister mit gedeckelten Pfeifen, die eine Oktave tiefer klingen und ein stärkeres Anblasgeräusch besitzen
Generalpause, G. P.	alle Mitwirkenden pausieren
giocoso	scherzhaft
glissando, gliss.	gleitende Tonfolge
grave	schwer, feierlich
grazioso	anmutig
Haltebogen	verlängert einen Ton über den Taktstrich hinaus
kantabel	singend
klingend	bei transponierenden Instrumenten nicht der notierte, sondern der real klingende Ton
larghetto	etwas breit, etwas schneller als → largo
largo	langsam, breit
legato	gebunden ⌢
Legatobogen ⌢	Töne werden auf einem Bogenstrich gespielt
leggiero	locker, leicht, nicht gebunden
l. H.	linke Hand
l'istesso tempo	im selben Tempo
loco	nach Oktavierung wieder in normaler Lage
ma non troppo	aber nicht zu sehr
maestoso	majestätisch
manualiter, man.	auf dem Manual zu spielen (nicht auf dem Orgelpedal)
marcato, marc.	betont, markiert
martelé	gehämmert, kurzer starker Bogenstrich
martellato	gehämmert, kurzer starker Bogenstrich ▾

Bezeichnung	Bedeutung
meno	weniger
mezza voce	mit halber Stimme
mezzoforte, mf	halb laut
mezzopiano	halb leise
M. M.	Mälzelsches Metronom, Tempoangabe in Schlägen pro Minute
moderato, mod.	gemäßigt
molto	viel
Mordent	Wechsel mit unterer Nebennote
morendo	ersterbend, leiser und langsamer werdend
mosso	bewegt
Nachschlag	Verzierung nach der Hauptnote in deren Dauer enthalten
non	nicht
non legato	zwischen → legato und → staccato
non tanto	nicht so sehr
non troppo	nicht zu viel
o	leere Saite bei Saiteninstrumenten,
tasto solo, t. s.	nur Basston ohne Harmonie im Generalbass
obligat	muss notwendig enthalten sein
opus, op.	Opus, Werk
ossia	Variante zur Auswahl
ottava, 8va	Oktavversetzung
P	Pedal
p, piano	leise
parlando	fast gesprochen
pesante	schwer, wuchtig
piangendo	weinend
piano, p	leise
pianissimo, pp	sehr leise
più	mehr
pizzicato, pizz.	gezupft
poco	wenig
poco a poco	nach und nach
portato	getragen, Artikulation zwischen → legato und → staccato oder
Praller, Pralltriller	Tonwechsel mit oberer Nebennote
prestissimo	sehr schnell
presto	schnell
prima volta, seconda volta	erstes und zweites Mal zu spielen bei Wiederholungen
quasi	gleichsam

Bezeichnung	Bedeutung
rallentando, rall.	langsamer werdend
r. H.	rechte Hand
ripieno, rip.	mehrfach (chorisch) besetzt im Gegensatz zu → Solo
ritardando, rit.	langsamer werdend
rubato, tempo rubato	geraubt, nicht streng im Tempo
scherzando	scherzhaft
secco	trocken
sempre	immer
senza	ohne
senza sordino	ohne Dämpfer
sforzando, sf	Einzelton oder Akkord stark betont
sforzato, sfz	wie sforzando
simile	gleichartig
solo	allein
sordino	Dämpfer
con, senza sordino	mit oder ohne Dämpfer
sostenuto	zurückgehalten im Tempo
sotto voce	unter der Stimme, nicht mit voller Lautstärke
staccato, stacc.	gestoßen, deutlich getrennt 𝄾𝄾 oder 𝄾𝄾
stringendo, string.	schneller werdend
subito	plötzlich
sulla tastiera	auf dem Griffbrett, weicher Klan
sul ponticello	nahe dem Steg, scharfer Klang
tacet	schweigt, setzt aus
tanto	so viel, so sehr
tasto solo, t. s.	Generalbassanweisung: nur Basston ohne Harmonie
tenuto, ten.	gehalten
tremolo, trem.	zitternd, bebend, rascher Tonwechsel
Triller, tr	rascher Tonwechsel mit oberer Nebennote
troppo	zu viel, zu sehr
tutti	alle, Gegensatz: solo
una chorda	nur mit einer Saite
unisono, unis.	Zusammenspiel im Einklang oder in der Oktave
Vibrato	Beben, Tonhöhenschwankung
vivace	lebhaft
vivo	lebendig

Tab. 1.1: Wichtige Vortragsbezeichnungen

Vortragsbezeichnungen
Lernen Sie die Liste wie Vokabeln, z. B. eine Seite pro Tag mit entsprechender Wiederholung nach einiger Zeit. Nehmen Sie bewusst die Vortragsbezeichnungen in Ihren Vortragsstücken wahr.

Neumen im Gregorianischen Choral

Ab dem 8./9. Jahrhundert gibt es Handschriften, die den Entstehungsprozess der Notenschrift aufzeigen. Davor dürften die Melodien ausschließlich mündlich überliefert worden sein. In Zusammenhang mit der angestrebten Vereinheitlichung der Liturgien in der römischen Kirche reichte dies vermutlich nicht mehr aus, die schriftliche Fixierung des Chorals wurde für die Verbreitung über große Entfernungen hinweg erforderlich.

Über die liturgischen Texte wurden von den Mönchen in den Klöstern **Neumen** (gr.: Wink) notiert, welchen die Bewegungen beim Chordirigieren zugrunde lag. Sie geben nur eine Richtung an, ohne genau zu bestimmen, welches Intervall gemeint ist und sind so nur eine Gedächtnisstütze für bekannte Melodien (**Adiastematische Neumen**) (z. B. *Punctum* abwärts oder tief bleiben, *Virga* aufwärts oder hoch bleiben).

Einige Handschriften notierten die Tonhöhen als Buchstaben über dem Text zusätzlich zu den Neumen, was sich aber nicht durchsetzte.

Erst ab ca. 1000 wurden die **Diastematischen Neumen**, die im 10. Jahrhundert noch ohne Linien über dem Text standen, in Linien im Terzabstand eingetragen, sodass der genaue Tonhöhenverlauf fixiert und damit auch rekonstruierbar wurde. Das System geht auf **Guido von Arezzo** zurück, welcher gefärbte Linien verwendete, unter denen sich jeweils der Halbtonschritt befand: rot für die f-Linie, eine Quinte höher gelb für die c-Linie.

Die Neumen der verschiedenen Schreibschulen unterschieden sich in ihrer äußeren Form. Heute wird für die Choralnotation die auf vier Notenlinien notierte **römische Quadratnotation** mit c-Schlüssel (⹁) und f-Schlüssel (⹁) verwendet. Feste Verbindungen von Einzelzeichen nennt man **Ligaturen** (z. B. Pes, Clivis, Porrectus). Am Zeilenende zeigt ein Custos schon die Tonhöhe der ersten Note im nächsten System.

Name	St.-Gallen	Quadrat-Neumen	Tonbewegung
Punctum	. (\)	■	abwärts oder tief bleiben
Virga	/ ſ	╹	aufwärts oder hoch bleiben
Pes (Podatus)	♩ ♪	▮	tief ⇒ hoch
Clivis (Flexa)	∩	▜	hoch ⇒ tief
Scandicus	/ ⫽	♪	drei Töne aufwärts
Climacus	/· /=	▜••	drei Töne abwärts
Torculus	∫ ∫ ⌐	▟▙	tief ⇒ hoch ⇒ tief
Porrectus	Ν	Ⅴ	hoch ⇒ tief ⇒ hoch
Custos		↲	

Tab. 1.2: Notationszeichen

Beispiel

Der **Introitus** (Eingangslied) zur Totenmesse (**Requiem**) steht im 6. Ton (hypolydisch), die Finalis ist *f*, der Tenor *a*, allerdings reicht der Ambitus nicht wie üblich unter die Finalis (s. S. 26).

Die Silben sind teilweise syllabisch (ein Ton pro Silbe), teilweise melismatisch (mehrere Noten pro Silbe) vertont.

Die Melodie liegt auch dem *Introitus des Requiems op. 9* von DURUFLÉ (1947) zugrunde.

Die berühmten Vertonungen des Requiems durch MOZART, VERDI, BERLIOZ u. a. verwenden nur den Text, nicht jedoch die gregorianische Melodie als Grundlage.

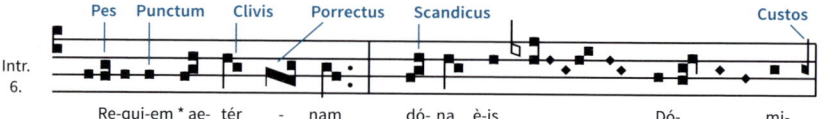

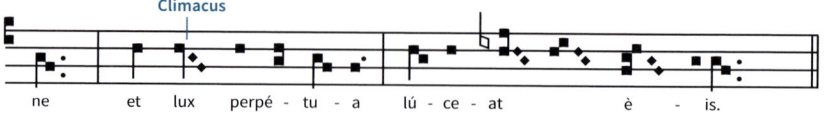

Abb. 1.7: Introitus

Notation der Vokalpolyphonie

Die Entstehung der Mehrstimmigkeit erforderte auch die Entwicklung einer rhythmischen Notation für die übereinander erklingenden Stimmen mit unterschiedlichen Rhythmen. Über die **Modalnotation**, in welcher nur schematisch gleiche Rhythmusgruppen notiert werden konnten, entwickelte sich ab 1280 die Mensuralnotation, die um 1600 von der heutigen Notenschrift mit **Akzentstufentakt** und zweizeitigen Notenwerten abgelöst wurde.

Die Vokalwerke wurden nicht in Partituranordnung (gleichzeitig erklingende Stimmen untereinander) überliefert, sondern als Stimmen mit jeweils eigenen Schlüsseln, welche unter und nebeneinander auf dem gleichen Blatt oder in separaten Stimmbüchern notiert wurden.

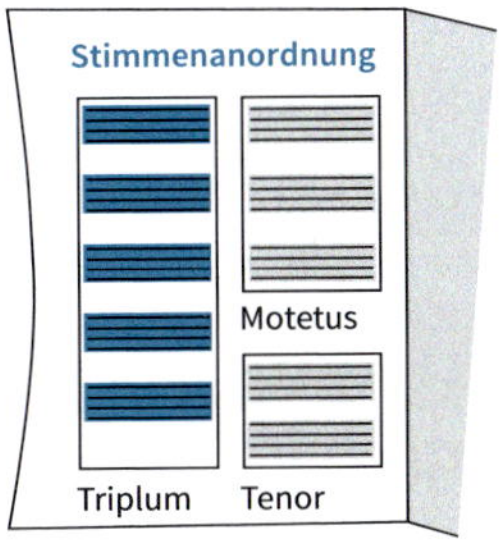

Um die Werke für den praktischen Gebrauch nutzbar zu machen, werden heutzutage die Stimmen in Partituranordnung gebracht, die weiße Semibrevis (◇), die eigentlich einer Ganzen Note entsprechen würde, z. B. durch eine Halbe Note in die heutige Notation übertragen (Übertragungsverhältnis 1 : 2), die alten Schlüssel durch Violin- und Bassschlüssel ersetzt und anstelle von echten Taktstrichen sogenannte Mensurstriche gesetzt. Diese stehen nicht in, sondern nur zwischen den Notenzeilen. Die noch heute übliche Spielanweisung alla breve ¢, Schlagwert 𝅗𝅥 statt 𝅘𝅥, geht auf die Verwendung der Brevis anstelle von Semibrevis in der Mensuralnotation zurück.

	Duplex-Longa	**Longa**	**Brevis**	**Semibrevis**
Form im 13. Jh.	(1 =) ▜	(2 =) ▜	(6 =) ■	(18 =) ◆
Wertverhältnis	2-zeitig		3-zeitig	
Form im 15. Jahrhundert	𝆷	𝆸	𝆹	◇
Übertragungsverhältnis Die heutige Notenschrift ist immer zweizeitig.	1 : 1 𝅝	2 : 1 𝅗𝅥	4 : 1 𝅘𝅥	𝅘𝅥𝅮

Tab. 1.3: Notation im Wandel

1.2 Zeit und Rhythmus

Die Notenschrift ist in Bezug auf die zeitliche Komponente ziemlich ungenau. Während ein geübter Hörer die sieben diatonischen und die zwölf chromatischen Tonschritte in den verschiedenen Oktavlagen klar wahrnimmt, sind es von der Ganzen bis zur 16tel-Note nur vier Teilungsschritte und Tondauern. Viele Musikstücke kommen mit nur drei bis vier aufeinander bezogenen Tondauern aus. Werden die Rhythmen komplexer, verliert der durchschnittliche Hörer relativ schnell die Übersicht. Eine gleich aussehende Viertelnote wird im Adagio (♩ = 50) als langer Ton, im Presto (♩ = 180) als Ton von kurzer Dauer erlebt. Gleich aussehende Notenwerte können je nach Musikstil und Interpretation unterschiedliche Längen aufweisen (z. B. drei ungleiche Viertel beim Walzer oder zwei ungleiche Achtel beim Swing oder einer Seufzerfigur). Mechanisch gleiche Ausführung der Notenwerte wie z. B. durch ein Computerprogramm wird als unmusikalisch und entnervend empfunden.

Rhythmus und Metrum

Unter **Metrum** versteht man ursprünglich das Versmaß eines Gedichtes, also die regelmäßige Folge von schweren und leichten bzw. von langen und kurzen Silben (z. B. Jambus: kurz – lang). Das Bestreben, aufeinander folgende Töne durch Betonungen zu gliedern, führte um 1600 zur Einführung des Systems der abgestuften Taktbetonungen (**Akzentstufentakt**). Dadurch werden nicht nur die Hauptzählzeiten gegliedert, auch ganze Takte und Taktgruppen können betont oder unbetont aufgefasst werden.

Die lebendige Vielfalt der wechselnden Tondauern und Betonungen der Musik wird **Rhythmus** genannt und steht im Gegensatz zur gleichförmigen Abfolge der Taktbetonungen, ist jedoch mit diesen eng verflochten.

Modalrhythmen

Die Neumen des Mittelalters waren nur Tonhöhenzeichen und machten keinerlei Aussage über die Tondauer. Die **Modalnotation** des 12. Jahrhunderts verwendete die Notenformen der Quadratnotation und ordnete die Musik in wiederkehrende Folgen von Längen und Kürzen analog den Versmaßen.

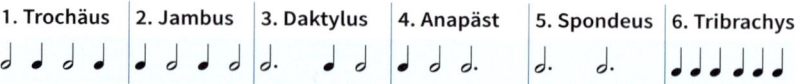

1. Trochäus	2. Jambus	3. Daktylus	4. Anapäst	5. Spondeus	6. Tribrachys

Abb. 1.8: Modalnotation

Sie war vor allem in den mehrstimmigen Kompositionen der Notre-Dame-Epoche (→ Seite 105) gebräuchlich. Da die Notenformen mehrdeutig verwendet wurden und die Notation nicht flexibel genug war, wurden sie um 1230 von der Mensuralnotation abgelöst.

Mensuralnotation

Erst mit dem Aufkommen der geordneten Mehrstimmigkeit der **Ars antiqua** (→ Seite 106) war es wichtig, genauere Tondauern zu notieren. Die Tondauern wurden nun genau mit dem Aussehen der jeweiligen Note verbunden und durch Zahlenverhältnisse aufeinander bezogen.

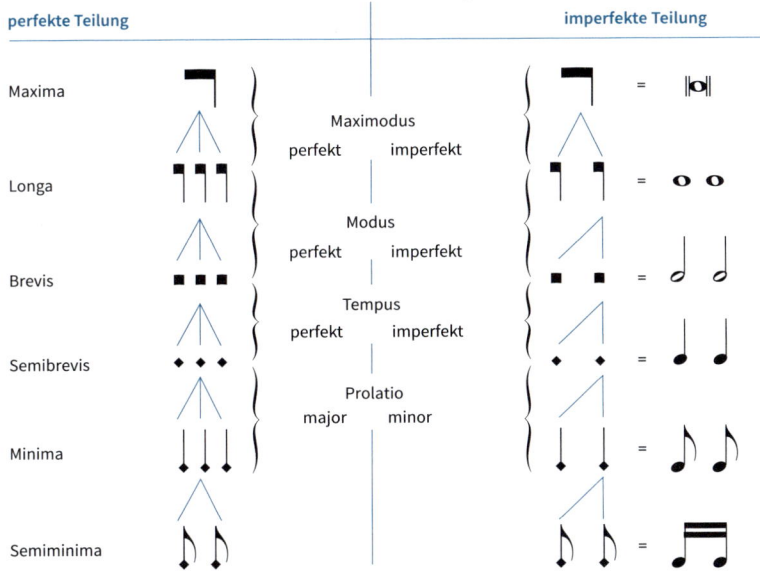

Abb. 1.9: Mensuralnotation

		Brevis ■ = o		Brevis ■ = ♩		Brevis ■ = ♪	
Maxima		o		=	‖o‖	=	o
Longa		=	‖o‖ ‖o‖	=	o o	=	♩ ♩
Brevis	■	=	o o	=	♩ ♩	=	♪ ♪
Semibrevis	♦	=	♩ ♩	=	♪ ♪	=	♪ ♪
Minima		=	♪ ♪	=	♪ ♪	=	♪ ♪
Semiminima	♪	=	♪ ♪	=		=	♪ ♪

Abb. 1.10: Übertragung in heutige Notenschrift

Akzentstufentakt

Der Taktstrich mit dem Hauptakzent auf der Note danach wurde in der Partitur ab 1600 zum grundlegenden Ordnungsfaktor. Alle Notenwerte wurden nun zweizeitig geteilt. Beeinflusst durch die Tanzmusik erhielten die quantitativen Notenwerte der Mensuralnotation einen qualitativen **Akzent in unterschiedlicher Abstufung**:

$\frac{2}{4}$, $\frac{2}{2}$, $\mathsf{\Phi}$	Zweiertakt: schwer-leicht, s-l;
$\frac{3}{4}$, $\frac{3}{2}$	Dreiertakt s-l-l,
$\frac{4}{8}$, $\frac{4}{4}$ = $\mathbf{C}$, $\frac{4}{2}$	Vierertakt s-l-mittelschwer-l,
$\frac{6}{8}$, $\frac{6}{4}$	Sechsertakt s-l-l/m-l-l).

Tab. 1.4: Akzente in unterschiedlicher Abstufung

Die unterschiedlichen Akzentabstufungen können auch für ganze Takte über größere Taktgruppen wie z. B. 8-taktige Perioden gelten.

> **Beispiel**
>
> MOZARTS 1786 während einer Kegelpartie komponiertes Menuett zeigt die Einteilung der 8-taktigen Periode in schwere und leichte Takte. Ergänzt man in Gedanken einen ersten Takt, der vielleicht auf einer kleinen Trommel den Tanz eingeleitet haben mag, so ergeben die natürlichen Betonungen der Musik einen doppelten Vierertakt. Die letzte Eins bleibt unbetont, da sie am Ende eines Abschnitts steht. Formal handelt es sich um ein 8-taktiges Thema mit Vorder- und Nachsatz (s. S. 52 und 147).
>
>
>
> Abb. 1.11: MOZART, Menuett aus 12 Duo für zwei Hörner K 487

Die **Anzahl und Art der Notenwerte eines Taktes** werden durch Zähler und Nenner angegeben. Der Halbkreis **C** steht dabei für den 4/4-Takt, das durchgestrichene **¢** verlangt die Halbe als Grundschlag (alla breve) und in der Regel ein schnelleres Tempo.

Beginnt eine Melodie unbetont, so wird zu Beginn ein Teiltakt (**Auftakt**) notiert, der zusammen mit dem letzten Takt wieder einen vollständigen Takt ergibt.

Durch Anbindung einer unbetonten Zählzeit an die folgende betonte, auch über einen Taktstrich hinaus, entsteht durch die unregelmäßige Taktbetonung eine Akzentverschiebung (**Synkope**). Im Palestrinastil unterliegt die Synkope strengen Satzregeln (→ Vorhalt, Seite 109). Im Jazz spielen synkopische Wirkungen durch die Akzente des Off-beats eine wichtige Rolle.

Zeitleiste

In der zweiten Hälfte des 20. Jahrhunderts war den Komponisten die traditionelle, auf Vervielfachung und Teilung eines Grundwerts beruhende Notierung nicht genau genug. Sie verwenden seither oft eine **Zeitleiste**, in der Minuten und Sekunden genau angegeben werden konnten. Für die ausübenden Musiker ist dies nicht unproblematisch, da Minuten und Sekundenangaben nicht ohne weiteres aus dem Gefühl wiedergegeben werden können und sie mit Stoppuhr spielen müssen.

Betonung einer mehrtaktigen Phrase   Tipp
Suchen Sie 8-taktige Perioden – am leichtesten in einem Tanzsatz der Klassik z. B. in einem Menuett zu finden –, bestimmen und spielen Sie die Schwerpunkte (→ Seite 20). Wählen Sie bewusst andere Schwerpunkte und prüfen Sie deren Wirkung. Untersuchen Sie wie die Erwartung von Schwerpunkten in romantischen Werken getäuscht, verschleiert bzw. ignoriert wird.

1.3 Tonsysteme, Tonalität, Tonleitern

Im Bereich der abendländischen Musikkultur wird der Klangraum der Oktave meist in eine bestimmte Folge von Ganz- und Halbtonschritten unterteilt (12 Halbtonschritte, aber z. B. 22 Shrutis in Indien). Als grundsätzlich verschiedene Arten haben sich herausgebildet: Pentatonik, Chromatik, Ganztonleiter, Diatonische Leitern.

Pentatonische Leiter

Die Pentatonische Leiter (gr. *penta*: fünf) ist eine halbtonlose Anordnung aus drei Ganztönen und zwei kleinen Terzen (Ausnahme: hemitonische Pentatonik in Japan). Man findet sie auf den schwarzen Klaviertasten (z. B. cis – dis – fis – gis – ais) aber auch auf den weißen (c – d – e – g – a).

Abb. 1.12: Pentatonische Leitern

Merkmale: Es gibt keine stark dissonanten Zusammenklänge, mehrere Töne können Grundtonfunktion annehmen, es lässt sich nur ein Dreiklang bilden, ansonsten entstehen Quart-Sekundklänge, daher gibt es auch keine Tonika-Dominantspannung.
Vorkommen: Ostasien, Balkan, Kinderlieder.

Chromatische Tonleiter (Halbtonleiter)

Sie besteht aus den zwölf chromatischen Halbtonschritten (c – cis – d – dis – e – f – fis – g – gis – a – ais – h). Sie kommt als kurzzeitiger Kontrast in tonaler Musik vor oder wird jeweils in Form einer zwölftönigen Reihe neu geordnet und damit Ausgangsmaterial einer 12-Ton-Komposition.

Abb. 1.13: Chromatische Tonleiter

Ganztonleiter

Die Ganztonleiter besteht aus sechs Ganztonschritten (z. B. c – d – e – fis – gis – ais – his (= c)) und hat wie die chromatische Leiter keinen Grundton. Bildet man Quarten, so ergibt sich auf jeder Stufe ein **Tritonus** (z. B. c – fis, d – gis, e – ais …). Die **Dreiklänge** auf jeder Stufe sind **übermäßig** (z. B. c – e – gis, d – fis – ais, …). Sie sind klanglich nicht von ihrer Umkehrung zu unterscheiden (z. B. e – gis – his = e – gis – c). Bedingt durch die übermäßigen Quinten (z. B. c – gis, d – ais, …) gibt es auch bei der Ganztonleiter keine Tonika-Dominantspannung. **Vorkommen:** in der impressionistischen Musik DEBUSSYS um 1900, meist als Klang-Farbe verwendet, angeregt durch das 5-tönige Slendro-System aus Java $\left(\text{fünf gleiche } 1\tfrac{1}{5}\text{-Töne}\right)$, aber auch in der durch die Volksmusik des Balkan geprägten Musik BARTÓKS.

Abb. 1.14: Ganztonleiter

Diatonische Tonleitern

Die siebentönigen Leitern bestehen aus fünf Ganz- und zwei Halbtonschritten. Diesen Aufbau zeigen die **Dur-, Moll- und Kirchentonleitern**. **Tonalität:** Die Töne der diatonischen Leitern werden nach ihrem Spannungsverhältnis $\left(\text{Quinte Verhältnis } \tfrac{2}{3} \text{ konsonant} \Rightarrow \text{kleine Sekunde } \tfrac{15}{16} \text{ dissonant}\right)$ zu einem Bezugs- oder Grundton gruppiert, welcher dann zum **tonalen Zentrum** wird.

Dur

Die Durtonleiter mit der Stufenfolge $\left(\overline{1 - 1 - \tfrac{1}{2}} - 1 - \overline{1 - 1 - \tfrac{1}{2}}\right)$ besteht aus zwei gleichartigen **Tetrachorden** (Viertonreihen) aus je zwei Ganztonschritten mit einem Halbtonschritt darüber $\left(1 - 1 - \tfrac{1}{2}\right)$. Realisiert ist sie auf den weißen Tasten des Klaviers (Stammtöne) vom Ton c ausgehend $\left(\overline{c - d - e - f} - \overline{g - a - h - c}\right)$ und kann wie alle diatonischen Leitern auf alle 12 Halbtonstufen transponiert werden.

Abb. 1.15: Durtonleiter

Moll

Die Molltonleitern entstanden aus der Kirchentonart äolisch (a – h – c – d – e – f – g – a) (engl. a – b – c ...) und sind in mehreren Varianten ausgeprägt.

Abb. 1.16: Molltonleitern

Natürliche Molltonleiter (aeolisch): von der 6. Stufe der **parallelen Dur- tonleiter** ausgehend mit gleichen Tönen und Vorzeichen (z. B. e-Moll: e – **fis** – **g** – a – **h** – **c** – d – e), Halbtonschritte (fett) 2 – 3, 5 – 6.
Sie besitzt keinen Leitton auf Stufe 7 – 8 und bildet daher als **Dominante** einen **Molldreiklang** (h – d – fis).

Harmonische Molltonleiter: durch Erhöhung der 7. Stufe wird ein Leitton hinzugefügt (e – **fis** – **g** – a – **h** – c – **dis** – e), es entsteht ein schwer singbarer übermäßiger Sekundschritt von Stufe 6 ⇒ 7 (c – dis).

Die **Dominante** wird zum **Durdreiklang**.
Die Leiter besitzt drei Halbtonschritte (2 – 3, 5 – 6, 7 – 8).

Melodische Molltonleiter: Aufwärts wird die unsangliche übermäßige Sekun- de durch Erhöhen der 6. Stufe umgangen. Da abwärts der Leittonschritt 7 ⇒ 8 nicht erforderlich ist, werden die Erhöhungen rückgängig gemacht, und die Leiter gleicht daher wieder der natürlichen Tonleiter. Halbtonschritte aufwärts 2 – 3, 7 – 8; abwärts 2 – 3, 5 – 6.

Zigeunermoll entsteht aus der harmonischen Molltonleiter durch zusätzliches Erhöhen der 4. Stufe und besitzt so einen weiteren Leitton zur Dominante (e – f is – g – **ais** – **h** – c – dis – e).

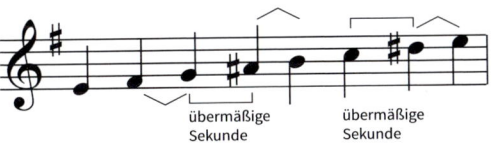

Abb. 1.17: Zigeunermoll

Kirchentonarten

Im Mittelalter wurden ursprünglich die vier **authentischen Kirchentonarten (Modi, toni) dorisch, phrygisch, lydisch, und mixolydisch** sowie die vier plagalen Kirchentonarten hypodorisch, hypophrygisch, hypolydisch und hypomixolydisch verwendet. Die authentische und die plagale Tonart besitzen jeweils die gleiche Finalis (Schlusston der Melodie) → Tabelle S. 26.

Um 1550 (Dodekachordon) kamen noch **äolisch** (cantus mollis) und **ionisch** (cantus durus), aus denen später Moll und Dur wurden, sowie ihre plagalen Formen hinzu. Die Modi basierten nur auf den Stammtönen (mit Ausnahme der Erniedrigung von h zu b, um die Dissonanz f – h zu vermeiden) und wurden nach griechischen Stämmen benannt. Durch ein Missverständnis wurden die Grundtöne, anders als im antiken Griechenland, auf **dorisch d, phrygisch e, lydisch f, mixolydisch g, äolisch a und ionisch c** festgelegt. Kirchentonarten bezeichneten keine absolute Tonhöhe, sondern eine diatonische Folge von Ganz- und Halbtonschritten (→ Tabelle der Kirchentonarten S. 26), die eine Quarte nach oben transponiert werden konnte. (Später wurde auch die Transposition auf alle Halbtonschritte möglich.)

Die bestimmenden Merkmale sind:
- **Ambitus** (Umfang), meist eine Oktave,
- **Finalis** (Schlusston, Grundton): Endton einer Melodie,
- **Tenor, Tuba, Rezitationston**: oft wiederholter Ton, besonders beim Psalmvortrag zu finden.

Tonhöhe	Ton	a./p.	G	A	H	c	d	e	f	g	a	h	c¹	d¹	e¹	f¹	g¹	a¹
dorisch	1.	a.					F				T							
hypodorisch	2.	p.					F	T										
phrygisch	3.	a.						F					T					
hypophrygisch	4.	p.						F			T							
lydisch	5.	a.							F				T					
hypolydisch	6.	p.							F		T							
mixolydisch	7.	a.								F				T				
hypomixolydisch	8.	p.								F			T					
aeolisch	9.	a.									F				T			
hypoaeolisch	10.	p.									F		T					
ionisch	11.	a.				F					T							
hypoionisch	12.	p.				F	T											

F = Finalis, T = Tenor, **T** = unregelmäßiger Tenor,
⌃ = Halbtonschritt, a. = authentisch, p. = plagal, ☐ = Ambitus, ▨ = seit 1547

Abb. 1.18: Tabelle der Kirchentonarten

Der **Ambitus der authentischen Tonarten** liegt über der Finalis, gelegentlich kommen auch tiefere Töne vor. Bei den **plagalen Tonarten** beginnt der Ambitus eine Quarte tiefer, wodurch die **Finalis in der Mitte** der melodischen Kurve zu liegen kommt.

Der **Tenor** liegt bei authentischen Kirchentonarten meist eine Quinte über der Finalis (Ausnahme phrygisch: c statt h); bei plagalen meist eine Terz darüber (Ausnahmen: phrygisch a statt g, mixolydisch c statt h) (→ Psalmodie, Seite 100). Dorisch (authentisch) wird auch als 1. Ton bezeichnet, das plagale hypodorisch als 2. Ton, phrygisch als 3. Ton, hypophrygisch als 4. Ton …

Beim gesungenen Psalm (**Psalmodie**) wird der Begriff Finalis auch für die
ganze abschließende Melodiewendung (Terminatio) verwendet. Zum besseren
Abschluss an die auf den Psalm folgende Antiphon wurden die Schlusswen-
dungen variiert (Differenzen). Psalmmelodien endeten deshalb oft nicht auf
dem Grundton, der Finalis im engeren Sinn.

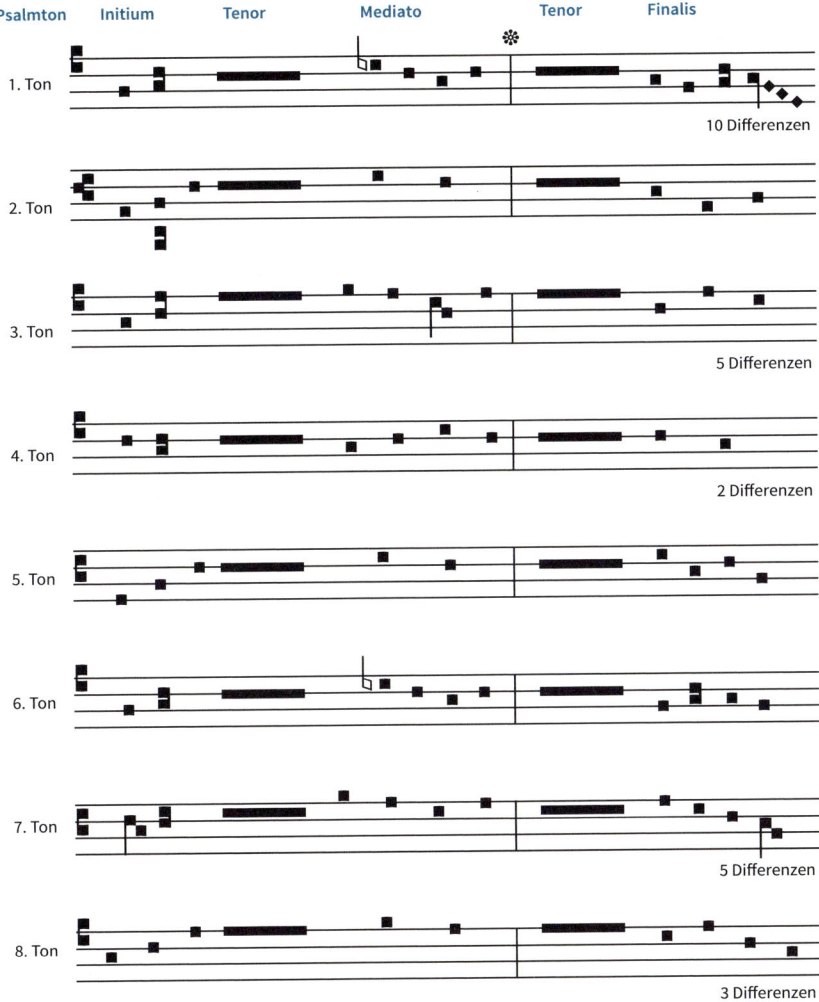

Die Finalis des 1. Tons (Tonus I — dorisch) ist d, der Tenor a,
im 2. Ton (hypodorisch) ist die Finalis ebenfalls d, der Tenor aber auf f.

Abb. 1.19: Tabelle der Psalmtöne

Besondere Tonsysteme

Unser westliches Tonsystem teilt die Oktave diatonisch in 7 Stufen (5 Ganzton-und 2 Halbtonschritte) oder chromatisch in 12 Halbtonschritte. Nach Phythagoras werden reine Quinten (Verhältnis 3:2) übereinandergeschichtet und danach in eine Oktave zurückverlegt, 7 Quinten für die diatonische Skala, 12 Quinten für die chromatische Skala. Da aber 12 Quinten um etwa einen Achtelton größer sind als 7 Oktaven wurde für die temperierte Stimmung der verbleibende Rest (pythagoreisches Komma) gleichmäßig auf alle Halbtonschritte verteilt. Der Halbtonschritt entspricht nun der 12 Wurzel von 2 oder 100 Cent (→ S. 31).

Andere Kulturkreise verwenden Tonsysteme mit unterschiedlichen Oktavteilungen. Beispiele:

- ⊙ In Indien wird in der klassischen Musik ein System aus 22 Shruti zur Teilung der Oktave verwendet. Die Stufen sind dabei nicht gleich groß, jedoch alle kleiner als ein Halbton.
- ⊙ Das arabische Tonsystem teilt die Oktave in 53 Teile, davon werden 17 Stufen ausgewählt.

Kleinere Intervalle als ein Halbtonschritt werden **Mikrointervalle** genannt. Die Bezeichnung findet auch Anwendung in Musiksystemen, die nicht auf den westlichen Halbtonschritten beruhen – wie etwa in der klassischen arabischen und indischen Musik.

Mikrotonale Kompositionen westlicher Komponisten

Schon im 16. Jahrhundert komponiert Guillaume Costelet einen chromatischen Chanson, *Seigneur Dieu ta pitié*, und benutzte darin 19 temperierte Stufen pro Oktave mit mikrotonalen Intervallen (63 Cent-Schritte). 1691 berechnete der Astronom, Mathematiker und Physiker Christiaan Huygens die Teilung der Oktave in 31 gleiche Stufen, um das pythagoreische Komma im Tonsystem der Musik zu beheben. Ende des 20. Jahrhunderts wurde zunehmend mit mikrotonaler Musik experimentiert. Dazu wurden entsprechende Instrumente entworfen und gebaut.

- ⊙ Drittteltonleiter – 18-tönig, (BUSONI, SKRJABIN)
- ⊙ Vierteltonleiter – 24-tönig (HÁBA, PENDERECKI)
- ⊙ Slendro-System – 5-tönig $\left(1\frac{1}{5}\text{-Ton pro Stufe, Java}\right)$

1.4 Intervalle

Grundlagen

Intervalle (lat. Zwischenräume) bezeichnen die Abstände von zwei Tönen zu-
einander. Diese können gleichzeitig oder nacheinander erklingen. Nach den lateinischen Ordnungszahlen benannt, bezeichnen sie die diatonischen Abstände
der Töne, z. B. lat. „tertius" vom 1. zum 3. Ton. Erklingen die Töne nacheinander,
so spricht man bei gleichen Tönen von **Tonwiederholung**, bei Sekunden von
stufenweisem Fortschreiten oder Tonschritt, ab der Terz von **Tonsprüngen**.
Zur Grobbestimmung der Intervalle kann man die Linien und Zwischenräume
oder die Stammtöne abzählen, wobei der Ausgangston mitgezählt wird.

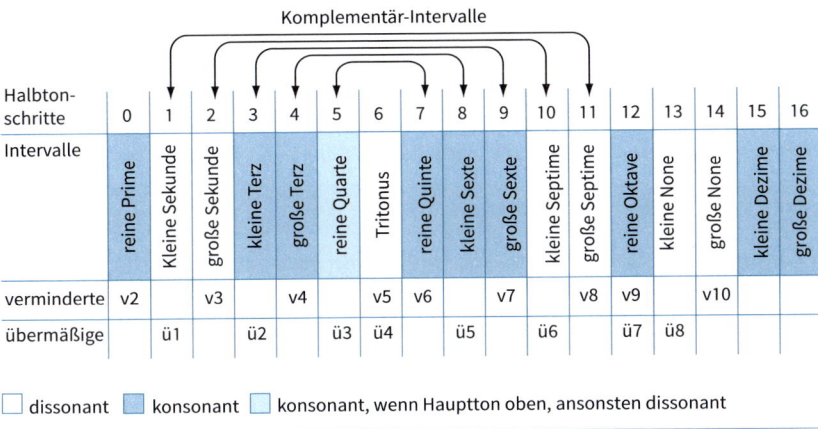

Komplementär-Intervalle

Halbton-schritte	0	1	2	3	4	5	6	7	8	9	10	11	12	13	14	15	16
Intervalle	reine Prime	Kleine Sekunde	große Sekunde	kleine Terz	große Terz	reine Quarte	Tritonus	reine Quinte	kleine Sexte	große Sexte	kleine Septime	große Septime	reine Oktave	kleine None	große None	kleine Dezime	große Dezime
verminderte	v2		v3		v4		v5	v6		v7		v8	v9		v10		
übermäßige		ü1		ü2		ü3	ü4		ü5		ü6		ü7	ü8			

☐ dissonant   ◼ konsonant   ☐ konsonant, wenn Hauptton oben, ansonsten dissonant

Abb. 1.20: Intervalltabelle

Feinbestimmung der Intervalle
Innerhalb einer Oktave gibt es:
- ⊙ **reine Intervalle:** Prime, Quarte, Quinte, Oktave, die nur in einer Form auftauchen,
- ⊙ **kleine und große Intervalle:** Sekunde, Terz, Sexte und Septime, deren zwei
  Varianten sich um einen Halbton unterscheiden (→ Abbildung „Intervalltabelle", oben),
- ⊙ **verminderte und übermäßige Intervalle:** Alle Intervalle, ob rein, groß oder
  klein, können um einen weiteren Halbtonschritt vergrößert werden. Ein
  kleines Intervall wird dadurch groß, reine und große werden **übermäßig**.
  In analoger Weise werden reine und kleine Intervalle bei weiterer Verkleinerung um einen Halbtonschritt **vermindert** genannt.

So wird z. B. die reine Quarte c – f (5 Halbtonschritte) durch Erhöhung von f zu fis zu einer übermäßigen Quarte (6 Halbtonschritte) auch **Tritonus** genannt (in der Tabelle als ü4 abgekürzt).

Umkehrung: Versetzt man einen Ton eines Intervalls um eine Oktave nach oben oder unten, erhält man das Umkehrungsintervall. Ausgangsintervall und Umkehrungsintervall ergänzen sich zur Oktave und werden **Komplementärintervalle** genannt.

Konsonanz – Dissonanz

Oktave, Quinte, Prime werden als vollkommene Konsonanzen bezeichnet, Terzen und Sexten als unvollkommene Konsonanzen. Die Quarte ist konsonant, wenn ihr Hauptton (Grundton des Akkords) oben liegt, sonst ist sie dissonant. Sekunden, Septimen und vor allem der Tritonus (im Mittelalter „Diabolus in musica" genannt) sind dissonant. Alle übermäßigen und verminderten Intervalle sind im musikalischen Satz dissonant, auch wenn z. B. eine verminderte Quarte (in temperierter Stimmung c – fes = c – e) wie eine große Terz klingt ($\rightarrow$ Tabelle S. 29).

Im Mittelalter galten Oktave (1 : 2) und Einklang als vollkommene, Quinte (2 : 3) und Quarte (3 : 4) wegen ihrer einfachen Frequenzverhältnisse als unvollkommene Konsonanzen, alle anderen Intervalle als Dissonanzen. Dissonanzen wurden im Verlauf der Musikgeschichte unterschiedlich empfunden und in wechselnder Häufigkeit eingesetzt. Zu Beginn des 20. Jahrhunderts kam es zur „Emanzipation der Dissonanz", welche dann keinem Auflösungszwang mehr unterlag.

Saitenlänge und Frequenzverhältnisse

Die Frequenz (Schwingung pro Sekunde, gemessen in Hz) und die Saitenlänge eines Tones hängen eng zusammen (indirekte Proportionalität). Durch Halbieren einer Saite erhält man die Oktave des Ausgangstones mit dessen doppelter Frequenz z. B. Ausgangston: a^1, 440 Hz, Länge: x; Oktavton: a^2, 880 Hz, Länge: $\frac{x}{2}$.

Durch harmonische Teilung der Oktave 1 : 2 in 2 : 3 : 4 erhält man die Quinte 2 : 3 und die Quarte 3 : 4, bei harmonischer Teilung der Quinte 2 : 3 in 4 : 5 : 6 die große Terz 4 : 5 und die kleine Terz 5 : 6, welche zusammen den Durdreiklang ergeben. Durch weitere hamonische Teilung der großen Terz 4 : 5 in 8 : 9 : 10 entstehen zwei unterschiedliche große Sekunden, eine größere mit 8 : 9 und eine kleinere mit 9 : 10.

Stimmung

Das pythagoreische System baut sein Tonsystem durch mehrfache Quint-schichtung auf dem Intervall der reinen Quinte $(2:3)$ auf.

Es ist jedoch nicht in sich geschlossen. So unterscheidet sich beispielsweise die große Terz aus zwei pythagoreischen Sekunden $\frac{9}{8} \cdot \frac{9}{8} = \frac{81}{64}$ von der großen Terz der Partialtonreihe $\frac{5}{4} = \frac{80}{64}$ (syntonisches Komma).

Stellt man sieben Oktaven übereinander $\left(\frac{2}{1}\right)^7 = 128$ und vergleicht mit demsel-ben Ton, der sich aus 12 übereinandergeschichteten Quinten ergibt $\left(\frac{3}{12}\right)^{12} = 129{,}7$, so ergibt sich eine Differenz von ca. $\frac{1}{4}$ Halbton (pythagoreisches Komma), die im temperierten Tonsystem auf alle 12 Halbtonstufen gleichmäßig verteilt wird. Alle Quinten, großen Terzen und großen Sekunden sind etwas enger gestimmt, die Quarte, kleine Terzen und Sekunden etwas weiter. Die geringe Verstimmung wird in der Regel nicht wahrgenommen, professionelle Ensembles intonieren längere Ruheklänge jedoch rein.

Erst die seit dem 18. Jahrhundert gebräuchliche **temperierte Stimmung** mit der gleichmäßigen Verteilung der 12 Halbtonschritte $\left(\sqrt[12]{2} = 1{,}0595\right)$ ermöglicht es, problemlos in allen Tonarten ohne besonders verstimmte Töne zu spielen und die Töne enharmonisch zu vertauschen.

- -

Erwerben Sie flüssige Fertigkeiten bei der Feinbestimmung von Intervallen.   Tipp
Dafür eignen sich alle Noten, besonders aber 12-Ton-Kompositionen.
Auch hier können Computerprogramme Hilfestellung bieten.

- -

Partialton-, Naturtonreihe

Teilt man eine Saite in $\frac{1}{2}, \frac{1}{3}, \frac{1}{4}$, usw., so erhält man alle Intervalle vom größten der Oktave, weiter über Quinte (über der Oktave gelegen), Quarte, großer und kleiner Terz, bis zur großen und kleinen Sekunde. Diese liegen immer jeweils über dem vorausgegangenen Intervall.

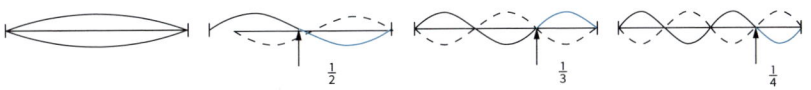

Abb. 1.21: Saitenteilung

Die Intervalle können auch noch kleiner geteilt werden (Mikrointervalle → S. 28). Sie werden jedoch im Allgemeinen nicht benutzt. Die **Frequenz** einer Grundschwingung x vervielfacht sich entsprechend (Oktave 2x, Quinte 3x, Quarte 4x, …). Die Teiltöne 4, 5 und 6 ergeben den **Durdreiklang**. Der 7. Teilton klingt erheblich tiefer als in der temperierten Stimmung.

In jedem Ton sind diese Vielfachen der Grundschwingung als **Obertöne** in unterschiedlicher Stärke enthalten. Dieses Obertonspektrum ergibt zusammen mit dem jeweiligen für das Instrument typischen **Anspielgeräusch** dessen charakteristische **Klangfarbe**.

Die Töne der Partialtonreihe können als sogenannte **Naturtöne** auch von einem Blasinstrument ohne Klappen und Ventile durch Überblasen erzeugt werden. Der tiefste Ton ist dann der Grundton des Instruments. Bauartbedingt kann der Grundton jedoch manchmal nicht angeblasen werden.

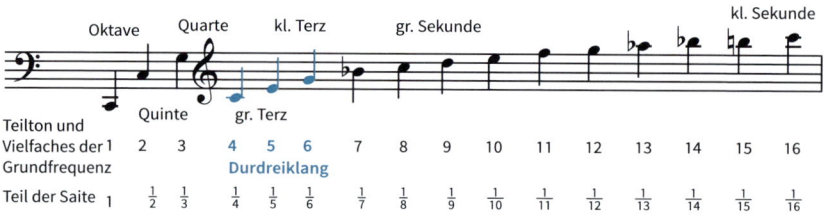

Abb. 1.22: Partialtonreihe

1.5 Akkorde und harmonische Beziehungen

Drei oder mehrere unterschiedliche Töne , die harmonisch Sinn ergeben, nennt man Akkord. Sie können gleichzeitig oder kurz nacheinander erklingen. Oktaven gelten als gleiche Töne, da die Einzeltöne zu sehr verschmelzen.

Dreiklänge und Umkehrungen

Drei oder mehrere unterschiedliche Töne, die harmonisch Sinn ergeben, nennt man Akkord. Sie können gleichzeitig oder kurz nacheinander erklingen. Die Töne werden nach ihrem Abstand vom Grundton als Grundton, Terzton und Quintton bezeichnet. Im Zusammenspiel von großer und kleiner Terz ergeben sich vier Möglichkeiten:

- ⊙ **Dur**dreiklang: unten große, oben kleine Terz
- ⊙ **Moll**dreiklang: unten kleine, oben große Terz
- ⊙ **verminderter** Dreiklang: zwei kleine Terzen
- ⊙ **übermäßiger** Dreiklang: zwei große Terzen

Umkehrungen

Ein Dreiklang aus zwei übereinander geschichteten Terzen steht in Grundstellung (G). Versetzt man den Grundton eines Dreiklangs um eine Oktave nach oben, so entsteht die erste Umkehrung (1. U, Terz + Quarte = Sexte), **Sextakkord** genannt. Beim zusätzlichen Versetzen der Terz ergibt sich die **zweite Umkehrung** (2. U, Quarte + Terz), der **Quartsextakkord**. Bei Dreiklängen auf mehreren Systemen (z. B. Klavier) bestimmt der tiefste Ton die Umkehrung:

- ⊙ Grundton unten: Grundstellung
- ⊙ Terzton unten: 1. Umkehrung, Sextakkord
- ⊙ Quintton unten: 2. Umkehrung, Quartsextakkord

(Tonverdopplungen werden ignoriert)

Abb. 1.23: Dreiklangs-Arten

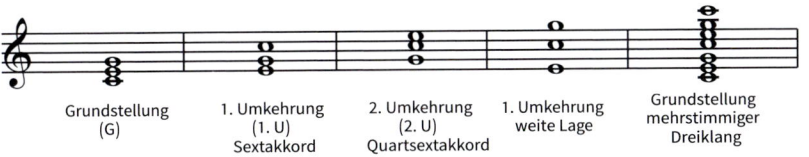

Abb. 1.24: Dreiklangs-Umkehrungen

Leitereigene Dreiklänge der Durtonleiter

Auf jedem Ton einer beliebigen Durtonleiter lässt sich ein Dreiklang errichten.

⊙ Auf den Stufen 1, 4 und 5 ergeben sich Durdreiklänge, die **Hauptdreiklänge** Tonika (T), Subdominante (S) und Dominante (D),

⊙ Auf den Stufen 2, 3 und 6 stehen Molldreiklänge, die **Nebendreiklänge** Subdominantparallele (Sp), Dominantparallele (Dp) und Tonikaparallele (Tp).

⊙ Auf der 7. Stufe steht ein verminderter Dreiklang (h – d – f). Ergänzt man in Gedanken eine große Terz unter den verminderten Dreiklang (**g** – h – d – f), so kann er als verkürzter Dominantseptakkord ($\emptyset^7$) zur Tonika aufgefasst werden.

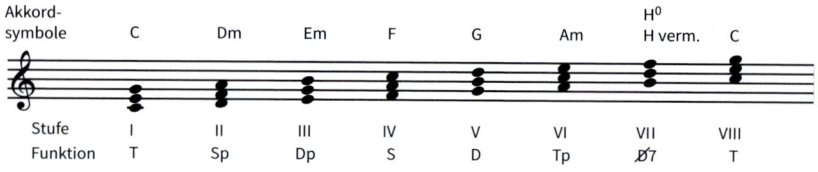

Abb. 1.25: Leitereigene Dreiklänge

Quintverwandtschaft, Terzverwandtschaft

Quintverwandt sind Dreiklänge und Tonarten, deren Grundtöne eine Quinte entfernt sind; die Quinte nach oben (z. B. c – g) wird Dominante, die Quinte nach unten (z. B. c – f) Unter- oder Subdominante genannt.

Der Quintenzirkel spiegelt den Kreis der Quintverwandtschaften der Durdreiklänge auf allen 12 Halbtonstufen mit ihren parallelen Molltonarten (kl. Terz tiefer) und der enharmonischen Verwechslung von Fis-Dur nach Ges-Dur.

Versteht man die Harmonisierung von Musik als den Wechsel von Spannung und Entspannung, so bedeutet jeweils die Tonika die Mitte und den Ruhepol, Akkorde in Richtung der Dominante, in Richtung ♯ erhöhen die Spannung, Akkorde in Richtung der Subdominante erniedrigen die Spannung. Das eindeutige Erkennungszeichen einer Tonart z.B. nach einer Modulation bildet der Dominatsepakkord auf der V. Stufe der Dur- oder Molltonart, dessen Spannung noch steigt, wenn stattdessen der verminderte Septakkord auf der VII. Stufe verwendet wird.

Ein großer Teil der Musik speziell ab der Klassik verwendet die **Spannung der Hauptdreiklänge** als Kompositionsgrundlage.

Dur

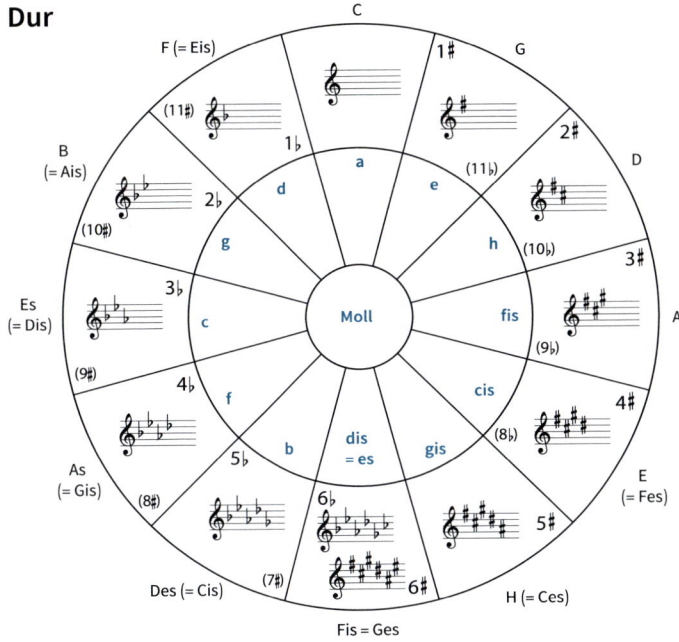

Abb. 1.26: Der Quintenzirkel

Terzverwandt sind alle Dreiklänge und Dur- oder Molltonarten, die von einem Grundton eine kleine oder große Terz entfernt sind (**Medianten**), z. B.:

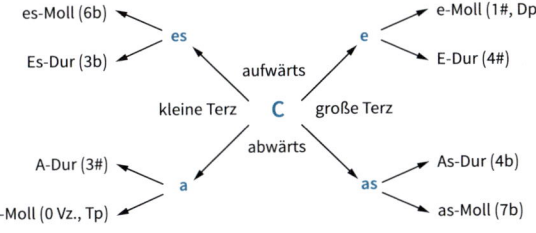

Abb. 1.27: Medianten

Dabei zählen die beiden Dreiklänge a-Moll (parallele Molltonart, Tonikaparallele Tp) und e-Moll (Dominantparallele, Dp) zur engen Verwandtschaft der leitereigenen Klänge. Die Medianten spielten eine wichtige Rolle als Mittel harmonischer Bereicherung in den Madrigalen der späten Renaissance und in der Spätromantik.

Trainingsprogramm Tonleitern und Terzschicht-Akkorde

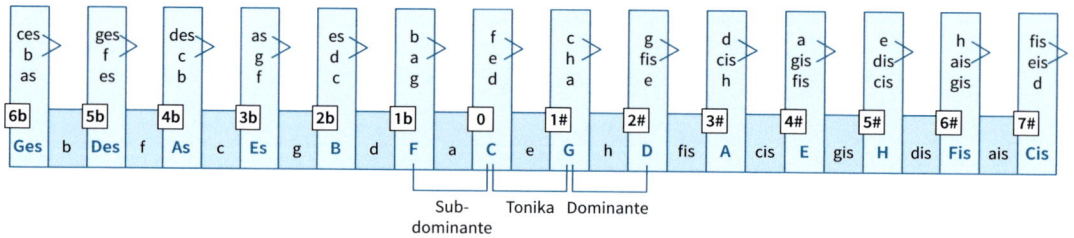

Abb. 1.28: Tonleitern und Terzschicht-Akkorde

Grundstruktur ist der Quintenzirkel von Ges-Dur bis Fis Dur. Von Großbuchstabe zu Großbuchstabe gibt es eine reine Quinte, dazwischen liegt die große Terz. Die **Hauptdreiklänge** liegen direkt nebeneinander:
Unterquinte (Subdominante) → Tonika → Oberquinte (Dominante).
Die drei nebeneinander liegenden Hauptdreiklängen lassen sich auf eine beliebige Tonart nach rechts und links verschieben. Die **parallele Molltonart** mit gleicher Vorzeichenzahl liegt links neben der Durtonart, eine kleine Terz tiefer (C-Dur, a-Moll). Der Dreiklang der parallelen Molltonart zu C-Dur lässt sich direkt ablesen (a C e). In der Säule oberhalb des Grundtons liegen die unteren vier Töne der **Tonleiter (Tetrachord)** mit dem Halbton zwischen dem 3. und 4. Ton (Klammer). Zusammen mit der rechts danebenliegenden eine Quinte höher liegenden Viertonleiter ergibt sich die vollständige Durtonleiter (cdef/gahc).

Tipp

Aus der Abb. 1.28 mit der Abfolge von großen und kleinen Terzen lassen sich die Durdreiklänge mit einem überschaubaren Lernaufwand wie Vokabeln lernen. Wenn Sie im Notentext dann auf komplexe Akkorde treffen, müssen Sie nicht mehr jede einzelne Terz bestimmen.
Auch das Spiel von Akkordsymbolen auf dem Klavier wird durch die Kenntnis der Akkorde wesentlich erleichtert.

Tipp >>

Zum Üben von Durdreiklängen

1. Lernen Sie die Durdreiklänge zunächst in der Reihenfolge des Quintenzirkels, der dritte Ton des Dreiklangs bildet dabei wieder den ersten des Folgedreiklangs:
   ges – b – des, des – f – as, as – c – es ...
2. Bilden Sie die Durdreiklänge **chromatisch auf- und absteigend** wie auf den Tasten einer Klaviatur:
   C-Dur c – e – g, Des-Dur des – f – as, D-Dur d – fis – a ...

3. Bilden Sie die Durdreiklänge **abwärts** gerichtet im Quintenzirkel: >> Tipp
    Ges-Du des – b – ges, Des-Dur as – f – des, As-Dur es – c –as …
4. Bilden Sie Durdreiklänge in der **ersten Umkehrung**:
    Ges-Dur b – des – ges, Des-Dur f – as – des …
    Bilden Sie Durdreiklänge in der **zweiten Umkehrung**:
    Ges-Dur des – b – ges, Des-Dur as - f – des, D-Dur a – fis – d …
5. Bilden Sie **Molldreiklänge** durch Erniedrigung des mittleren Tones:
    Ges-Mol und des-Moll kommen praktisch nicht vor.
    as-Moll as – ces – es, es-Moll, es-gesb …
6. Bilden Sie **verminderte Dreiklänge** durch Erniedrigung des 2. und
    3. Tons (2 kleine Terzen):
    z. B. c – e – g wird zu c – es – ges.
7. Bilden Sie **übermäßige Dreiklänge** durch Erhöhung 3. Tons
    (zwei große Terzen):
    z. B. c – e – g wird zu c – e – gis.
8. Bilden Sie **Dominantseptakkorde** durch Erniedrigung des 4. Tons
    (gr. Terz + kl. Terz + kl. Terz):
    z. B. c – e – g – h wird zu C7 c – e – g - b
9. Bilden Sie den **großen Durseptakkord** einfach durch Ablesen der vier
    Buchstaben gr. Terz + kl. Terz + gr. Terz): Cmaj7 = c – e – g – h
10. Bilden Sie entprechend auch den **großen und kleinen Mollseptakkord**
    und weitere Terzschichtakkorde des Jazz.
11. Spielen Sie alle gebildeten Akkorde auf Ihren Instrumenten, denken oder
    sprechen Sie die Notennamen dabei.
12. Erwerben Sie die Beherrschung besonders der Dur-, Moll- und
    Dominantseptakkorde wie einen Grundwortschatz.

Zum Üben von Durtonleitern

1. Lernen Sie die Durtonleitern mit Betonung des dritten Buchstabens, auf
    den dann der Halbtonschritt folgt.
2. Lernen und spielen Sie die Tonleitern chromatisch aufwärts:
    C-Dur, Des-Dur …
3. Lernen und spielen Sie die Tonleitern abwärtsgerichtet im Quintenzirkel
    und chromatisch.
4. Bilden Sie alle Molltonleitern.
5. Spielen Sie die Leitern auf Ihren Instrumenten und sprechen oder
    denken Sie die Notennamen mit.
6   Beherrschen Sie alle Tonleitern wie einen Grundwortschatz.

Sept- und Nonakkorde

Schichtet man über einen Dreiklang eine dritte Terz, so erhält man einen **Septakkord** (g – h – d – f), bei zwei zusätzlichen Terzen einen Nonakkord (g – h – d – f – a). Im vierstimmigen Satz fehlt im **Nonakkord** in der Regel die Quinte.

Musikalisch am häufigsten gebraucht wird der

- ⊙ **Dominantseptakkord** (kleiner Dur-Sept-Akkord) – Durdreiklang + kleine Terz (D^7). Er steht leitereigen auf der fünften Stufe der Durtonleiter und der harmonischen Molltonleiter und wirkt immer dominantisch.

Weitere wichtige Septakkorde sind:

- ⊙ großer Dur-Sept-Akkord – Durdreiklang + große Terz (D^{7+})
- ⊙ kleiner Moll-Sept-Akkord – Molldreiklang + kleine Terz (M^7)
- ⊙ großer Moll-Sept-Akkord – Molldreiklang + große Terz (M^{7+})
- ⊙ verminderter Septakkord – drei kleine Terzen $\left(\cancel{D}^{9>}_{7} = D^{v=}\, {}^{0}_{V} \right)$
- ⊙ halbverminderter Septakkord – verm. Dreiklang + große Terz $\left(\cancel{D}^{9}_{7} \right)$

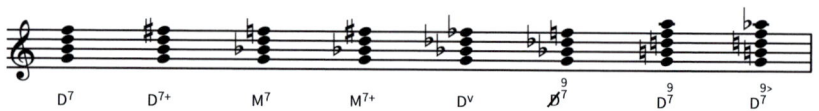

Abb. 1.29: Sept- und Nonakkorde

Die **Umkehrungen der Septakkorde** bezeichnet man nach den Abständen der sich aus Grundton und Septton ergebenden Sekunddissonanz vom Basston:

- ⊙ Quintsextakkord – 1. Umkehrung, D^7_3
- ⊙ Terzquartakkord – 2. Umkehrung, D^7_5
- ⊙ Sekundakkord – 3. Umkehrung, D7

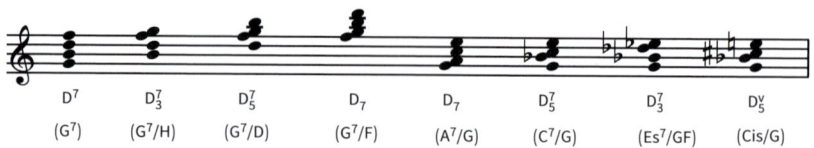

Abb. 1.30: Umkehrungen der Septakkorde

Akkorde der melodischen Molltonleiter

Bildet man Akkorde auf der Grundlage der melodischen Molltonleiter, so entsteht eine große Vielfalt von Klängen durch die zweifach vorhandenen 6. und 7. Stufen.

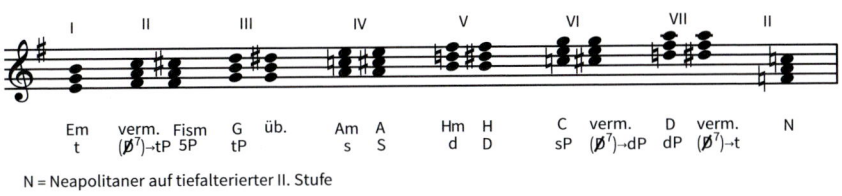

N = Neapolitaner auf tiefalterierter II. Stufe

Abb. 1.31: Dreiklänge der melodischen e-Moll Tonleiter

Andere Mehrklänge

Sixte ajoutée: ein Durdreiklang mit (hinzugefügter) Sexte ist die typische Dissonanz der Subdominante. Er kann umgekehrt werden und wirkt immer subdominantisch.

Quartenakkorde: zu Beginn des 20. Jahrhunderts trifft man z. B. bei Skrjabin oder Schönberg auf Akkorde aus übereinander geschichteten Quarten.

Alterierte Akkorde: Leitereigene Töne der Dreiklänge werden alteriert, um eine Erhöhung der Leittonwirkung zu erzielen. Erhöhungen (♯) lösen sich aufwärts, Erniedrigungen (♭) abwärts auf. Die folgenden alterierten Akkorde beziehen sich auf die Tonika C.

- ◉ **Dominant-Sept-Non-Akkord** mit tiefalterierter None (g – h – d – f – as); fehlt der Grundton, entsteht ein verminderter Septakkord (h – d – f – as) (→ Seite 38).
- ◉ **Neapolitanischer Sextakkord** ursprünglich in Moll eine Subdominante mit tiefalterierter Sexte anstelle der Quinte (z.B. in A-Moll (d -f- b) mit der Funktionsbezeichnung s^n. Bei der Auflösung zur Dominante ergibt sich die typische verminderte Terz b – gis. In der Stufentheorie wird der Neapolitaner als Sextakkord der II. Stufe mit tiefalteriertem Grundton gedeutet, wodurch sich auch sein Name herleiten lässt. Ab der Romantik findet man den Neapolitanischer Sextakkord auch in Dur (N^6), in der späteren Musikgeschichte auch als selbständigen Durdreiklang (N) auf der tiefalterierten zweiten Stufe (des – f – as zu C-Dur).
- ◉ **Übermäßige Dominante** (g – h – dis), die Quinte wird hochalteriert.
- ◉ **Hartverminderte Dominante** (g – h – des), die Quinte wird tiefalteriert.
- ◉ **Übermäßiger Quint-Sext-, bzw. Terz-Quart- oder Sekundakkord**
  Sie entstehen als Umkehrungen aus dem Septakkord der vierten Stufe z.B. in c-Moll (f – as – c – es) durch Hochalterieren des Grundtons (fis – as – c

– es). Durch enharmonisches Umdeuten von fis nach ges entsteht ein Dominantseptakkord (as – c – es – ges), der häufig zur Modulation verwendet wird (→ Seite 49, BEETHOVEN, *Allegretto*).

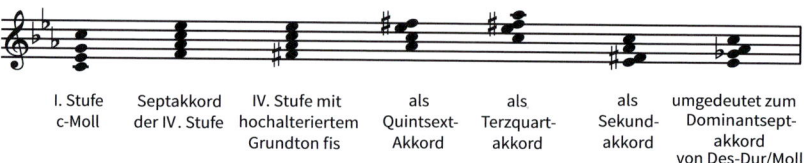

I. Stufe c-Moll	Septakkord der IV. Stufe	IV. Stufe mit hochalteriertem Grundton fis	als Quintsext-Akkord	als Terzquart-akkord	als Sekund-akkord	umgedeutet zum Dominantsept-akkord von Des-Dur/Moll

Abb. 1.32: Akkorde der Ganztonleiter

Akkorde der Ganztonleiter: Im Impressionismus wird häufig die Ganztonleiter verwendet (z. B. c – d – e – fis – gis – ais – his). Die resultierenden Akkorde sind übermäßig. Beim Septakkord (c – e – gis – his – drei große Terzen) wird oft die Septe enharmonisch vertauscht (c – e – gis – c). Klanglich unterscheiden sich die Umkehrungen nicht. Es gibt vier verschiedene Formen z. B. auf c, des, d und es (→ Beispiel, Seite 186).

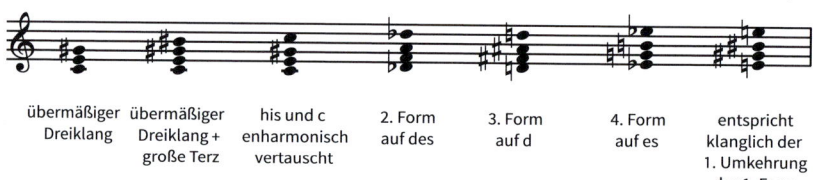

übermäßiger Dreiklang	übermäßiger Dreiklang + große Terz	his und c enharmonisch vertauscht	2. Form auf des	3. Form auf d	4. Form auf es	entspricht klanglich der 1. Umkehrung der 1. Form

Abb. 1.33: Übermäßiger Quintsext-, Terzquart- und Sekundakkord

Tipp

Theorie und Praxis

Verbinden Sie wann und wo immer möglich Erfahrungen aus Theorie und Praxis miteinander.

- ⊙ Kompliziertere Strukturen werden auch in der Musik in der Regel erst dann bewusst wahrgenommen, wenn sie bekannt sind, d. h. wenn sie vorher gelernt wurden. Dabei hilft Ihnen das Trainingsprogramm für Dreiklänge und Tonleitern.
- ⊙ Erkannte Strukturen führen zu einem Verständnis auf einer höheren Ebene. Nicht mehr Ton für Ton wird gelesen, sondern ein Tonleiterabschnitt oder ein Akkord. Ein Akkord wird nicht mehr als einzelner Klang wahrgenommen, sondern die harmonische Spannung eines ganzen Abschnitts wird vorausgehört, wie z. B. bei einem 12-taktigen Blues.
- ⊙ Auf einer höheren Ebene erkannte und trainierte Muster sparen Zeit beim Lesen und vor allem beim Üben.
- ⊙ Die Kenntnis der zugrunde liegenden Strukturen eines Werks bringt Klarheit und Eigenständigkeit für die musikalische Interpretation.

1.6 Akkordverbindungen

Schlussbildungen und Kadenz

Ganzschluss: Der Schlussakkord steht in der Tonika (Grundtonart). Wurde er über die Dominante erreicht (V ⇒ I), spricht man vom authentischen Ganzschluss, die Folge Subdominante – Tonika (IV ⇒ I) nennt man **Plagalschluss**. Beim **Halbschluss** endet ein musikalischer Abschnitt auf der Dominante.

Als Kadenz bezeichnet man eine Akkordfolge der Hauptstufen einer Tonart. Sie umfasst in der Regel die Akkordfolge Tonika-Subdominante-Dominante-Tonika (I – IV – V – I). Als kürzeste Form genügt die Folge Dominante-Tonika (authentischer Schluss) oder Subdominante-Tonika (plagaler Schluss). Eine **erweiterte Kadenz** beinhaltet auch Dreiklänge der Nebenstufen und/oder Zwischendominanten.

Folgt auf eine Dominante nicht die spannungslösende Tonika, sondern die Tonikaparallele oder ein anderer Akkord, so spricht man von **Trugschluss**.

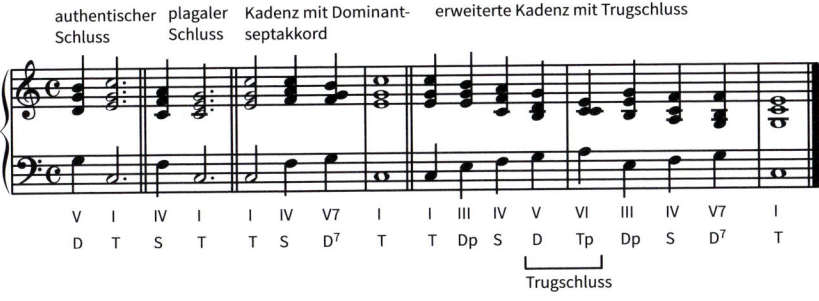

Abb. 1.34: Kadenz, Schlussbildungen

Blueskadenz

In Rock- und Popmusik, vor allem aber im Blues selbst wird häufig das dreiteilige, 12-taktige Bluesschema eingesetzt, wobei es sich um eine aus den Hauptstufen bestehende Kadenz handelt.

T	T	T	T	S	S	T	T	D	S	T	T (D7)
1	2	3	4	5	6	7	8	9	10	11	12

Abb. 1.35: Blueskadenz

1.7 Akkordsymbole in Pop und Jazz

Das Leadsheet eines Songs bestehend aus Melodie mit darüber notierten Akkordsymbolen genügt vielen Bands als Grundlage für Zusammenspiel und Improvisation. Als Akkordkurzschrift geben die Symbole Auskunft über das Tonmaterial des Akkords, lassen jedoch dem Spieler Freiheit in der ausführenden Gestaltung des Akkords. Eine aus dem Amerikanischen stammende Notationsweise hat sich international durchgesetzt, wobei für die jeweiligen Akkorde jedoch mehrere Schreibweisen in Gebrauch sind.

Großbuchstaben bezeichnen den Grundton des Akkordes, also C D E F G A B (steht für H). Alterierte Grundtöne erhalten meist hochgestellt notierte Akzidentien (z. B. C♭ für Ces und C♯ für Cis).

Durch einen nach einem Schrägstrich (Slash) nach dem Akkord-Symbol angegeben Ton kann eine Umkehrung angezeigt werden oder ein akkordfremder Ton wird zum Basston (z. B. Dm/F – 1. Umkehrung von Dm mit F im Bass; Dm/E Dm über dem Basston E).

Dreiklangstyp	Akkordsymbol (von C als Grundton ausgehend)	Terzen + große Terz – kleine Terz	Notenbilder
Dur-Dreiklang untenstehende Terz groß (lat. major)	**C** Cma Cmaj	– < g / e + < e / c	
Moll-Dreiklang untenstehende Terz klein (lat. minor)	**Cm** Cmin cm c	+ < g / es – < es / c	
verminderter Dreiklang (diminished)	**C⁰** C^dim Cdim	– < ges / es – < es / c	
übermäßiger Dreiklang augmented	**C⁵⁺** Caug C+	+ < gis / e + < e / c	

Tab. 1.5: Dreiklänge

Septakkord	Akkordsymbol (von C als Grundton ausgehend)	Terzen	Notenbilder
großer Dur-Septakkord	C^{maj7} Cj7 CΔ C^{Δ7}	+ h / – g / + e / c	
kleiner Dur-Septakkord Dominantseptakkord	C7 C^7	– b / – g / + e / c	
großer Moll-Septakkord	Cm^{maj7} Cm^{j7}	+ h / + g / – es / c	
kleiner Moll-Septakkord	Cm7 Cm7 C-7	– b / + g / – es / c	
halbverminderter Septakkord	Cm$^{7(b5)}$ Cø C^{ø}	+ b / – ges / – es / c	
verminderter Septakkord	C07 C^{07} C07	– heses / – ges / – es / c	

Tab. 1.6: Septakkorde

Terzschichtungs- und Spannungsakkorde (Tensions)

Beim Jazz treten sehr oft weitere Spannungstöne hinzu, die vom Akkordgrundton aus nach oben gezählt werden.

Die 7 nach dem Akkordgrundton meint immer die kleine Septe (Ausnahme beim verminderten Septakkord D^{o7} bezeichnet es die verminderte Septe zum Beispiel d (fis-as) ces.

Alle weiteren Zahlen 2, 4, 6, 9, 11, 13 bezeichnen große oder reine Intervalle. Die Oktave kann weggedacht werden, dann entspricht z.B. die 11 einer 4.

Meist wird nur der oberste Ton einer Terzschichtung angegeben. C9 schließt also die 7 ein, Cm11 enthält 7 und 9.

Nur die 11 darf bei Major- und Dominantseptakkorden nicht zusammen mit der Terz auftreten wegen des Halbtonschritts zwischen Terz und Quarte.

Die hochalterierte 11 kann jedoch problemlos eingesetzt werden, muss aber, wie alle Alterationen, benannt werden.

Alterationen der hinzukommenden Töne werden durch vorgestelltes ♯, b, seltener durch +, – dargestellt

Add-, No- und Sus- Akkorde

Add fügt Töne hinzu. Soll beispielsweise nur die None zu einem Dreiklang hinzugefügt werden, so wird C^{add9} oder C^{add2} notiert, bei der 6 wird das add hinzugedacht (Sixte ajoutée). Ebenso kann durch no ein Ton entfallen, so steht C^{no3} für den terzlosen Klang c – g. Steht die Beifügung sus4 (suspended), wird die 3 durch die 4 ersetzt (Quartvorhalt, der oft nicht mehr aufgelöst wird).

1.8 Systeme der Harmonielehre

Die Harmonielehre und die darauf beruhende harmonische Analyse versucht als abstraktes System die Akkorde innerhalb des Dur-Moll-Systems zu analysieren und die Akkordfolgen zu interpretieren. Sie wird vor allem auf Musik des 17. bis 19. Jahrhunderts angewendet und ist nicht immer schlüssig.

Generalbass

Der **Generalbass** (auch **basso continuo**, b. c.) ist eine Akkordkurzschrift, die der Musik des 17. und 18. Jahrhunderts zu Grunde lag. Über einer durchlaufenden, von einem tiefen Melodieinstrument (z. B. Violoncello, Viola da gamba oder Fagott) gespielten Bassstimme wurden von Cembalo oder Orgel harmonische Füllakkorde improvisiert, die durch den Basston und einige darunter in Originalen auch darüber stehende Ziffern bestimmt wurden. Über dem Basston wurde üblicherweise der leitereigene Dreiklang gespielt, Abweichungen davon wurden durch die Ziffern bezeichnet.

Der Generalbass sollte – phantasievoll improvisiert – den musikalischen Zusammenhang gewährleisten. In heutigen Aufführungen wird meist eine „ausgesetzte", gedruckte Fassung verwendet.

Durch das Interesse an historischer Aufführungspraxis studieren viele junge Menschen wieder Barockvioline und das Generalbassspiel nach der bezifferten Bassstimme.

Stufentheorie

Die Stufentheorie nennt in römischen Zahlen die Stufe des Akkordes in Grundstellung und rechts daneben die Ziffern des Generalbasssystems.

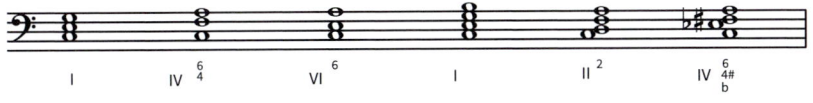

Abb. 1.36: Kadenz, Schlussbildungen

Funktionstheorie

Die auf RIEMANN zurückgehende Funktionstheorie versucht alle harmonischen Vorgänge als Abwandlungen der drei Hauptfunktionen Tonika, Subdominante und Dominante zu verstehen. Wichtige Töne werden analog zu den Generalbassziffern rechts oben neben dem Funktionssymbol notiert. Bei Umkehrungen des Akkords steht die Ziffer des Basstons rechts unten (z. B. Dominantseptakkord in erster Umkehrung D_3^7 mit Terz im Bass). Klänge in Klammern sind auf andere Funktionen bezogene Zwischenfunktionen. Erscheint der erwartete Klang nicht, wird er daneben in eckigen Klammern angezeigt. Verminderte Dreiklänge werden als Dominantseptakkorde mit fehlendem Grundton interpretiert (z. B. verminderter Dreiklang h – d – f wird als verkürzter Dominantseptakkord **g** – h – d – f interpretiert; Symbol: $\cancel{D}^7$) ($\rightarrow$ Seite 34).

Merke

Generalbassbezifferungen

- ⦿ 3, 5, 8 oder fehlende Ziffer – Dreiklang in Grundstellung über dem Basston.
- ⦿ ♯, ♭, ♮ verändern die Terz des Dreiklangs
- ⦿ 4 – Quarte statt nicht erscheinender Terz
- ⦿ 6 – Sexte statt Quinte, die nicht gespielt wird, Sextakkord, 1. Dreiklangsumkehrung
- ⦿ $^6_4$ Terz und Quinte werden durch Quarte und Sext ersetzt, Quartsextakkord, 2. Dreiklangsumkehrung
- ⦿ Durchstreichen oder ♯ bei einer Ziffer – Erhöhung des Tones
- ⦿ ♭ bei einer Ziffer – Erniedrigung des Tones
- ⦿ $^6_5$ Quintsextakkord, 1. Umkehrung eines Septakkordes
- ⦿ Abkürzungen: $^6_4_3$ wird durch $^4_3$ abgekürzt – Terzquartakkord, 2. Septakkordumkehrung;

  $^6_4_2$ wird durch 2 abgekürzt – Sekundakkord, 3. Umkehrung
- ⦿ waagrechter Strich – gleiche Harmonie bei wechselndem Bass
- ⦿ o oder t. s. – tasto solo, nur Basston ohne Harmonisierung

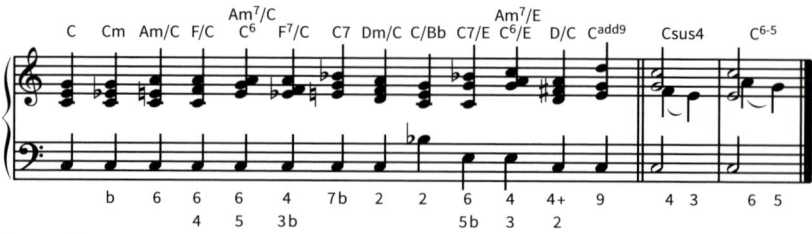

Abb. 1.37: Generalbassbezifferungen und Akkordsymbole

1.9 Modulation

Den **dauerhaften Wechsel von einer Tonart** in eine andere nennt man Modulation. Wird die neue Tonart nur **kurzfristig** erreicht, spricht man von **Ausweichung**, stehen die Tonarten unverbunden nebeneinander, von **Rückung**. Dreiklänge sind im Dur-Moll-System funktional mehrdeutig und können daher umgedeutet werden.

Modulationsweg: In der gefestigten Ausgangstonart wird ein Akkord gesucht und umgedeutet, der auch in der neuen Tonart vorhanden ist. Abgeschlossen wird die Modulation durch eine die Zieltonart bestätigende Kadenz.

....

Der C-Dur-Dreiklang ist in der Tonart   Merke
- ⊙ C-Dur: Tonika
- ⊙ G-Dur: Subdominante (IV)
- ⊙ F-Dur und f-Moll harmonisch: Dominante (V)
- ⊙ a-Moll: III. Stufe (tP)
- ⊙ e-Moll: VI. Stufe (sP)
- ⊙ H-Dur und h-Moll: Neapolitaner auf der tiefalterierten II. Stufe (**N**)

Die wichtigsten Modulationsarten

Die **diatonische Modulation** durch funktionale Umdeutung der in den diatonischen Skalen vorkommenden Tonarten, z. B. der Dominante von C-Dur (g – h – d) zur Subdominante von D-Dur.

Die **erweiterte diatonische Modulation** mit Umdeutung des Neapolitaners oder der Mollsubdominante (z. B. von C-Dur f – as – c zur Tonikaparallele von As-Dur). Im Beispiel wird die Subdominante von G-Dur (e – g – c) zum Neapolitaner in h-Moll.

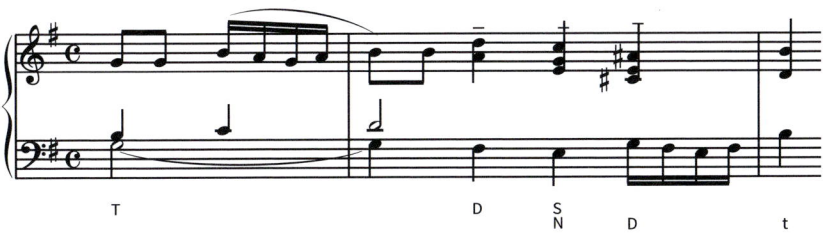

Abb. 1.38: REGER, *Sonatine*

Der **Wechsel des Tongeschlechts**. Auf eine Durtonart folgt die gleichnamige Molltonart (gleicher Grundton) oder umgekehrt.

Abb. 1.39: DVOŘAK, *Slawischer Tanz Nr. 8*

Die **chromatische Modulation** durch chromatisch veränderte Töne in den Akkorden. Zum Beispiel entsteht durch Hochalterieren (chromatische Erhöhung) des Grundtons eines Dominantseptakkords (c – e – g – b) ein verminderter Septakkord (cis – e – g – b);

Die **enharmonische Modulation** durch enharmonisches Umdeuten von Tönen (in temperierter Stimmung gleich klingende, aber unterschiedlich bezeichnete Töne, z. B. e = fes = disis). Im Beispiel wird der gis-Moll-Dreiklang, der als Tonikaparallele auf den Dominantseptakkord (fis – ais – cis – e) von H-Dur enharmonisch folgt, umgedeutet als Molltonika as-Moll:

Abb. 1.40: SCHUBERT, *Impromptu op. 90 Nr. 4*

Die wichtigsten Umdeutungsakkorde

Der **verminderte Septakkord** mit vier Umdeutungsmöglichkeiten
(gis – h – d – f = as – h – d – f = as – ces – d – f = gis – h – d – eis):

Abb. 1.41: Umdeutungsakkorde: verminderter Septakkord

Der **übermäßige Dreiklang** mit hochalterierter Quinte:
(d – fis – ais (D-Dur) = b – d – fis (B-Dur) = ges – b – d (Ges-Dur))

Abb. 1.42: Umdeutungsakkorde: übermäßiger Dreiklang

Der **Dominantseptakkord**, dessen Grundton als tiefalterierter Grundton eines verminderten Septakkords oder dessen kleine Septime als übermäßige Sexte aufgefasst werden kann, wodurch sich ein übermäßiger Quintsextakkord ergibt (Septakkord der Mollsubdominante mit hochalteriertem Grundton). Im Beispiel wird der Dominantseptakkord von Des-Dur (as – c – es – ges) umgedeutet in den übermäßigen Quintsextakkord (→ Seite 39) von c-Moll (as – c – es – fis), welcher mit Wechsel des Tongeschlechts über den Quartsextakkord strahlend nach C-Dur aufgelöst wird.

Des-Dur D7 = c-moll 5⁶

Abb. 1.43: Beethoven, *5. Sinfonie*, Allegretto

1.10 Satztypen und Gliederungskategorien

Satztechniken

Bordun: ein oder mehrere tiefe Liegetöne, die das melodische Spiel als Bassfundament begleiten, z. B. durch Drehleier oder Dudelsack erzeugt.

Orgelpunkt: ein lang ausgehaltener oder ständig wiederholter Basston, über dem auch entfernte Tonarten erklingen können, eingesetzt vor allem als Steigerung an Werkschlüssen. Die so erzeugte harmonische Spannung erhöht die Wirkung der Schlusskadenz.

Als **Faux-Bourdon-Satz** bezeichnet man eine in der Renaissance gebräuchliche homophone Satztechnik, bestehend aus einer Kette von Sextakkorden, die in einem Quint-Quart-Klang enden. Aufgrund des Verbotes von Quartparallelen wurden nur die Außenstimmen notiert, die parallele Mittelstimme in der Art eines falschen Basses (it.: *falsobordone*) dazu improvisiert (→ Beispiel, Seite 112).

Polyphonie – Homophonie

Polyphonie bezeichnet die selbstständige Führung von Einzelstimmen im linear-kontrapunktischen Verlauf. Der horizontale Stimmverlauf mit melodischen Abschnitten hat Vorrang vor der vertikalen harmonischen Struktur, die jedoch in tonal gebundener Musik immer vorhanden bleibt. Bereits in den ersten mehrstimmigen Werken, den Organa und Motetten des Mittelalters, war sie deutlich vorhanden. Die reinste Ausprägung erfuhr sie in der franko-flämischen Vokalpolyphonie mit Lasso und Palestrina und erreichte einen weiteren Höhepunkt in den auf dem Fundament des Generalbasses entwickelten Werken Bachs. Im 20. Jahrhundert sind eine Reihe von Werken speziell polyphon orientiert. Der Gegensatz Polyphonie – Homophonie verliert an Bedeutung und ist z. B. für serielle Werke gegenstandslos.

Unter **Homophonie** versteht man eine Satzweise, in welcher meist die Oberstimme melodisch führt und im gleichen Rhythmus akkordweise von weiteren Stimmen begleitet wird (z. B. mehrstimmiger evangelischer Kirchenliedsatz oder das akkordische Männerchorlied der Romantik) (→ Beispiel, Seite 123/124).

Als **Heterophonie** (Verschiedenstimmigkeit) wird eine zwischen Ein- und Mehrstimmigkeit liegende Musizierpraxis bezeichnet. Eine erklingende Melodie wird gleichzeitig von weiteren Instrumenten gespielt und dabei auf verschiedene Weisen verziert und umspielt.

Motiv und Verarbeitung – Thema

Als **Motiv** wird die kleinste musikalische Gestalteinheit bezeichnet, die sich durch spezielle melodische, rhythmische und harmonische Merkmale erfassen lässt. Mehrere Motive können zu einem Thema zusammengeschlossen werden. Motive erliegen im musikalischen Satz vielfachen Verwandlungen wie Aufspaltung, Änderung der Intervallstruktur oder des rhythmischen Verlaufs, Kombination mit anderen teilweise gegensätzlichen Motiven. Motivisch-thematische Verarbeitung wird zum wichtigen Merkmal der größeren Instrumentalwerke der klassisch-romantischen Musik sowie durch Leitmotive und ihre Variation im Musikdrama bei WAGNER.

Bei der Untersuchung und Beschreibung eines Themas oder eines Motivs wirken immer melodische und rhythmische Elemente zusammen. Die Melodik beschreibt den für die Komposition typischen Tonhöhenverlauf. Bleibt die Tonhöhe im Wesentlichen auf einem Ton spricht man von einer **Eintonmelodie**. SCHUBERT charakterisiert in der 2. Strophe des Lieds *Der Tod und das Mädchen* das Reden des Todes, REICHARDT im Lied *Erlkönig* die Einflüsterungen des Geisterreichs mit einer Eintonmelodie. Besteht eine Melodie im Wesentlichen aus Sekunden und folgt damit einer Tonleiter spricht man von **Stufenmelodik**. Werden im Tonhöhenverlauf zumeist Terzen und größere Intervalle verwendet spricht man von Sprungmelodik und gegebenenfalls von **Dreiklangsmelodik**.

Wird eine einprägsame rhythmische Formel mehrfach verwendet, so spricht man von einem **rhythmischen Motiv**, wie z. B. im Chorlied *In stiller Nacht* von J. BRAHMS (→ Seite 67), in welchem das Motiv aus Halber Note, punktierter Viertel- mit Achtel- und Halber Note , welches den Sprachrhythmus zum Text *In Stiller Nacht* nachbildet, mehrfach auftaucht.

Motivische Verarbeitungstechniken:
- **Umkehrung:** die Bewegungsrichtung der Intervalle wird vertauscht, aus einem Sprung nach oben wird beispielsweise ein Sprung nach unten (horizontale Spiegelung).
- **Krebs:** melodische Strukturen werden in rückläufiger Leserichtung von hinten nach vorn verwendet (vertikale Spiegelung).
- **Engführung:** Wiedereintritt eines Motivs oder Themas meist in polyphonen Werken, bevor dieses in einer anderen Stimme beendet wurde. Sie bildet ein

wichtiges Steigerungsmittel der polyphonen Satzkunst (→ Beispiel, Seite 143/144).

- ⊙ **Augmentation/Diminution:** Die Tondauern eines melodischen Abschnitts werden vervielfacht oder geteilt, meist jedoch verdoppelt bzw. halbiert.

Zum Begriff **Thema** und seinen Untergliederungen gibt es eine Fülle von verschiedenen Bedeutungen für die jeweiligen Begriffe. Im Folgenden seien die Termini in der auf A. B. MARX zurückgehenden Verwendung genannt.

Ein **Thema** ist ein meist aus mehreren Motiven zusammengesetzter, prägnanter musikalischer Gedanke, der auf die weitere Verarbeitung und Wiederkehr hin angelegt wurde. Die Gestalt und Funktion eines Themas ist von Gattung, Epoche, Kompositionsstil und der geplanten weiteren Verwendung abhängig.

- ⊙ **Phrase:** meist zweitaktig, nächstgrößere Einheit nach dem Motiv;
- ⊙ **Soggetto:** (ital.: Subjekt) typisch für kontrapunktische Werke (Ricercar, Fuge) der Barockzeit, gekennzeichnet durch einen markanten Themenkopf und eine fließend unscharfe Weiterführung;
- ⊙ **Periode:** typische, meist 8-taktige, prägnante, symmetrisch gegliederte und harmonisch kadenzierende Sinneinheit, gebildet aus zwei Halbsätzen (Vordersatz u. Nachsatz);
- ⊙ **Satz:** eine in der Regel 8-taktige Einheit mit entwickelndem, sich öffnendem Charakter. Auf eine Phrase folgt deren Wiederholung, danach ein Entwicklungsteil auf der motivischen Basis der Anfangsphrase.

Die nächstgrößeren Einheiten sind **Teil** im Sinne eines größeren Formabschnitts innerhalb einer Komposition (z. B. Exposition) sowie **Satz**, in einer zweiten Bedeutung für ein selbstständiges, abgeschlossenes Musikstück in einer mehrsätzigen Komposition verwendet.

<u>Grundlegende Fertigkeiten</u>, deren Beherrschung Sie stetig und   Überblick
kontinuierlich über einen längeren Zeitraum verbessern:

- ⊙ Lesen im Violin- und Bassschlüssel in der Geschwindigkeit, in der Sie ein
  Stück spielen oder singen – langsam auch im C-Schlüssel
- ⊙ Quintenzirkel mit Vorzeichen und zugehörigen parallelen Dur- und Mollton-
  arten
- ⊙ Tonleitern in allen Dur- und Molltonarten (Buchstaben) auf- und abwärts
  (auch singen können)
- ⊙ Leittöne zu allen Dur- und Molltonarten
- ⊙ Intervalle bilden, bestimmen und hören
- ⊙ Konsonanz und Dissonanz
- ⊙ Drei- und Vierklänge bilden, bestimmen und hören
- ⊙ Hauptdreiklänge in allen Dur- und Molltonarten mit Umkehrungen
- ⊙ Dominantseptakkorde zu allen Dur- und Molltonarten auswendig, auch in
  Umkehrungen
- ⊙ leitereigene Dreiklänge aller Durtonarten
- ⊙ Kadenzen und Schlussbildungen
- ⊙ Regeln der Akkordverbindungen kennen und anwenden
- ⊙ verminderte Septakkorde (auf allen Leittönen)
- ⊙ Generalbassbezeichnungen kennen und anwenden
- ⊙ Akkordsymbole kennen und verwenden
- ⊙ Akkordsymbole mit Erweiterungen
- ⊙ Funktionsbezeichnungen für Akkorde
- ⊙ Stufenbezeichnungen für Akkorde
- ⊙ Kirchentonarten erkennen, bilden und singen
- ⊙ Kirchentonarten transponiert bilden und singen
- ⊙ Ausschnitte aus gesungenen oder gespielten Werken aus dem Gedächtnis
  notieren – Tonhöhe und Rhythmus, vergleichen,
  verbessern (auch transponiert)
- ⊙ Modulation
- ⊙ Medianten
- ⊙ Begriffe zu Motiv und motivischer Verarbeitung
- ⊙ Begriffe der formalen Gliederung: Satz, Thema, Periode ...
- ⊙ transponierende Instrumente

2

Vokalmusik – Lied und Song

Im Lied sind Text und Musik eng miteinander verflochten. Der Begriff Lied wird verwendet

- ⊙ für ein Gedicht, dessen Strophen durch Einfachheit und gleiche Bauart (Vers- und Silbenzahl) singbar sind;
- ⊙ für Musik, die diese Strophen vertont, als **Strophenlied**, in welchem die Begleitung dem Strophenaufbau folgt und die Gesamtstimmung wiedergibt;
- ⊙ als **variiertes Strophenlied**, welches nur bei wichtigen Änderungen des Gedichtes die Details vertont,
- ⊙ oder als **durchkomponiertes Lied**, in welchem durch Gestaltung von Melodie und begleitendem Klaviersatz den Einzelheiten nachgespürt wird;
- ⊙ bisweilen für reine Instrumentalmusik, welche die Strophenform und eine liedhafte Melodiegestaltung verwendet; (z. B. MENDELSSOHN-BARTHOLDYS 48 lyrische Klavierstücke Lieder ohne Worte);
- ⊙ für eine episch-erzählende Großform (z. B. Nibelungenlied).

Wer nicht Klassik oder Jazz hört, hat kaum Kontakt zu reiner Instrumentalmusik, da *instrumentals* im Rock-Pop-Bereich nur sehr selten vorkommen. Damit ist in der populären Musik der Gegenwart sprachgebundene Musik vorherrschend, im weitesten Sinne dominieren also Lieder.

Die ursprünglichste Form eines Lieds, das mündlich überlieferte Volkslied, ist wohl in allen Zeiten und Völkern gesungen worden. Untergliedert in Arbeitslied, Soldatenlied, Wiegenlied, Kinderlied, Wanderlied, Tanzlied und viele andere, spiegelt es die Vielfalt seiner Funktionen und sozialhistorischen Umgebungen wider.

Im Mittelalter tritt neben die von lateinischen Dichtungen ausgehenden einstimmigen geistlichen Gattungen **Hymnus** und **Sequenz** die reiche weltliche Liedkunst der **Troubadours, Trouvères, Minnesänger** und später der **Meistersinger** mit einer umfangreichen Vielfalt an Formen. Ab 1200 findet man die mehrstimmigen Liedformen **Conductus**, **Rondeau** und die **Motette** der **Ars antiqua** (→ Seite 106), im 14. Jahrhundert das französische **Diskantlied** im **Kantilenensatz** (gesungene Hauptstimme über dem Tenor) mit den Refrainformen **Rondeau**, **Ballade**, **Virelai**, und im **Trecento** Italiens (1330 – 1420) eine reiche weltliche Liedtradition mit den Formen **Ballata**, **Caccia** und **Madrigal**.

2.1 Musik und Sprache

Abituraufgaben über die vielfältigen Zusammenhänge zwischen Musik und
Sprache sind beliebt, da grundlegende Informationen auf der sprachlichen
Ebene z.B. zu Versmaß, Reimschemata, rhetorischen Figuren usw. aus dem
Sprachunterricht bekannt sind und musikalische Analogien zu emotionalen
oder semantischen Sprachinhalten gebildet werden können.

Häufige Aufgabe
im Abitur

Bei den Überlegungen, inwieweit musikalische Elemente wie Taktart, Tempo,
Tonart, Melodik, Rhythmik, Harmonik, Satzstruktur und instrumentale Be-
gleitung in Klavier, Orchester oder Band die inhaltlichen oder emotionalen
Textaspekte nicht nur transportieren, sondern ausdeutend verstärken, ist
es vorteilhaft, ein gattungsgeschichtliches Wissen zu besitzen und bereits in
ähnlichen Analysen Erfahrung gesammelt zu haben. In den unten angegeben
Kapiteln finden Sie jeweils einen kurzen geschichtlichen Überblick, sowie eine
Reihe von erläuterten Beispielen.

Auch in den anderen Themenbereichen wie z.B. Musik und Politik, Musik und
Tradition oder Musik und Religion werden Sie vermutlich zunächst Zusammenhänge zwischen Musik und Sprache untersuchen und diese danach in
gesellschaftlicher, politischer und weltanschaulicher Hinsicht ordnen, kom-
mentieren und bewerten.

Tipp

Notieren Sie zunächst alle für die Fragestellung als relevant erkannten
Fakten zu den musikalischen Elementen, die auch von anderen Teilnehmern
wahrgenommen werden können. Formulieren Sie erst danach ausdeutende
Vermutungen. Sollten diese danebenliegen, werden Sie in der Regel für die
korrekte Beschreibung relevanter Fakten dennoch Punkte erhalten, wenn
die Aufgabenstellung dies erlaubt.

Nehmen Sie sich ausreichend Zeit, die Aufgabenstellung und weitere Angaben wie Liedtexte, Zitate, Erläuterungen vor der musikalischen Analyse
im Detail wahrzunehmen und ev. in Ihre Sprache zu übersetzen, da diese
besonders im Umfeld funktionaler Musik bereits Lösungshinweise enthalten
und die Aufmerksamkeit auf die relevanten Details lenken sollten.

Zu den mit Sprache verbundenen Gattungen finden Sie weiterführende In-
formationen und erläuterte Beispiele in den Kapiteln: → 3 **Oper**: **Rezitativ**,
Arie, → 4 Geistliche Musik: **Psalmodie**, **Hymnus**, **Motette**, **Messe**, **Oratorium**,
Kantate.

2.2 Lied im Mittelalter

Minnegesang – Lieder am adligen Hof

Im Hochmittelalter, der Zeit des klassischen Rittertums, war es auch an deutschen Adelshöfen üblich, Gedichte zu erfinden und instrumental begleitet vorzutragen. Die in Südfrankreich entstandene Kunst der Troubadoure verbreitete sich im 12. Jahrhundert in weitere Gebiete Europas. Die Melodien, „Weisen" genannt, standen meist in der **Barform**. Sie handelten oft von der „hohen Minne", der Verehrung für eine verheiratete, meist unerreichbare Dame (Vrouwe), die auch während des Vortrags anwesend war. Die Lieder besangen im weiteren Verlauf der Geschichte eine bunte Palette von Themen wie Tages- und Jahreszeiten, Kampfhandlungen und Tänze. Während Texte der Minnelieder schon aus dem 13. Jahrhundert überliefert sind, sind die Melodieaufzeichnungen erst im 14. Jahrhundert greifbar.

Barform: dreiteilige Liedform AAB, aus zwei Stollen und Abgesang

Die instrumentalen Vor-, Zwischen- und Nachspiele wurden auf Fiedeln, Lauten und Harfen in Form von mehrstimmigen Melodieumspielungen und -auszierungen (→ Heterophonie) improvisiert und sind nicht überliefert.

Die Melodien der Minnesänger wurden nach dem Ende der Ritterzeit im 15. und 16. Jahrhundert von den in Handwerkerzünften organisierten Singschulen der Meistersinger übernommen und nach Regeln und Satzungen überliefert und weitergepflegt.

WALTHER VON DER VOGELWEIDE zählt mit über 200 Minneliedern zu den wichtigsten Lyrikern des Mittelalters. Das **Palästina-Lied**, vermutlich zum Kreuzzug von 1228 geschrieben, ist das einzige Lied mit gesichert überlieferter Melodie. In mittelhochdeutscher Sprache beschreibt der 13 Strophen umfassende Text aus christlicher Sicht die Bedeutung des Heiligen Landes. Ob WALTHER an einem Kreuzzug teilgenommen hat, ist nicht überliefert.

Da nur der Tonhöhenverlauf existiert, gibt es verschiedene rhythmische Fassungen. Ein rhythmisierter Vortrag ist jedoch auch von geistlichen Liedern der Zeit überliefert und daher sehr wahrscheinlich. Die Melodie ist dorisch (→ Kirchentonarten) und zeigt die **Barform** (AAB): Zwei melodisch gleiche, jedoch unterschiedlich textierte Stollen bilden den Aufgesang, auf den der Abgesang mit neuer Melodie und Text folgt.

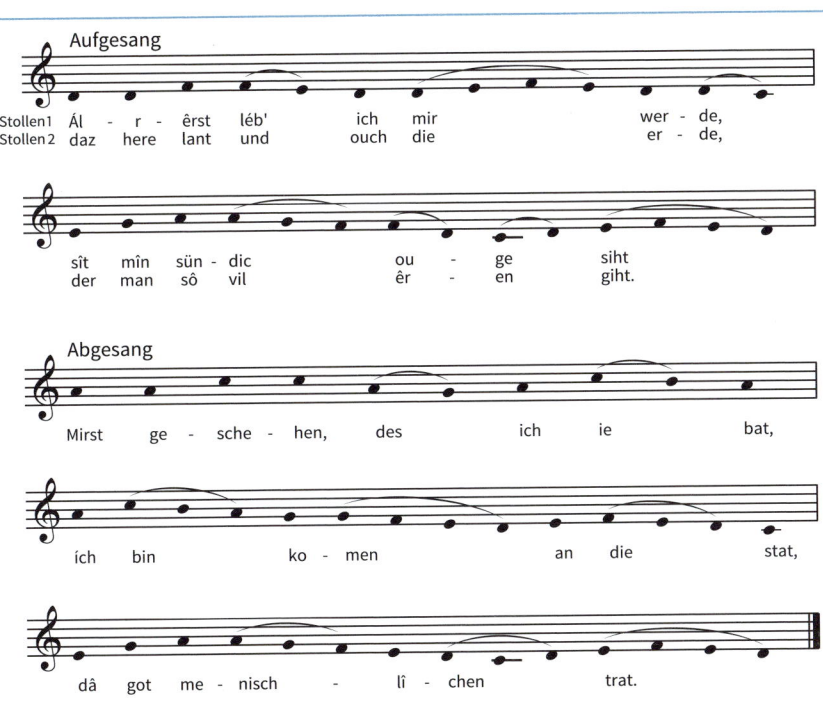

Abb. 2.1: Walther von der Vogelweide, *Palästina-Lied*

Übersetzung:

Nun erst lebe ich würdig, seit mein sündiges Auge sieht
das reine Land und auch die Erde, der man so viel der Ehren gibt.
Mir ist geschehen, worum ich stets bat, ich bin an die Stätte gekommen,
die Gott als Mensch betrat.

2. Schœne lant, rîch unde hêre,   2. Schöne Länder, reich und herrlich,
swaz ich der noch hân gesehen,   welche ich da noch gesehen habe,
sô bist dûz ir aller êre,   du übertriffst sie alle.
waz ist wunders hie geschehen: Welche Wunder sind hier geschehen!
Daz ein maget ein kint gebar,   Dass eine Jungfrau ein Kind gebar,
hêre uber aller engel schar,   hoch erhaben über aller Engel Schar,
was daz niht ein wunder gar?   war das nicht etwa ein Wunder?

Sowohl Geburtsort (vermutlich in Österreich) als auch Sterbeort (wahrscheinlich in Würzburg) sind nicht gesichert bekannt. Gelebt hat der Dichter
etwa von 1170 bis wiederum vermutlich 1230. Es gibt eine einzige urkundli-
che Erwähnung zu diesem bedeutenden Poeten. Im Jahr 1203 scheint sein
Name in Unterlagen zu Reisekosten von Bischof WOLFGER VON ERLA auf.
Es heißt dort: „Walther, dem Sänger auf Vogelweide, für einen Pelzmantel
fünf Schilling." Weit umfangreicher ist das überlieferte Werk. Wie schon
erwähnt, sind dies über 200 Minnelieder. Damit wurde er neben WOLFRAM
VON ESCHENBACH zum bedeutendsten Autor in mittelhochdeutscher Sprache. Seine Texte waren lange verschollen und wurden erst im 18. Jahrhundert wiederentdeckt. Die umfangreichste Sammlung der Gedichte VON DER
VOGELWEIDES findet sich in der „Großen Heidelberger Liederhandschrift",
auch Codex Manesse genannt, die JACOB GRIMM 1815 in der Königlichen
Bibliothek in Paris auffand.

Lieder der Spielleute

Lieder erklangen im Mittelalter nicht nur an den adligen Höfen, sondern auch
durch Spielleute auf öffentlichen Plätzen. Die Spielleute waren als Instrumen-
talisten, Sänger, Schauspieler und Tänzer für die Unterhaltung zuständig. Als
fahrendes Volk hatten sie jedoch eine sehr schlechte soziale Stellung, sie waren
mit anderen fahrenden Berufsgruppen recht- und ehrlos und wurden oft nicht
zu kirchlichen Sakramenten zugelassen. Im Gegensatz zu sesshaften Musikern
am Hof und den vom Rat der Stadt angestellten höheren Musikern verdienten
die „Niederen" ihren Lebensunterhalt durch das Aufspielen vor einem momen-
tanen Publikum auf Jahrmärkten und in Gastwirtschaften. Aber auch an Höfen,
die sich keine ständigen Musiker leisten konnten, wurden herumziehende
Spielleute eingesetzt oder ergänzten kleine Gruppen von ständigen Musikern.

Niedriger sozialer Status

Auf zeitgenössischen Darstellungen sind Fiedeln, Flöten und Pfeifen, Schal-
meien, Dudelsack, Drehleier, Hackbrett, Laute, Trompeten und verschiedene
Schlaginstrumente als beliebte Instrumente abgebildet. Die Spielleute improvisierten ohne Noten, jedoch nach festen Regeln und vorgegebenen Modellen
und unterstützten als Possenreißer häufig ihre Vorträge durch lebhafte Mimik
und akrobatische Kunststücke. Von den Vaganten, umherziehenden Studen-
ten und Klerikern, sind Gedichtsammlungen überliefert, so aus dem 12. und
13. Jahrhundert z.B. die *carmina burana*, (lateinisch: Lieder aus Benediktbeuern) eine Sammlung von mittellateinischen, seltener mittelhochdeutschen,
altfranzösischen oder provenzalischen Liedtexten, die 1803 in der Bibliothek
des Klosters Benediktbeuern gefunden wurde (→ ORFF, Seite 191), und aus
dem 15. Jahrhundert das *Lochhamer Liederbuch*.

2.3 Chanson, Tenorlied, Madrigal (15./16. Jh.)

Die **französische Chanson** ist die beherrschende Liedform dieser Epoche, ein geselliges Lied mit unterschiedlichem Charakter. Sie ist drei- bis sechsstimmig, oft mit eingestreuten Deklamationsteilen.

> **Beispiel**
>
> Die Chanson *Bonjour, mon cœur* von Lasso erzählt überschwänglich vom Morgengruß eines Verliebten an seine Angebetete.
> Die ersten fünf Takte sind bis auf den Schluss weitgehend homophon und werden mit neuem Text wiederholt.
> Der darauf folgende Abschnitt *Hé, bonjour …* ist nun deutlich deklamatorischer, gekennzeichnet durch die Pausen und die kleineren Rhythmuswerte (Achtel).
> Lasso verwendet eine reiche und farbige Harmonik auf der Grundlage der Kirchentonart mixolydisch (Grundton f einen Ganzton tiefer transponiert).
> Charakteristisch für harmonische Wirkung ist die Verwendung der beiden dominantisch aufhellenden Durakkorde C-Dur auf die betonte Silben von **bel**le und G-Dur bei ma mignar**di**se.
>
>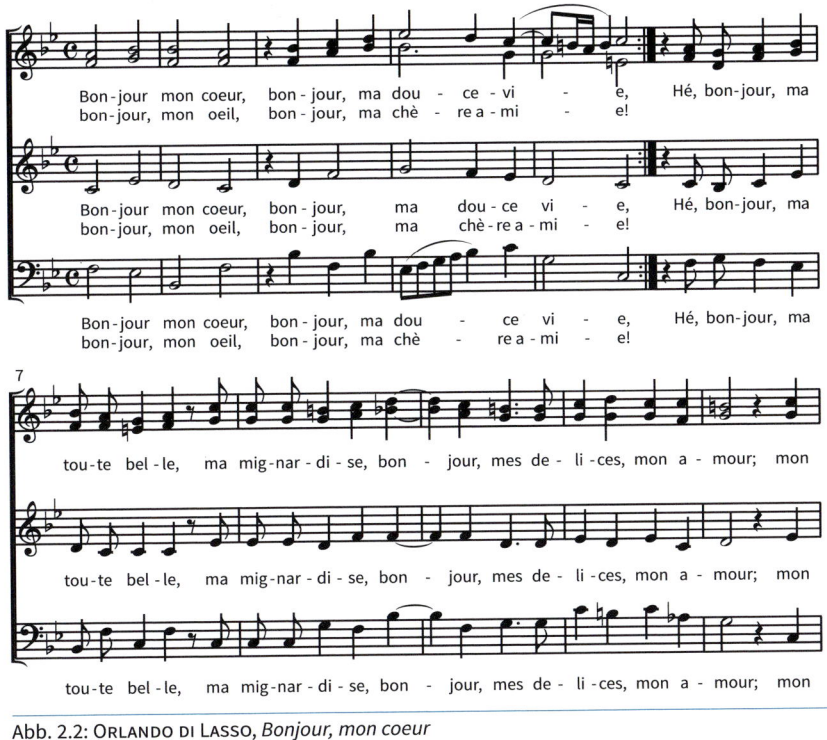
>
> Abb. 2.2: Orlando di Lasso, *Bonjour, mon coeur*

Beispiel

Der erste Abschnitt des Niederländischen Volkslieds *Ich sag ade* aus Band II von FORSTERS Liedersammlung *Ein Außzug guter alter und neuer teutscher Liedlein* (1540) ist polyphon.

Der Sopran wiederholt den im Tenor liegenden cantus firmus (c. f.) wörtlich. Im zweiten Teil wird der zweistimmig homophone Abschnitt der Frauenstimmen *Ich lass bei dir …* von Tenor und Bass wörtlich imitiert. Der cantus firmus steht in der Tonart G-Dur, der Satz verwendet die leitereigenen Harmonien von G-Dur.

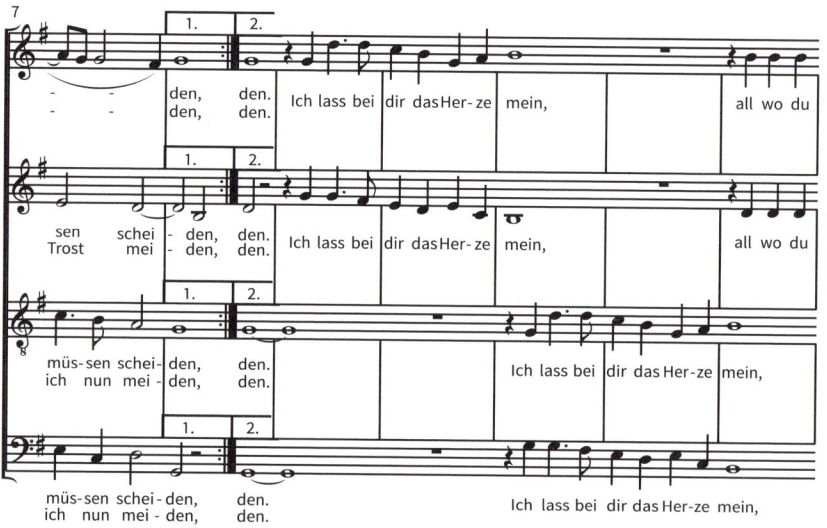

Abb. 2.3: Niederländisches Volkslied aus Forster II

Dem geselligen Musizieren dienten Liedersammlungen wie das **Lochamer** oder das **Glogauer Liederbuch** (um 1480), in welchen das **deutsche Tenorlied** auftritt. Ursprünglich ein Sololied mit Begleitung, liegt die Melodie (**cantus firmus**) im Tenor, die anderen untextierten Stimmen konnten gesungen oder gespielt werden. Bis Mitte des 16. Jahrhunderts entwickelte sich das Tenorlied zum ausgeglichenen A-cappella-Satz, in dem alle Stimmen textiert waren und motivisch gleichberechtigt am Satz teilnahmen. Die wichtigsten Komponisten waren ISAAC, SENFL und HOFHAIMER.

Das **Madrigal des 16. und frühen 17. Jahrhunderts** war in Italien das weltliche Gegenstück zur **Motette** und vertonte vor allem Texte von Petrarca und Boccaccio, den bekanntesten Madrigaldichtern des 14. Jahrhunderts. Es wurde als Kunst für Kenner solistisch aufgeführt, wobei Instrumente nach Belieben mitwirken konnten. Wie bei der Motette wurden kleine Abschnitte vertont und aneinandergereiht. Besonders **bildhaft** wurden einzelne Textstellen vertont (**imitar le parole**). Die Textausdeutungen durch ungewöhnliche musikalische Wendungen und Tonmalereien nahmen in der Blütezeit ab 1550 stetig zu und wurden **Madrigalismen** genannt. Führende Komponisten waren LASSO, PALESTRINA und GABRIELI.

Das **Madrigal des späten 17. Jahrhunderts** mit GESUALDO, MARENZIO und MONTEVERDI war äußerst kühn und expressiv, vor allem im Bereich der Harmonik und der textausdeutenden Chromatik. In MONTEVERDIS V. Madrigalbuch tauchten im monodischen Stil die neuen Madrigaltypen generalbassbegleitetes Solomadrigal und konzertantes Madrigal auf.

Eine geistliche **Kontrafaktur** (mittellat.: nachahmen, seit dem Mittelalter übliche Übernahme oder Bearbeitung meist weltlicher Melodien als geistliches Lied) MONTEVERDIS erschien 1641 als *Pianto della Madonna sopra il Lamento d'Arianna* mit dem lateinischen Text „Iam morirar mi fili, quisnam poterit mater consolari … – Ich werde sterben, mein Sohn. Wer denn kann mich als Mutter trösten in meinem Schmerz …".

Thematisch zusammenhängende Madrigale wurden auch zu **Madrigalkomödien** zusammengefasst (→ Seite 79). Madrigalkompositionen entstanden auch in England (BYRD, MORLEY, WEELKES) und Deutschland (LECHNER, HASSLER, SCHÜTZ).

Tipp

In einer chronologisch aufgebauten Darstellung stünden die beiden Abschnitte „mittelalterliche Liedformen" und „Chanson, Tenorlied und Madrigal" im Zusammenhang mit den entsprechenden Epochen, in welchen selbstverständlich auch geistliche und weltliche Lieder gesungen wurden. Nützen Sie die Trennung durch die systematische Darstellung, um die beiden Abschnitte „Gregorianik und Vokalpolyphonie" in Kapitel 4 festigend zu wiederholen. Einige Madrigale und Chorlieder könnten Ihnen aus einer Zeit im Chor bekannt sein.

Erweitern Sie Ihr bewusstes Repertoire durch Nachfragen und Nachschlagen.

Beispiel >>

Das Madrigal *Lasciate mi morire* (Lasst mich sterben) aus dem VI. Madrigalbuch (1614) ist MONTEVERDIS eigene Bearbeitung der ursprünglich monodischen Klage der Ariadne aus der nur fragmentarisch erhaltenen Oper *Arianna* (Mantua 1608). Alle Stimmen sind motivisch beteiligt.

Die expressive Wirkung wird erreicht durch Chromatik, Gegenbewegung, den Abstieg der Melodie und die ruhende Schlusskadenz auf morire.

Um auf die originale Notation in Stimmen und Mensuralnotation hinzuweisen, in welcher noch keine Taktstriche existierten, wurden die Notenbeispiele auf Seite 60 mit Mensuralstrichen notiert.

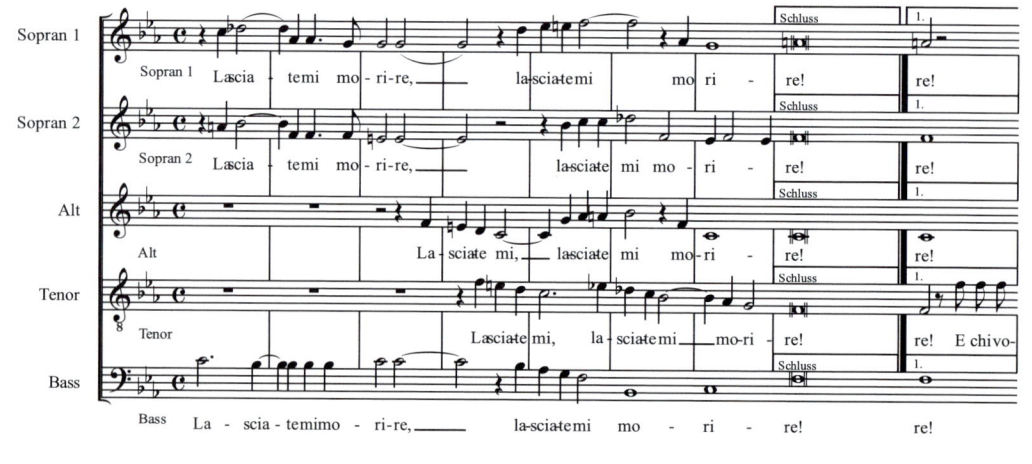

>> Beispiel

Abb. 2.4: Monteverdi, *Lamento d'Arianna*

2.4 Klavierlied

Mit der **2. Berliner Liederschule** (SCHULZ, REICHARDT, ZELTER – Begründer der Männerchortradition durch Gründung der *Liedertafel*) entwickelte sich in der Mitte des 18. Jahrhunderts das klavierbegleitete Lied wieder zu einer zentralen Gattung.

| Beispiel | Die Generalbassbegleitung wurde zum echten Klaviersatz, das Continuo-Lied zum Klavierlied, auf drei Notensystemen notiert, wie in der hier gezeigten Vertonung des Goethegedichts *Es war ein König in Thule* durch ZELTER. Die neuen Ideale Einfachheit, Volkstümlichkeit und Natürlichkeit, Geschlossenheit und Strophenform entsprachen Goethes Vorstellungen einer Gedichtvertonung. |

Abb. 2.5: ZELTER, Es war ein König in Thule

Wie ein Motto wirkt der Titel der Liedersammlung von SCHULZ, *Lieder im Volkston*, beispielhaft in **bewusster Schlichtheit und Volkstümlichkeit** seine Melodie *Der Mond ist aufgegangen*.

Im Werk der Wiener Klassiker ist das Lied vorhanden, jedoch nicht von zentraler Bedeutung. BEETHOVENS Zyklus *An die ferne Geliebte* gilt als erster bedeutender Liederzyklus.

SCHUBERT war der eigentliche Schöpfer und Vollender des **Kunstlieds**, welches durch ihn und die anderen großen Liedkomponisten zu einer eigenständigen Kunstgattung wurde. Ursprünglich eher für das häusliche Musizieren gedacht, wurde es nun auch konzertant dargeboten. Gleichberechtigt deuteten Klavier und Singstimme die poetische Grundstimmung und Einzelmerkmale der Gedichtvorlage aus. Das klassische Ideal des **Strophenliedes** wurde durch das romantische Interesse am Einzelnen in Richtung **Durchkomposition** gedrängt. Der englische Sprachgebrauch übernahm den Begriff „Lied" als Gattungsbezeichnung für das Kunstlied.

SCHUBERTS erste, mit 17 Jahren (1814, 1815) geschriebene Lieder *Gretchen am Spinnrad, Erlkönig, Heidenröslein* trafen den romantischen Ton in Vollendung. SCHUBERT schrieb über 660 Lieder mit großer Spannweite des Ausdrucks, wobei er zeitlich unabhängig alle Formen vom Strophenlied bis zum freien Verlauf verwendete. Seine Melodien sind schlicht und interpretieren doch sicher die jeweilige Situation und den speziellen Stimmungsgehalt des Gedichts.
- ⊙ **Liederzyklen** nach Texten von Wilhem Müller: *Die schöne Müllerin* (1823), *Winterreise* (1827)

ROBERT SCHUMANN bevorzugte bei seinen Liedvertonungen romantische Dichter (Heine, Eichendorff), betonte eher Details und wertete die Klavierstimme auf, z. B. in langen Vor- und Nachspielen.
- ⊙ **Zyklen** im Liederjahr 1840: *Liederkreis, Dichterliebe, Frauenliebe und -leben*

HUGO WOLFS Lieder sind gekennzeichnet durch zusammengedrängte Form, ausdrucksstarke Textdeklamation auf Grundlage eines psychologisch ausdeutenden Klaviersatzes.
- ⊙ **Zyklen:** *Mörike-Lieder* (1888), *Goethe-Lieder* (1888/89), *Spanisches Liederbuch* (1889/90) und *Italienisches Liederbuch* (1891 und 1896)

JOHANNES BRAHMS orientierte sich bei seinem reichen Liederschaffen eher am Vorbild des Volkslieds mit heiteren und schwermütigen Melodien und einer einfacheren, sich unterordnenden Begleitung. Er schrieb und bearbeitete Volkslieder für Solisten, Ensembles und Chor.
- ⊙ *Wiegenlied, Vergebliches Ständchen*
- ⊙ **Zyklus:** *4 ernste Gesänge* (1896), Chorlied: *In stiller Nacht*

Beispiel

Der Klaviersatz ist neben der Melodie gleichberechtigter Bestandteil von SCHUBERTS Interpretation des Gretchengedichtes aus Goethes *Faust*.
Die auf- und absteigenden Sechzehntel der rechten Hand spiegeln die Kreisbewegung des Spinnrads; der pochende Rhythmus der linken Hand deutet die antreibenden Fußbewegungen an oder den pochenden Herzschlag des unruhigen Herzens.
Ein kurzes Vorspiel führt in die Stimmung ein.

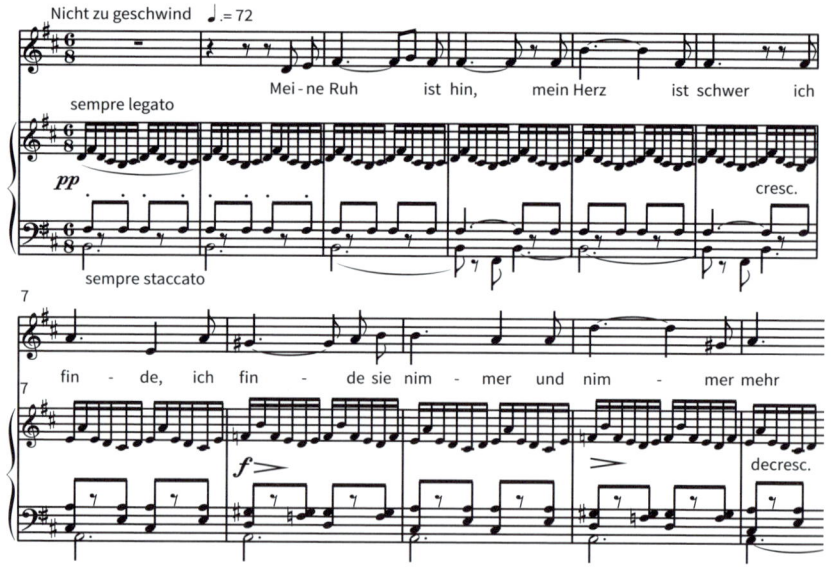

Abb. 2.6: SCHUBERT, Gretchen am Spinnrade

**Kurz-biografie:
FRANZ SCHUBERT,
1797 bis 1828**

„Wie von ferne leise hallen mir noch die Zaubertöne von Mozarts Musik. Sie zeigen uns in den Finsternissen dieses Lebens eine lichte, helle, schöne Ferne, worauf wir mit Zuversicht warten."
SCHUBERT hatte nur selten ein Klavier zur Verfügung, er komponierte rasch, ganz aus der Vorstellung vor allem für die „Schubertiaden", einem regelmäßigen Freundestreff zu Lektüre, Musik, Tanz, Wein und Ausflügen.

- ⊙ **1808–1813** Sängerknabe im Konvikt der Wiener Hofkapelle mit Unterricht in Orgel, Klavier, Kontrapunkt durch SALIERI u. a.
- ⊙ **1813–1816** angehender Lehrer in Lichtental, lebte dann als Künstler in Wien meist bei einem Freund; erfolglose Bewerbungen als Kapellmeister
- ⊙ Große Zahl von **Werken** (Deutsch-Verz. bis Nr. 998) aus allen Bereichen: *Forellenquintett* (1818); 22 Sinfonien, Nr. 7 h-Moll *Unvollendete*; Streichquartett *Der Tod und das Mädchen* (1824); Singspiele, Opern, 6 Messen, Kammer- und Klaviermusik

Beispiel

Bewusst volksliedhaft schlicht führt BRAHMS die Melodie in seinem Chorlied *In stiller Nacht* für vierstimmigen gemischten Chor. Eine besondere Wirkung geht vom zweiten Akkord (as – ces – es – f, Mollsubdominante mit hinzugefügter Sexte) aus.

Abb. 2.7: BRAHMS, In stiller Nacht

Kurz-
biografie:
JOHANNES
BRAHMS,
1833 bis
1897

- ⊙ **1853** Konzertreise mit dem Geiger Reményi; Freundschaft mit CLARA und ROBERT SCHUMANN; dieser lobte BRAHMS' *ganz genialische(s) Spiel, das aus dem Clavier ein Orchester von wehklagenden und laut jubelnden Stimmen machte* (Aufsatz *Neue Bahnen* in NZfM Okt. 53)
- ⊙ **ab 1863** als freischaffender Komponist in Wien
- ⊙ **1863–64** Chormeister der Wiener Singakademie
- ⊙ **1872–75** künstlerischer Leiter der „Gesellschaft der Musikfreunde" Wien; zahlreiche Konzertreisen als Pianist und Dirigent
- ⊙ **Werke:** *Ein deutsches Requiem* (1868); *Ungarische Tänze* (1869/80), *Liebeslieder-Walzer* (1869/75); 1. Sinfonie, knüpfte nicht an frühromantische Sinfonien, sondern bei BEETHOVEN an; Violinkonzert D-Dur (1877 – 79); 4. Sinfonie e-Moll (1885) mit Finalsatz als Chaconne über das Bassthema des Schlusschors *Meine Tage in dem Leiden* aus BACHS Kantate BWV 150.

2.5 Orchesterlied

Das orchesterbegleitete Lied entstand um 1850 durch Übertragung von Klavierliedern für das Orchester aus dem Wunsch, die große Lyrik durch die vielseitigeren Differenzierungsmöglichkeiten der orchestralen Begleitung einem breiteren Publikum nahezubringen (LISZT, BRAHMS, WOLF, DVOŘÁK). Gegen Ende des 19. Jahrhunderts wurde das Orchesterlied vor allem durch R. STRAUSS und MAHLER (*Lieder eines fahrenden Gesellen, Kindertotenlieder* und Zyklus *Lied von der Erde*) zur selbstständigen Gattung, die ihre Bedeutung um 1925 mit dem Aufkommen des Neoklassizismus wieder verlor.

Beispiel	MAHLERS Sinfonik entwickelte sich aus seinen Liedkompositionen. Zu seiner ersten bedeutenden Komposition *Lieder eines fahrenden Gesellen* dichtete er selbst die Texte. Die Melodie zum 2. Lied *Ging heut morgen übers Feld, Tau noch an den Gräsern hing* verwendet er in seiner ersten Sinfonie. Auch im *Lied von der Erde* ist die Verwendung volksliedhafter Melodik deutlich erkennbar.

Abb. 2.8: MAHLER, das Lied von der Erde

Kurzbiografie: GUSTAV MAHLER, 1860 bis 1911	⊙ Studium am Konservatorium in Wien, u. a. bei BRUCKNER
	⊙ **1883–1900 Frühe Periode:** *4 Lieder eines fahrenden Gesellen* in Klavier- und Orchesterfassung (1883–1885); 1. Sinfonie D-Dur (1888), bei der Uraufführung als Sinfonische Dichtung *Der Titan* mit Programm aufgeführt, später ohne Programm als 4-sätzige Sinfonie gedruckt
	⊙ **1888** Direktor der königlichen Oper Budapest
	⊙ **1891** 1. Kapellmeister am Hamburger Stadttheater
	⊙ **1901–1907 Mittlere Periode:** 1902 Heirat mit Alma Schindler; 1907 Kapellmeister an der Metropolitan Opera in New York; *Kindertotenlieder* (1901–1904), 5.–8. Sinfonie, 8. *Sinfonie der Tausend*
	⊙ **1908–1911 Späte Periode:** *Das Lied von der Erde* (1907–1908); 9. und unvollendete 10. Sinfonie

2.6 Ballade und Song

Ballade: der Begriff bezeichnet nach seinem Wortstamm *balar* – tanzen zunächst ein volkstümliches strophisches Tanzlied des Mittelalters, danach eine Gattung der Troubadours, im 14. und 15. Jahrhundert auch der mehrstimmigen Musik. Nach 1770 verstand man darunter die Vertonungen epischer Erzählungen, wobei die **Klavierbegleitung** oft **tonmalerisch** und ausdeutend eingesetzt wurde. Die romantischen Komponisten schufen Balladen für Sologesang mit Klavier (z. B. *Der Erlkönig* von REICHARDT, SCHUBERT, LOEWE), für Chor, aber auch für Klavier solo (CHOPIN, BRAHMS) und für Orchester ohne Gesangspart.

In der **Pop-Musik** bezeichnet Ballade ein oft nur instrumental vorgetragenes melancholisches, lyrisch-getragenes Stück.

Song (engl.: Lied, Gesang) ist ein relativ ungenauer Begriff für heutige fremdsprachige und deutsche Lieder wie etwa **Folksong**, **Gospelsong** oder **Protestsong**. Im englischen Sprachgebrauch wird damit allgemein die Verbindung von Text und Musik bezeichnet. Die musikalische Begleitung ist nicht festgelegt und kann dabei von der nach Akkordsymbolen improvisierten Gitarrenbegleitung bis zum stilistisch und klanglich ausgefeilten Arrangement einer Live-Band oder dem perfektionierten Studiosound variieren.

Sänger, die Texte und Musik hauptsächlich selbst schreiben, werden im deutschsprachigen Bereich **Liedermacher**, im englischen Singer-Songwriter (frz. – *Chansonnier*, it. – *Cantautore*) genannt. Sie erzählen Geschichten oder machen Poesie, sie singen in verschiedensten Mundarten über Politik, gesellschaftliche Missstände, über ihren Glauben, über Persönliches, bisweilen humorvoll-ironisch bis hin zum Klamauk. In den 1970er- und 1980er-Jahren erlebten sie eine Blütezeit. Um 1986 mit der Reaktorkatastrophe von Tschernobyl zog sich die ältere, politisch orientierte Generation zurück, ein kleiner Teil blieb jedoch weiter auf Kleinkunstbühnen aktiv. Einigen wenigen wie z. B. H. Grönemeyer, den Prinzen oder den Wise Guys gelang es mit deutschen Texten größere Konzertsäle zu füllen und ein jüngeres Publikum zu erreichen, getragen von einer Sympathiewelle für unplugged music und a-cappella Bands.

Beispiel

Eine speziellere Bedeutung des Begriffes Song wurde durch BRECHTS *Dreigroschenoper* (1928) eingeführt. Hier wird er neben Lied, Ballade und Moritat z. B. im Kanonensong für allgemeine sozialkritische Inhalte verwendet. Die sprachlich akzentuierte Ausführung der rhythmisch-deklamatorischen Melodiegestaltung stellt die gute Sprachverständlichkeit über den emotionalen Ausdruck und ergibt so eine spezielle Art des Sprechgesangs. Formal liegt meist ein Aufbau in Strophe (Vers) und Refrain (Chorus) vor.

Abb. 2.9: BRECHT/WEILL, Dreigroschenoper, Moritat von Mackie Messer – © Universal Edition A.G., Wien

Abb. 2.10: Szenenfoto aus der Generalprobe für die Uraufführung der Dreigroschenoper in Berlin 1928

2.7 Rock

Rockmusik ist eine breite, vielfältige und wandlungsfähige „progressive" Strömung der Popmusik, ausgehend vom **Rhythm & Blues** über den **Rock'n'Roll**
der 1950er- und den **Beat** der 1960er-Jahre. Sie schließt die durchschnittliche,
auf die Unterhaltung der Massen gerichtete Popmusik aus und definiert sich
vorwiegend als Musik der Jugend für die Jugend.

Der Sound des Rock

Typisch für das **Klangbild des Rock** ist der aggressive, stark verzerrte Sound
von Gitarren und E-Bass, das raue, heisere Singen und eine extreme Lautstärke,
die von riesigen Boxentürmen und Verstärkeranlagen aufgebracht wird. Hinzu
kommen die intensiven rhythmischen Impulse des Schlagzeugs, bei „weißen"
Musikstilen **Heavy Metal**, **Punk** oder **Techno** eher grundschlagbetont, monoton hämmernd, bei „schwarzen" Stilen wie **Rhythm & Blues**, **Soul**, **Bluesrock**,
Jazzrock, **Reggae** abwechslungsreicher und farbiger durch den Einsatz vielfältiger Percussion-Instrumente (Bongos, Congas, Claves, Maracas). Die typische
Besetzung einer Rockband besteht aus zwei Sänger-Gitarristen, Bassgitarre
und Schlagzeug, wobei sich auch alle anderen Bandmitglieder am Gesang
beteiligen können, teilweise sogar zwei- bis dreistimmig.
Frauen findet man zwar häufig als Sängerinnen *(frontwoman),* an den Instrumenten dagegen bis etwa Mitte der 1990er-Jahre sehr selten. Seither nimmt
der Anteil an Frauen stetig aber langsam zu. Warpaint ist beispielsweise eine
Band, bei der Stella Mozgawa Schlagzeug spielt und Jenny Lee Lindberg den
Bass. Ein weiteres Beispiel ist Meg White, die bei The White Stripes ebenfalls am
Schlagzeug sitzt. Bekannte Rockgitarristinnen sind etwa: Nancy Wilson, Joan
Jet, Anna Calvi und Annie Clark (St. Vincent).

Musikalische Merkmale

Die **Melodiebildung** des Rock ist nur selten so glatt und eingängig wie in
der Popmusik, sondern eher rau, abrupt und aggressiv. Rock verwendet oft
dieselben Formen wie die Popmusik, die **Strophenform mit Refrain** und das
12-taktige Bluesschema, doch gibt es auch **freie Formen** mit ausgedehnten
Improvisationen. Freie Formen entstehen meist auch durch die Verwendung
von Endlos-Wiederholungsschleifen (**Loops**) vor allem bei **Techno**, **Rap** und
House. Wenn die Stücke einer CD oder LP inhaltlich oder formal aufeinander
bezogen sind, spricht man von einem **Konzeptalbum**. Das erste Konzeptalbum
Sgt. Pepper's Lonely Hearts Club Band wurde 1967 von den BEATLES veröffentlicht.

Im Verlauf ihrer Entwicklung nahm die Rockmusik Anregungen vieler anderer Musikrichtungen auf, schmolz diese in den Stil ein und bildete so neue Stilrichtungen, so z. B. von Jazz (**Jazzrock**), Pop (**Poprock**), Folklore (**Folkrock**), Countrymusik (**Countryrock**) oder von klassischer Musik (**Artrock**).

In der Gegenwart ist die Vielfalt lebendiger Stile groß, Abgrenzungen teils schwierig bis unmöglich. Dennoch sollen hier Bezeichnungen für die Musik seit etwa 2000 nicht unerwähnt bleiben. Das neue Jahrtausend begann für den Rock mit einer **Retrowelle** (Beispiele: Kings of Leon, Franz Ferdinand, The Hives). Crossoverbands verbanden Metal und Hip Hop, dafür fand sich die Bezeichnung **Nu Metal** (Beispiel: Korn). Unter dem Etikett **Indie-Rock** wurden viele aus Großbritannien stammende Bands populär (Beispiele: Arctic Monkeys, The Kooks). Seit etwa 2008 wird wiederum der Einfluss elektronischer Instrumente wieder größer, man nimmt Elemente des **Art- oder Progrock** auf (Beispiel: Vampire Weekend).

So vielfältig und **kontrovers** wie die Musikstile des Rock ist auch sein sonstiges **Erscheinungsbild**. Inhaltlich spiegelt er alle Kontraste der gesellschaftlichen Meinungen wider: Antikriegslieder und Gewaltverherrlichung, gesellschaftspolitischer Protest und Belangloses aus dem täglichen Leben, christliche Botschaften und Satanismus, idealisierte Liebe, sexuelle Befreiung und Perversion. Auch im **Outfit der Gruppen** und Stars spiegeln sich dieselben Kontraste: Glitter und Glamour steht neben provozierend verwahrloster Kleidung, androgyne Bisexualität neben protzigem Machogehabe. Der authentische musikalische Ausdruck einer gesellschaftlichen Randgruppe steht neben billigst produziertem Konsumkitsch, primitiver 3-Akkorde-Punk neben virtuoser Instrumentalbeherrschung, die von Produzenten gepushte 3-Tage-Band neben dem Altrocker mit 40 Jahren Bühnenpräsenz.

Technische Ausrüstung der Rockband

Für den Auftritt in einem kleineren Club, in welchem die Musiker sich noch gut gegenseitig hören können, genügen die jeweiligen Bühnenverstärker für die Sänger sowie für akustische und elektronische Instrumente mit ihren jeweiligen Effektgeräten. Zusammen mit dem Drumset und der Lichtanlage ist dennoch eine Lkw-Ladung im Wert von 100 000 € schnell erreicht.

Für Festivals in großen Hallen oder Open-Air-Konzerte kommen zu diesem Bühnenequipment noch zwei weitere geschlossene Klangsysteme, das **Monitorsystem** mit eigenem Mischpult, um die auf die Musiker gerichteten Monitorboxen anzusteuern, die auch im Freien für die nötige akustische Verständigung der Musiker untereinander sorgen, und das **Hauptsystem** in Stereo-, Quadro- oder dreidimensionalem Raumklang, das auf jeder Seite aus gut 50 Hochton-, Mittelhochton-, Mittelton- und Tieftonboxen bestehen kann, wobei eine ganze Batterie von Endstufen mit einer Leistung von zusammen mehreren 10 000 Watt für den eindrucksvollen Schalldruck sorgt. Alle Steuerleitungen laufen beim Hauptmischpult in der hinteren Mitte des Saales zusammen, von wo aus der Sound für die Zuhörer gemixt wird. Die Steuerleitungen werden bei vielen Aufführungen heute durch ein Funknetz ersetzt, bei welchem der Mischende nur ein elektronisches Tablet in Händen hält.

Jazz, Rock, Pop   Tipp
Auf wenigstens einem dieser Gebiete sind Sie vermutlich detaillierter informiert als Ihr Kursleiter. Nutzen Sie diesen Wissensvorsprung.
Ordnen und konsolidieren Sie Ihr Wissen, indem Sie es mithilfe einer anerkannten Übersicht ordnen und vertiefen. Allerdings ist eine klärende Ordnung in der unüberschaubaren Vielfalt wirklich nicht einfach.

Von Rhythm & Blues und Rock zu Rap und Techno   Wissen
Rhythm & Blues (R & B) seit etwa 1940
Großstadtblues schwarzer Menschen in den USA; schneller, härter, rhythmischer als der „alte" (ländliche) Blues; Texte aggressiver, derber, freizügiger; Vertreter: Muddy Waters, Ray Charles, B. B. King, Little Richard, Chuck Berry

Reggae seit etwa 1968
Mischung aus R & B und jamaikanischer Folklore; Texte: Rassendiskriminierung, soziales Elend, Urheimats-Sehnsucht (Rastafarianismus); vielschichtige Rhythmik, beweglicher E-Bass. Vertreter: Bob Marley, Peter Tosh

Rap – Hip Hop seit Ende der 70er-/80er-Jahre
vor allem aus New York, schnelles rhythmisiertes Sprechen vor einem dichten Rhythmushintergrund. Texte: Kritik an den sozialen Verhältnissen und der fortdauernden Diskriminierung der Schwarzen. „Break Dance"; „scratching"; heute vorwiegend Drum-Computer und Sampler.
Vertreter: Grandmaster Flash & The Furious Five, Kurtis Blow, Public Enemy,

Rock'n'Roll (R'n'R) seit 1955
R'n'R ist R & B, vermischt mit Elementen aus Country & Western und Hillbilly-Musik; R'n'R wird zum Generationssymbol der weißen Teens und Twens der 50er-Jahre. Besetzung: wie R & B-Vertreter: Bill Haley, Elvis Presley, Little Richard, Chuck Berry

Liverpool-Beat seit 1962/63

Beginn der europäischen Rockmusik; entstanden aus Elementen des R & B, R'n'R und „Skiffle" (einer Mischung aus R'n'R, Dixieland und irisch-walisischer Folklore). Seit etwa 1965 Auffächerung in „Soft Beat", „Hard Beat", „Folk Beat", „Exotic Beat", „Psychedelic Beat" u. a. Vertreter: The Beatles, Rolling Stones, Animals, Kinks

Hard Rock – Heavy Metal Rock seit Ende der 60er- bzw. 70er-Jahre

heute auch „Speed Metal", „Trash Core", „Noise Core", „Hard Core". Extreme Lautstärke, brutal hämmernder Vier-Viertel-Beat, dröhnender E-Bass, verzerrte E-Gitarren, „kreischende" Stimmen, Text kaum verständlich. Vertreter: Led Zeppelin, Deep Purple, Black Sabbath, Iron Maiden, AC/DC, Scorpions, Motörhead, Guns'n'Roses

Progrock (Progressive Rock) seit etwa 1965

Auf der Basis typischer Rockelemente wurden vielfältige Stilrichtungen in die Musik aufgenommen: Es finden sich Jazzeinflüsse ebenso wie solche aus der Klassik und der sogenannten Weltmusik. Piano, Orgel und Synthesizer sind wichtige Instrumente dieser Richtung. Vertreter: Yes, Genesis, Nice, King Crimson, Gentle Giant, Van der Graaf Generator, Emerson Lake & Palmer

Punk seit etwa 1975

Extrem aggressive Rockrichtung; bewusst „primitive", ohrenbetäubende Musik in wahnsinnigem Tempo; provozierende Texte, herausfordernde Aufmachung der „Punker". Vertreter: Sex Pistols, The Clash, Damned, Stranglers, Black Flag

Techno Rock seit etwa 1980

Von elektronischen Instrumenten und Apparaten (Synthesizer, Sampler, Electronic Drums u. a.) geprägte Rockrichtung; in Discotheken als Tanzmusik beliebt, z. T. mit lateinamerikanischen (Salsa-) Rhythmen angereichert. In den USA auch „House" (harte Richtung) und „Trance" (weichere Techno-Richtung) genannt. Vorläufer in den 80er-Jahren: Tangerine Dream, Kraftwerk; heute: Produktionen in elektronischen Studios.

Entwicklungen nach etwa 1990 (Auswahl)

Skate Punk, Alternativ Rock, Nu-Metal, Pop-Punk, Post-Punk, Neo-Progrock, Indie-Rock, Neo-Psychedelic-Rock – diese Richtungen lassen sich teils nicht scharf voneinander abgrenzen. Einzelne Bands oder Interpreten wechseln im Laufe der Karriere auch die Genres.

2.8 Pop

Der Begriff **Popmusik** oder „populäre Musik" wird in unterschiedlichen Bedeutungen gebraucht. Einmal wird der Begriff umfassend als **Abgrenzung gegen Kunstmusik und Volksmusik** für alle Arten von Unterhaltungsmusik (Schlager, Tanzmusik, Operette, Musical, Filmmusik, Folklore …) verwendet. Dabei variiert die musikalische Ausstattung von der nach Gehör oder Akkordsymbolen **improvisierten Gesangsbegleitung** durch eine akustische Gitarre bis zum stilistisch und klanglich ausgefeilten Arrangement einer Live-Band oder dem perfektionierten, dafür live oft nicht mehr darstellbaren Studio-Sound. **In speziellerem Sinn** bezeichnet Popmusik eine ab 1960 erstmals weltweit von Jugendlichen gehörte Musik, die auf dem amerikanischen Rock'n'Roll und dem britischen Beat aufbaute. Sie wurde durch die internationale Musikindustrie verbreitet und protestierte musikalisch gegen die Kultur und die politische Ordnung der Wohlstands- und Leistungsgesellschaft.

Entstehung der Populären Musik

Die schwindende Bedeutung der Volksmusik in den Städten führte schon zu Beginn des 19. Jahrhunderts zur Entstehung von Unterhaltungsmusik. Für die Salons der vornehmen Gesellschaft bestimmt, entstand die **Salonmusik**, eine leicht spielbar arrangierte Form von Musik für Klavier bzw. für Violine und Gesang mit Klavierbegleitung, begünstigt durch die Möglichkeit des preisgünstiger möglichen Notendrucks. Potpourris, Tänze, Charakterstücke und Opernausschnitte bildeten das Repertoire, das auch von den **Salonorchestern** aufgegriffen wurde. Für das breitere Publikum gab es große **Vergnügungsgärten** und **Kaffeehäuser** als Treffpunkte der Stadtbevölkerung zum Tanz, zur Unterhaltung und zur Ablenkung vom industriellen Arbeitsleben, für dessen wirtschaftlichen Erfolg der leichte und unterhaltende Charakter der Musik eine wesentliche Rolle spielte. Ihre Walzer, Märsche, Polkas und Potpourris machten JOSEF LANNER und JOHANN STRAUSS zu den beliebtesten Komponisten des 19. Jahrhunderts. Zu Beginn des 20. Jahrhunderts machte das Orchester J. PH. SOUSAS, welches die Pariser Weltausstellung von 1899 besucht hatte, auf seiner Europatournee die Bevölkerung mit den Tänzen **Ragtime** und **Cakewalk** bekannt. Ab 1910 fand der Ragtime, ausgehend von I. BERLINS erfolgreichem Titel *Alexanders Ragtime Band*, massenhafte Verbreitung in Europa. Den Sieg der frischeren amerikanischen Tanzmusik gegenüber der dekadenteren europäischen konnten auch die mit den Kriegsvorbereitungen verbundenen Verbote um 1913 nur kurzfristig zurückdrängen. Im Nachkriegseuropa standen den musikalischen Einflüssen aus Amerika, die zunächst unterschiedslos Jazz genannt wurden, alle Tore offen.

Musikalische Merkmale

Die **Melodik** von Popmusik ist besonders leicht eingängig, das Ideal ist der **Ohrwurm (Hook)**, der sich ins Gedächtnis des Hörers einbrennt, sodass dieser das Stück mitsingen kann. **Harmonisch** kommen die Stücke oft mit wenigen und einfachen Akkorden aus, Verbote der Stimmführung wie Quint- und Oktavparallelen gibt es, bedingt durch das parallele Rücken der Akkorde auf der Gitarre, nicht. Beim Schlager findet man als Steigerungsmittel bisweilen die **Transposition** um einen Halb- oder Ganzton nach oben.

Wichtigste **Formen** sind die Strophenform mit Refrain aus meist 8-taktigen Abschnitten und das 12-taktige Bluesschema.

Der jeweils typische **Sound** bildet das wichtigste Element der Popmusik. Zu den **Instrumenten** Gitarren, Keyboard, E-Bass und Drumset können daher je nach Stil verschiedene Percussioninstrumente, Folkloreinstrumente, einzelne klassische Instrumente oder ein sinfonisches Klanggewand hinzutreten.

Das **Mischpult** und eine Reihe **elektronischer Effektgeräte** wie Hall, Equalizer, Verzerrer und viele andere mehr ergeben erst in der raffinierten Zusammen-mischung durch den Soundingenieur das idealtypische Klangbild.

Für Tonaufnahmen im **Studio** werden in **Mehrspurtechnik** meist die einzelnen Tracks der Instrumente und Sänger mehrfach nacheinander eingespielt und übereinander geschnitten. Die einzelnen Spuren können so beliebig klanglich verändert und in den Gesamtklang eingefügt werden. Im Fernsehen wird heute fast keine Musiksendung mehr ohne **Halb- oder Vollplayback** ausgestrahlt.

Popmusik als Ware

Grundlegende Bedingung für das **Entstehen von populärer Musik** ist die Verfügbarkeit von Musik als Ware für den Käufer und Hörer. Schon mit der Entstehung des Buchdrucks um 1450 wurden gedruckte Noten auch zur Han-delsware. Um 1800 ermöglichte der **Flachdruck** erstmals die preiswerte No-tenherstellung in praktisch unbegrenzter Stückzahl. Sie bedurfte jedoch noch immer der Interpretation und Vermittlung durch den geübten Musiker. Erst mit der Entstehung und Verbesserung der musikalischen Aufzeichnungsgeräte und damit einhergehender preisgünstiger Tonträger wurde Musik zur jederzeit ver-fügbaren Massenkonsumware, die über Funk und Fernsehen verbreitet wurde und für die der Käufer bereit war, Geld zu bezahlen, um die Musik in eigenem Besitz jederzeit anhören zu können.

Durch die Verwendung von **Computern** und **Smartphone** als vielseitige „Musikmaschine" in Verbindung mit Internet und Streamingdiensten findet im Moment eine weitere tiefgreifende Veränderung der wirtschaftlichen Rahmenbedingungen von Musik statt.

⊙ Unzählige Musikstücke werden als **Midi-files**, als druckbare Noten oder als digitalisierte Tonaufnahmen (in den Formaten wav, mp3, wma, u. a.) im **Internet** bereitgehalten und von dort heruntergeladen oder ausgetauscht, oft zum Schaden der Musikverlage unter Umgehung der Urheberrechte. Auf heutigen Festplatten können viele tausend Musikstücke gespeichert werden, die direkt vom Computer abgespielt und natürlich auch kopiert werden können, wodurch die „Stereoanlage" verdrängt wird.
⊙ **Notationsprogramme** ermöglichen es jedem Musiker, professionelle Noten herzustellen und zu verbreiten.
⊙ Mit wenigen Zusatzgeräten wird der Computer zum qualitativ hochwertigen Tonstudio (**Harddisc-Recording**) für mehrspurige digitale Tonaufnahmen. Nach dem Schneiden, Bearbeiten und Mastern können die Musikstücke auf CD gebrannt und vervielfältigt werden. Die Qualität von Tonaufnahmen wird damit mehr vom Know-how des Aufnehmenden bestimmt als vom Einsatz der immens teuren Studiomaschinen.
⊙ Sogar völlig ohne musikalische Ausbildung können in einer Art **Collagetechnik** mit **Sequenzerprogrammen** und **Samplertechnik** neue Musikstücke verschiedenster Stilrichtungen erstellt werden. Sie werden häufig eingesetzt bei **Rap**, **House** und **Techno**.
⊙ Die Möglichkeit für jedermann, eigene Musik zu produzieren und selbst per Internet anzubieten, könnte zu einer noch breiteren Vielfalt führen und die wirtschaftliche Bedeutung der großen Musikproduzenten relativieren.

Stationen der Tonaufzeichnung   Merke
⊙ 1887 Grammophon: mechanische Aufzeichnung auf Walze oder Platte
⊙ ab 1920 elektrische Aufnahme und verstärkte Wiedergabe
⊙ 1935 Tonband: magnetische Aufzeichnung
⊙ 1948 Kunststofflangspielplatte 2 · 30 min.
⊙ 1958 Stereoschallplatte
⊙ 1963 Kassettenrecorder
⊙ 1982 CD: digitale Aufzeichnung, DVD, Harddisk-Recording, mp3
⊙ 2020: Internet-Portale, Streaming, Smartphone wird Audio- und Videomaschine

Überblick

Folgende <u>Begriffe/Namen</u> zum Thema Lied sollten gut bekannt sein.

- Definition Lied
- Liedformen bis 1400
- Chanson
- Tenorlied
- Madrigal
- Kontrafaktur
- Klavierlied
- Liedformen
- Strophenlied
- variiertes Strophenlied
- durchkomponiertes Lied
- Liederzyklen
- Orchesterlied
- SCHUBERT, SCHUMANN, BRAHMS, WOLF, MAHLER
- Rock
- Pop
- Rap – Hip Hop

Oper und Musiktheater

Im folgenden Kapitel über die Entstehung und Entwicklung der Oper werden nur die für das Abitur relevanten Inhalte näher ausgeführt; andere Aspekte entfallen komplett.

3

Unter „Oper" (ital.: *opera*) versteht man die **Verbindung von Musik und weltlicher Bühnenhandlung**, bei welcher die Musik eine tragende Rolle einnimmt. Sie beschränkt sich nicht auf gelegentliches Ausschmücken oder Untermalen, sondern gestaltet die äußere und innere Handlung mit und charakterisiert die Personen.

Die Handlung wird im Vergleich zum gesprochenen Theater zwar verlangsamt, kann aber durch die Musik mit ihrer suggestiven, psychologisch auslotenden Kraft eine tiefere emotionale Wirkung entfalten. In ihrer Verbindung von Sprache, Schauspiel, Tanz, bildnerischer Kunst und Musik als Gesangskunst in Verbindung mit orchestraler Begleitung ist Oper die komplexeste Kunstform und bezieht aus den Wechselwirkungen dieser Künste auch ihren bis heute ungebrochenen Reiz.

3.1 Entstehung der Oper

Vorläufer

Szenische Darstellung mit Musik gab es schon in der **griechischen Tragödie**, in den mittelalterlichen **Mysterienspielen** (geistliches Spiel auf der Grundlage von biblischen Erzählungen) und in den **Intermedien**. Seit dem 15. Jahrhundert dienten diese, rein instrumental oder auch szenisch gestaltet, zur Unterhaltung zwischen den Akten, um den Umbau zu überbrücken.

Direkte Vorläufer der Oper waren die **Madrigalkomödien**, in denen mehrstimmige Madrigale zur Darstellung einer Handlung gebündelt wurden, z. B. VECCHI *L' amfiparnasso* (1594), TORELLI *I fidi amanti* (1600).

Beispiel

Tirinto wird mit dreistimmigem Unterstimmenchor, Clori mit dreistimmigem Oberstimmenchor verdeutlicht.

Der Satz ist sprachbetont und weitgehend homophon.

Wichtige Stellen werden durch Lage und Dauer oder durch besondere Harmonik hervorgehoben.

Clori liebt Tirinto, dem ihre Liebe nicht willkommen ist. Er flieht. Sie folgt ihm in schmerzlichem Wehklagen.

Contralti
Nin - fa, io non fui già ma - i   Ca - gio-ne a te di gua - i: M´ac-cusi a tor-to,

Tenori
Nin - fa, io non fui già ma - i Ca-gio-ne a te   di   gua-i: M´ac-cusi a tor-to,

Bassi
Nin - fa, io non fui già ma - i Ca-gio-ne a te   di   gua - i: M´ac-cusi a tor-to,
(Tirinto: Nymphe, nie war ich für dich Ursache des Herzeleides, fälschlich beschuldigtst du mich;)

6

Soprani
Do - ve t en´ vai cru-de - le?   Cru-del

Contralti
ad-dio, ti la-scio, ad - di - o.   Do - ve t en´ vai cru-de - le?   Cru

Tenori ad-dio,   ti la-scio, ad - di - o.   Do - ve t en´ vai cru-de - le? Cru

Bassi
ad-dio,   ti la-scio, ad - di - o.   (Clori: Ach wohin gehst du, Grausamer?)
(leb wohl, ich verlasse dich.)

Abb. 3.1: TORELLI, I fidi amanti I, 2: O dolcissimo albergo T. 15–22

Die frühe Oper

Die **Florentiner Camerata**, ein Kreis von Gelehrten, Dichtern und Philosophen um den Grafen Bardi, wandte zur Wiedererweckung der wundersamen Kraft der antiken Musik die **Monodie** (Sologesang mit akkordischer Begleitung) auf mythologische Dramenstoffe an. Die Gestaltung beschränkte sich auf rezitativisch generalbassbegleiteten Sprechgesang mit gelegentlichen dramatischen und kantablen Ausschmückungen. Die **ersten erhaltenen Opern** sind *Dafne* (1598) von PERI und *Euridice* (1600) von Peri und (1602) von CACCINI.

Wenn Sie das Buch kapitelweise durcharbeiten, sollten Sie an dieser Stelle Merkmale barocker Musik im Kapitel 5 „Instrumentalmusik des Barock" und Generalbass im Kapitel 1 „Grundlagen" wiederholen bzw. bearbeiten.	Tipp

---

Claudio Monteverdi

MONTEVERDIS *Orfeo* (1607), vom ihm selbst „dramma per musica" genannt, ist die **erste Oper** im eigentlichen Sinn mit charakteristischer Situations- und Personendarstellung durch ein reich besetztes Orchester, mit Chören, Balletten und reinen Instrumentalsätzen.

Der **erzählende „stile narrativo" oder „stile rezitativo"** wird stellenweise zum **darstellenden „stile rappresentativo"**, zum ausdrucksvollen **„stile espressivo"** oder zum erregten **„stile concitato"**. Ovids mythologische Gestalt des Sängers Orpheus, der mit der Schönheit seines Gesanges seine Gattin Euridice aus der Unterwelt befreit, wird zum Archetyp des Sängers schlechthin, der Stoff in der Operngeschichte immer wieder aufgegriffen.

Die berühmte Toccata zu MONTEVERDIS Oper L'Orfeo erfüllt die Aufgabe einer Ouvertüre. Bei der der erfolgreichen Uraufführung im Februar 1607 anlässlich des Geburtstages von FRANCESCO IV. GONZAGA im herzoglichen Palast in Mantua erklangen die schmetternden punktierten Trompetenklänge, um die adligen Gäste auf die Handlung der Oper einzustimmen. An den kurz gestrichelten Notenlinien des Faksimiles lässt sich erkennen, dass die Noten wie beim Buchdruck zunächst aus beweglichen Typen gesetzt und anschließend gedruckt wurden. Die eckige Form der Notenköpfe wie auch die Schlüssel entsprechen der Mensuralnotation. Am Ende jeder Notenzeile zeigt ein Hilfszeichen (Custos) nach dem Taktstrich die Höhe der ersten Noten des folgenden Systems.	Beispiel >>

>> Beispiel

Abb. 3.2: CLAUDIO MONTEVERDI, Faksimile des Erstdruckes der Toccata aus der Oper *L'Orfeo* – Internationale Musikbibliothek

Beispiel

In der im Notenbeispiel dargestellten Szene erfährt Orfeo durch die Botin vom Tod seiner geliebten Gattin. Er beschließt, den König der Unterwelt durch die Süße seines Gesangs zur Herausgabe seiner Euridice zu bewegen oder mit ihr in der Unterwelt zu bleiben.

Das Rezitativ zeigt den monodischen Stil, eine Gesangsmelodie über einer mit Ziffern versehenen Bassstimme.

Der Affekt Trauer und Schmerz wird verdeutlicht durch die Molltonart und die meist schrittweise absteigende Melodie, die allerdings noch einmal aufsteigt, wenn er sich von Himmel *(cielo)* und Sonne *(sole)* verabschiedet. Besonders eindringlich wirkt nach dem Höhepunkt das eine Sexte tiefer liegende *addio*.

Du bist tot, mein Leben und ich atme noch? Du bist von mir gegangen
um niemals zurückzukehren, und ich muss bleiben?
Nein! Ich werde durch die Macht meiner Lieder in die tiefsten Abgründe
gelangen und wenn ich das Herz des Königs der Unterwelt bezwungen habe,
werde ich dich zum Licht der Sterne führen.
Wenn aber ein grausames Schicksal mir dies versagt,
werde ich bei dir im Reich der Toten bleiben.

Abb. 3.3: MONTEVERDI, *L'Orfeo*, 2. Akt

3.2 Die venezianische Oper

1637 wurde in Venedig das erste öffentliche Opernhaus eröffnet. Gegen Eintrittsgeld konnte nun jeder die Oper besuchen. Dadurch änderten sich die Opernstoffe sowie die musikalischen Mittel.

Die **Opernstoffe** wurden realistischer und abwechslungsreicher; auch komische Elemente trugen dem Unterhaltungsbedürfnis des Publikums Rechnung. Musikalisch war die venezianische Oper geprägt durch Verwendung von **rezitativo secco** (nur generalbassbegleitet), **rezitativo accompagnato** (orchesterbegleitet), **Ariosi** (liedhafte Melodik), **Strophenliedern** und **zwei- bis dreiteiligen Arien**. Rezitativ und Arie übernahmen allmählich verschiedene Aufgaben (→ Seite 85).

Chor und **Ballett** wurden aus Kostengründen fast ganz weggelassen, das **Orchester** nur klein besetzt. MONTEVERDIS späte Opern (*Il ritorno d'Ulisse in patria* (1640) und *L'incoronatione di Poppea* (1642) entsprechen der venezianischen Oper.

Kurz-biografie: CLAUDIO MONTEVERDI, 1567 bis 1643	MONTEVERDI komponiert sowohl im alten, polyphonen Stil (prima prattica – Palestrinastil) als auch im neuen solistisch-konzertanten Stil auf Grundlage des Basso continuo (seconda prattica), welcher Gestalt und Gehalt des Textes berücksichtigt.

MONTEVERDIS Oper *L'Orfeo*, 1607 zum Geburtstag von FR. GONZAGA in Mantua uraufgeführt, wurde von ihm selbst „dramma per musica" genannt. Sie ist reich ausgestattet mit großem, bunt besetzten Orchester, mit Chören, Balletten und reinen Instrumentalsätzen. Personen und Situationen werden durch die Musik charakterisiert und von passenden Instrumentalklangfarben unterstützt, so Orfeo durch die Orgel mit Holzpfeifen, Schlafszenen durch Streicher, der Todesfährmann Charon durch die näselnden Zungenpfeifen des Regal und Unterweltszenen durch Posaunen.

- ⊙ 1590 Sänger und Violaspieler in Mantua am Hof der Gonzaga
- ⊙ Kapellmeister 1601 bei Gonzaga, 1613 San Marco, Venedig
- ⊙ Geistlicher nach dem Tod seiner Frau
- ⊙ **Werke:** 8 Madrigalbücher, ab dem 5. Buch konzertant mit Generalbass; Oper *Orfeo* (1607), *Marienvesper* (1610), szenisches Oratorium *Il combattimento di Tancredi e Clorinda* (1624), *Selva morale e spirituale* (1640); Sammlung geistlicher Werke, darin z. B. *Beatus vir*; ab 1640 für Venedig: *Il ritorno d'Ulisse in patria, L'incoronazione di Poppea*.

3.3 Die neapolitanische Oper

Um 1700 übernahm die neapolitanische Oper die Führung in der italienischen Oper. Zwei lange Zeit gültige Formtypen entstanden, die ernste **Opera seria** und die komische **Opera buffa**.

Opera seria

Die Opera seria wurde eröffnet durch eine nicht handlungsbezogene dreiteilige Sinfonia, die später als Ausgangspunkt der Sinfonie wichtige Bedeutung erlangte. Diese **neapolitanische Opernsinfonia**, die vor allem durch SCARLATTI entwickelt wurde, gliedert sich in die drei Sätze

- ⊙ 1. Satz: schnell, konzertant,
- ⊙ 2. Satz: langsam, kantabel, oft mit Instrumentalsolo,
- ⊙ 3. Satz: schnell, fugiert, mit tänzerischem Charakter.

Das **Orchester** war neben den Streichern mit Flöten, Oboen, Hörnern und Trompeten besetzt. Auf das **Rezitativ**, welches die Handlung vorantrieb, folgte die seelisches Empfinden veranschaulichende **Arie**. Die Musik dominierte, der **Belcanto-Gesang** (Schöngesang) wurde zum Stilideal. Die **prima donna** und der **primo uomo** (Kastrat) hatten Anspruch auf zwei bis drei Arien, meist in **Da-capo-Form**, deren Wiederholungsteil zur Steigerung des Affektes virtuos ausgeschmückt werden durfte. Kastraten, die Stars der Oper, vereinten die **voce bianco** (Knabenstimme) mit der Kraft und Erfahrung des Erwachsenen und einer perfektionierten, virtuosen Gesangskunst. Sie sangen Helden- und Frauenrollen.

Die Stoffe des für die Opera seria wichtigsten Textdichters METASTASIO beinhalteten oft Intrigen. Die typisierten Charaktere der Personen und die Handlungen waren leicht austauschbar. Das Theater war regelmäßiger gesellschaftlicher Treffpunkt, und das Interesse galt bevorzugt den bravourösen Arien, die als artistische Kunststücke vorgeführt wurden.

In **England** erlebte die Opera seria als Musik der Oberschicht mit den Opernkompositionen HÄNDELS, die neben der Folge Rezitativ – Arie auch dramatische Szenen mit Accompagnati, Ensembles und Chören besaßen, einen Höhepunkt, bis sie 1740 versank.

Beispiel

Das erste Notenbeispiel zu HÄNDELS *Julius Cäsar* zeigt das typische **Seccorezitativ**. Die als Akkordstütze den Gesang begleitende bezifferte Basslinie wurde in der Oper meist von Violoncello und Cembalo ausgeführt. Sie kann leicht der rhythmisch freien Gestaltung des Solisten folgen.

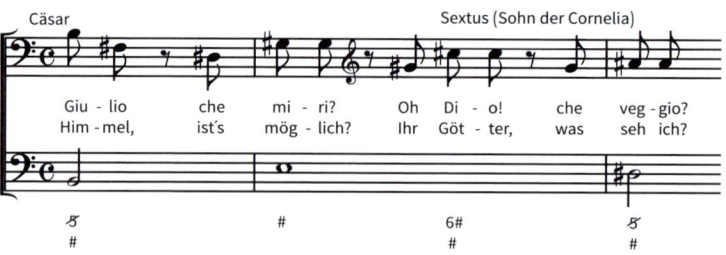

Abb. 3.4: HÄNDEL, *Julius Cäsar*, I, 3 Rezitativ

Die wieder streng im Metrum stehende darauffolgende **Da-capo-Arie** beginnt mit einem kurzen syllabischen, abwärtsführenden Tonleitermotiv aus 16teln, welches zwei Seufzermotive auf *ró* und *tu* beinhaltet. Auf die Silbe (crudel-) *tá* – italienisch: Grausamkeit – in der zweiten Zeile wechselt HÄNDEL zum arientypischen melismatischen Stil aus virtuosen 16tel-Koloraturen, welche einerseits den Affekt der Empörung Cäsars verdeutlichen, andererseits die Virtuosität des Sängers zeigen soll. Die Wiederholung des A-Teils konnte vom Sänger zur Affektsteigerung ausgeziert werden.

Abb. 3.5: HÄNDEL, Julius Cäsar, I, 3 Arie

Die schon im 17. Jahrhundert entstandene **Ballad-opera** mit gesprochenen Dialogen und volkstümlichen Melodien hatte mit der *Beggar's Opera* (Bettleroper) (1728) einen großen Erfolg und führte zum Konkurs des von Händel als selbstständigem Unternehmer geführten italienischen Opernhauses. Die Handlung spielt im Milieu von Bettlern, Straßenräubern und Huren und wurde von BRECHT/WEILL als *Dreigroschenoper* (→ Beispiel, Seite 70) bearbeitet.

Opera buffa

Grundlage der Opera buffa war die Komödie, die durch Lachen über die ka-
rikiert dargestellten Schwächen eine moralische Botschaft übermitteln sollte.
Personifizierte Darstellungen von Habsucht, Dummheit, Begehrlichkeit und
Stolz aus der **Commedia dell'arte** wurden zum Vorbild für den merkwürdigen
Alten, den dümmlichen oder gewitzten Diener oder das Liebespaar, dem zur
Heirat verholfen werden musste.

Komödie zur
Entlarvung
von Schwächen

Aus den **Intermezzi**, den heiteren und komischen Zwischenakteinlagen der
Opera seria entstanden, behandelte die abendfüllende Opera buffa spielfreu-
dige, frech-witzige Stoffe aus dem bürgerlichen Alltag mit einfachen Formen,
liedhafter Melodik **ohne Kastraten und Belcanto**, mit **Parlandopassagen**
(schnelle Ton- und Wortwiederholungen) und der Vorliebe für **Ensemble-
bildung** an den Aktschlüssen (**Finali**).

Diese frischere Kunst mit beweglicher Motivik und Rhythmik setzte sich gegen
die steifere Opera seria durch und wurde zum Vorbild für die französische Opéra comique und das deutsche Singspiel.

Thema: Kastraten
Durch die Entfernung der Hoden (Kastration) wurde der Stimmbruch, das
Wachstum der Stimmbänder verhindert. Die Sopran- oder Altstimme blieb
erhalten, erfuhr aber durch die Lungenkraft und die Brustresonanz des
Erwachsenenkörpers eine Klangverstärkung und ermöglichte artistisch-
virtuose Stimmleistungen.
Kastraten galten als Stars, sie verbanden die Reinheit der Knabenstimme mit
der Kraft der Erwachsenen und sangen die Helden- und Frauenrollen.

Zur
Vertiefung

Beispiel

Pergolesis erfolgreiches Intermezzo *La serva padrona* (1733) zeigt kurze, dialogisch antwortende Motive. Die im Text enthaltenen Gegensätze „aspettare" (warten), „e non venire" (und man kommt nicht) sowie „stare a letto e non dormire" (im Bett sein und nicht schlafen können) werden durch die Kurzmotive klar als Kontraste charakterisiert und deuten schon auf ein wichtiges Merkmal der Klassik hin, die Kontraste auf engem Raum.

Abb. 3.6: Pergolesi, *La serva padrona*, Arie des Uberto „Aspetare" T. 1–12

3.4 Opernreformen der Klassik

Im deutschsprachigen Raum dominierte die italienische Oper. Ein deutsches Gegenstück zur Opera seria gab es nicht. GLUCK, HAYDN und MOZART schrieben italienische Opern.

CHRISTOPH WILLIBALD GLUCK

GLUCK erstrebte in Zusammenarbeit mit dem Dichter Calzabigi um 1760 eine **Reform** der erstarrten italienischen und französischen Oper hin zu Einfachheit und Natürlichkeit. In Anlehnung an die Ideale der Florentiner Camerata sollte die Musik wieder **der Dichtung dienen** durch Ausdeutung der Handlung und deren Charaktere. Accompagnato-Passagen wurden ausgebaut, der Gesangsstil orientierte sich am Lied. Chor und Ballett nahmen aktiv an der Handlung teil, die Ouvertüre stand in Bezug zur Handlung.

In den ersten beiden Takten des Rezitativs aus GLUCKS *Orfeo ed Euridice* deutet der Klavierauszug durch die repetierten, gebrochenen Akkorde die Begleitung durch das Orchester (Accompagnato) an.

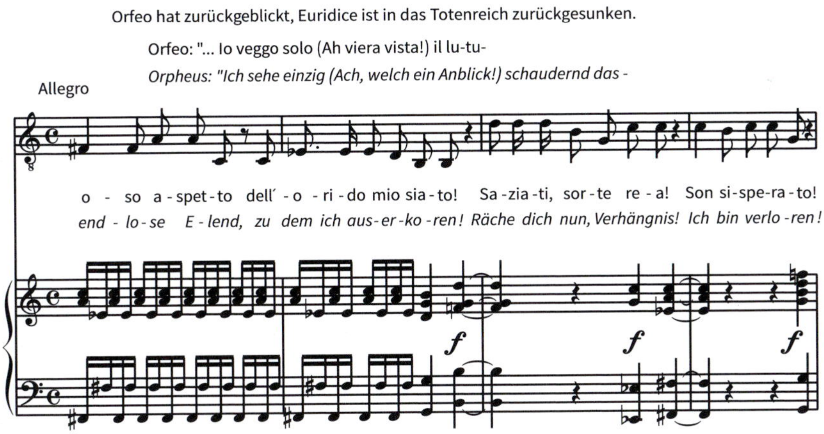

Beispiel >>

Abb. 3.7: GLUCK, *Orfeo ed Euridice*, Rezitativ III, 1

Die auf die schmerzlichen Selbstvorwürfe folgende Klagearie ist liedhaft, schlicht, ohne Pathos und steht in der für den Ausdruck von Trauer ungewöhnlichen Tonart C-Dur.

>> Beispiel

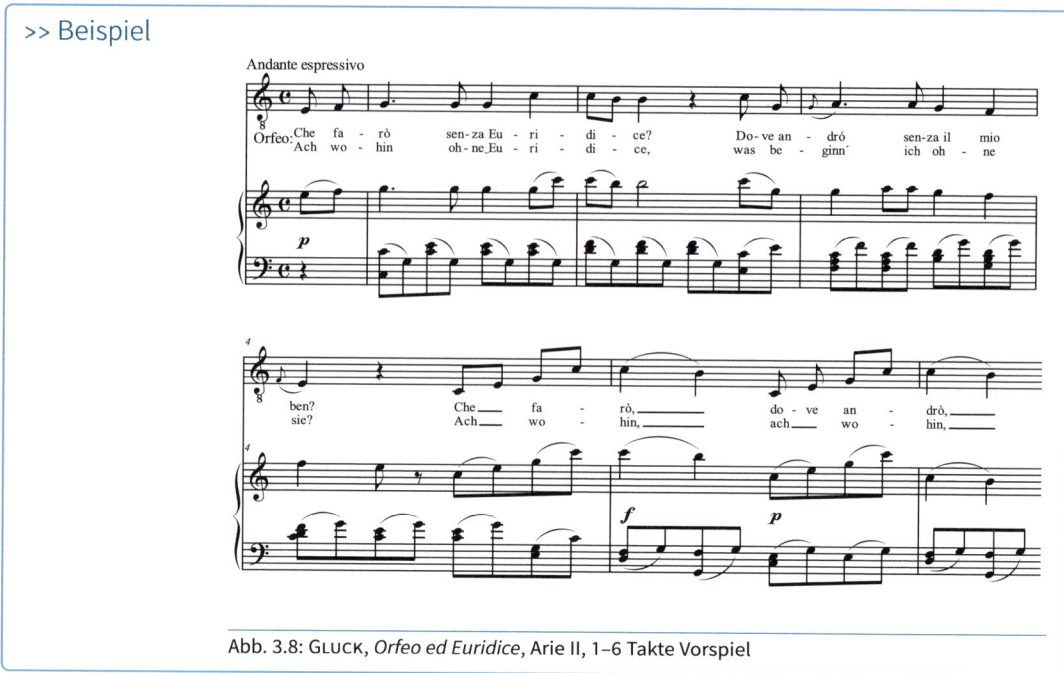

Abb. 3.8: Gluck, *Orfeo ed Euridice*, Arie II, 1–6 Takte Vorspiel

WOLFGANG AMADEUS MOZART

Mozart experimentierte zunächst in allen bekannten Gattungen: Opera buffa *La finta giardinera* (1775), Opera seria *Idomeneo* (1781), deutsches Singspiel (Kennzeichen sind hier unter anderem gesprochene Dialoge) *Die Entführung aus dem Serail* (1782). Er verschmilzt in den weiteren Opern alle gattungsbedingten Unterschiede zu musikdramatischen Höhepunkten mit einer persönlichen, individuellen Charakterdarstellung und psychologischer Tiefe in der Schilderung der menschlichen Beziehungen. In *Le Nozze di Figaro* (1786), *Don Giovanni* (1787), und *Cosí fan tutte* (1790) werden neben einer genialen komödiantischen Leichtigkeit und Heiterkeit auch die sozialen Widersprüche der Zeit aufgezeigt.

Die **Zauberflöte** (1791) mit ihrem bis heute ungebrochenen Erfolg gilt als die erste große deutsche Oper mit Buffo-Elementen (Papageno und Papagena) und singspielartig gesprochenen Dialogen. Inhaltlich ist sie eine Mischung aus Zaubermärchen und der Präsentation idealistischer Ideen.Die Charaktere der Gegenpole Königin der Nacht und Sarastro ändern sich in Akt 1 und Akt 2. Aus der guten Königin und Mutter wird eine mordlüsterne Tyrannin, aus dem finsteren Priester Sarastro die Lichtgestalt voller Weisheit und Humanität. Die alte böse Ordnung geht unter im Kampf gegen das Licht der Aufklärung. Pamina und Tamino verkörpern das ideale Paar in einer reinen Welt.

Beispiel

In der berühmten Arie des Sonnenpriesters Sarastro werden die menschlichen Tugenden Verzeihung, Menschenliebe und Verzicht auf Rache gepriesen. Sie wirkt durch die Verwendung von zwei- oder viertaktigen Motiven im Vergleich zur Rachearie der Königin der Nacht schlicht, natürlich und liedhaft.

Abb. 3.9: MOZART, *Zauberflöte*, Arie des Sarastro

3.5 Oper im 19. Jahrhundert

In den slawischen Ländern kam es zu einer nationalen Opernbewegung, welche die Landessprache verwendete und volkstümliche Melodien einschmolz: z. B. in Tschechien durch SMETANA *Die verkaufte Braut* (1866) und DVOŘÁK *Rusalka* (1901); in Russland durch MUSSORGSKI *Boris Godunow* (1874), TSCHAIKOWSKI *Pique dame* (1890) und andere. In Frankreich entstand zu Beginn des 19. Jahrhunderts die **Grand opéra** (MEYERBEER *Die Hugenotten* (1836), ROSSINI *Wilhelm Tell* (1829)). Durch Aufnahme von Elementen der Opéra comique in die Grand opéra entstand das **Drame lyrique** mit lyrisch-sentimentalem Ausdruck und hochdramatischen Wirkungen (BIZET *Carmen* (1875), GOUNOD *Faust* (1859)). Die frühe **deutsche romantische Oper** hatte eine Vorliebe für Sagen, Märchen, Geister und Natur und wird wegen fehlender Dramatik als zu lyrisch empfunden. Nur *Der Freischütz* (1821) von WEBER hielt sich im Opernrepertoire.

Richard Wagner

Die **Romantischen Opern** WAGNERS, *Der fliegende Holländer* (1843), *Tannhäuser* (1845) und *Lohengrin* (1850), lassen seine Vorliebe für den germanischen Sagenkreis und die ins Mythologische übertragene Idee der Erlösung erkennen. Die alte Nummernfolge wird von durchkomponiertem Fluss mit einzelnen musikalischen Verdichtungen abgelöst.

In den als **Musikdramen** bezeichneten Opern *Tristan und Isolde* (1859), *Die Meistersinger von Nürnberg* (1868), *Der Ring des Nibelungen* (1876) und *Parzival* (1882) ging WAGNER von der **Idee des Gesamtkunstwerks** aus, in dem eine neue Einheit von Wort und Ton sowie eine intensive Verwobenheit aller Künste (Dichtung, Musik, Schauspiel, Tanz, Architektur, Malerei) erreicht werden sollte. Mit umfassender Konsequenz verfolgte er diese Idee in allen Bereichen: von der persönlichen Dichtung der Texte über die Entwicklung eines neuen musikdramatisch-sinfonischen Kompositionsstils, der Ausbildung eines neuen Sängertypus bis zum Bau eines für sein Musikdrama geeigneten Opernhauses. Der Festspielcharakter der Aufführungen sollte die Verschleißerscheinungen eines täglichen Opernbetriebs vermeiden, das Kunsterlebnis die Religion ersetzen. Die Erinnerungsmotive der Romantischen Oper wurden zur strukturbildenden **Leitmotivtechnik** erweitert, die Gesangsstimme ohne periodische Gliederungen in die sinfonische Orchesterstruktur eingebettet, die Trennung von Rezitativ und Arie aufgegeben. Die instrumentale und vokale Verwobenheit im immerfort fließenden sinfonischen Satz bezeichnet WAGNER als **unendliche Melodie**. Die harmonischen Wagnisse (z. B. Tristanakkord) waren dramatisch begründet, bereiteten aber auch den Weg zur Auflösung der Tonalität vor.

Leitmotivtechnik: Einer bestimmten Person, einem Gegenstand oder einem Gefühl wird ein bestimmtes musikalisches Motiv zugeordnet, meist ein kurzes, charakteristisches Tongebilde mit hohem Wiedererkennungswert.

Charakteristisch für WAGNERS Tristanvorspiel ist die nicht aufgelöste Dissonanzspannung und eine Mehrdeutigkeit auf verschiedenen Ebenen. Das sehr langsam beginnende Thema lässt den Zuhörer bewusst im Ungewissen darüber, welche Taktart vorliegt und ob das Thema nun auftaktig oder volltaktig beginnt. Auch die zugrunde liegende Harmonik bleibt fraglich.

Die ersten beiden Noten lassen F-Dur oder d-Moll erwarten, durch das folgende e wird a-Moll wahrscheinlich, aber nicht sicher. In T. 2 erscheint der berühmte Tristanakkord (h – dis – f – a) mit vorgehaltenem gis (Dominantseptakkord h – dis – fis – a mit tiefalterierter Quinte f), der aber auch als gis-Moll-Akkord (gis – h – dis – f = eis) mit enharmonisch vertauschter Sexte (Sixte ajoutée) gehört werden könnte. Der im dritten Takt wieder mit Vorhalt ais auftauchende Dominantseptakkord (e – gis – h – d) vermindert zwar die Spannung des vorhergehenden Taktes, bleibt aber selbst unaufgelöst.

Die unaufgelösten, mehrdeutigen Spannungen werden durch die Wiederholung auf höherer Tonstufe noch intensiviert.

Beispiel

Abb. 3.10: WAGNER, *Tristan und Isolde*, Vorspiel T. 1–7

„Die Musik spricht nicht die Leidenschaft, die Liebe, die Sehnsucht dieses oder jenes Individuums in dieser oder jener Lage aus, sondern die Leidenschaft, die Liebe, die Sehnsucht selbst."

„Ich kann den Geist der Musik nicht anders fassen, als in Liebe."

Kurzbiografie: RICHARD WAGNER, 1813 bis 1883

- ⊙ **1833 –1839** Kapellmeister in Würzburg, Königsberg, Riga, Flucht wegen Verschuldung
- ⊙ **bis 1842 Paris**: *Rienzi*, **Romantische Oper**: *Der fliegende Holländer*
- ⊙ **bis 1849 Dresden**: *Tannhäuser*, *Lohengrin*, Maiaufstand, Flucht
- ⊙ **bis 1858 Züricher Asyl**: 1851 in der Schrift *Oper und Drama* entwickelt er die Ideen zum neuen **Musikdrama**, *Rheingold* (1854), *Walküre* (1856), *Tristan und Isolde* (1859)
- ⊙ **1866 –1872** Tribschen (Luzern): *Meistersinger* (1867), *Siegfried* (1871)
- ⊙ **1872 –1883 Bayreuth**: Festspielhaus, *Götterdämmerung* (1874), *Der Ring der Nibelungen* (Uraufführung 1876), *Parsifal* (1882)

GIUSEPPE VERDI

Die **italienische Oper** erreichte ihre höchste Blütezeit mit den Opern von ROS-
SINI, DONIZETTI, BELLINI und VERDI.

Mit dem durchschlagenden Erfolg seiner dritten Oper *Nabucco* (1842) wurde
VERDI weltberühmt und zum Sammelpunkt der italienischen Befreiungsbewe-
gung, der Gefangenenchor zu einer Art Nationalhymne und sein Name **V**(ittorio)
E(manuele) **R**(e) **D'I**(talia) (… König Italiens) zum Synonym der Auflehnung
gegen die österreichische Herrschaft. Verdis **Dramatisierungskunst** ist nicht
durch WAGNER beeinflusst, sie lebt von der szenisch gesteigerten Arie mit Re-
zitativeinschüben, von der psychologischen Gestaltung der Charaktere, vom
hochromantischen Klang durch Verwebung von Orchester, Chor und Solostim-
men vor allem in den Massenszenen und nicht zuletzt von der mitreißenden
Kraft seiner Melodien. Seine wichtigsten Opern im heutigen Repertoire sind
Rigoletto (1851), *Il Trovatore* (1853), *La Traviata* (1853) und *Aida* (1871).

Verdi und die Politik

„Ich liebe die Politik nicht, aber ich akzeptiere ihre Notwendigkeit." So steht es
in einem Brief, den VERDI in den späten 1880er-Jahren schrieb. Recht erstaun-
lich, wenn man bedenkt, dass er einer der Künstler des 19. Jahrhunderts ist, der
sich sehr deutlich in die politisch-kulturellen Wandlungen seines Heimatlandes
eingemischt hat. Sein Leben und Schaffen ist eng verknüpft mit dem Risorgimento, der Bewegung, die Italiens nationale Einigung anstrebte und die 1861
zum Königreich Italien führte unter Überwindung der kleinen Fürstentümer und
in Gegnerschaft zur Habsburger Herrschaft über beispielsweise die Lombardei
und Venetien. Ihn als schon früh überzeugten Parteigänger der Nationalbewe-
gung zu sehen, ist allerdings wohl überzogen. Der Gefangenen-Chor aus der
äußerst populären Oper *Nabucco* wurde bei der Uraufführung 1842 keineswegs
sofort als „Hymne" des Risorgimento rezipiert; dazu wurde er erst später – nach
der nationalen Einigung. Viel stärker interessierte Verdi sich für sozialen Fortschritt und den Gedanken der Freiheit. VERDI bewunderte den Freiheitskämpfer
GIUSEPPE MAZZINI, der eine Republik anstrebte (und eben kein Königreich).
Über den Revolutionsversuch 1847/48 schrieb VERDI: „Du kannst Dir vorstellen,
dass es mich nicht in Paris gehalten hätte, nachdem ich von einer Revolution
in Mailand gehört habe. Ich bin von dort abgereist, sobald ich die Nachricht
vernommen habe; ich habe lediglich die großartigen Barrikaden zu Gesicht
bekommen. Ehre den Tapferen! Ehre ganz Italien, das in diesem Augenblick
wahrhaft groß ist! Die Stunde seiner Befreiung hat geschlagen, dessen kannst
Du gewiss sein. Das Volk will sie; und wenn das Volk will, dann gibt es keine
Macht der Erde, die ihm widerstehen könnte. Sie können anstellen, sie können
sich bemühen, soviel sie wollen – diejenigen, die mit aller Gewalt unersetzlich

sein möchten – es wird ihnen dennoch nicht gelingen, das Volk seiner Rechte zu berauben. Si, si, nur noch ein paar Jahre, ja vielleicht Monate, und Italien wird frei, eins, republikanisch sein. Was sollte es auch sonst sein?"

Beispiel

VERDIS Spätopern *Otello* (1887) und *Falstaff* (1893) zeigen eine besondere **Charakterisierungskunst und Subtilität**.
VERDI schuf eine **durchkomponierte Oper**, die weitgehend ohne die traditionellen Formen Arie, Duett und Ensemblesatz auskam durch die Verschmelzung von Deklamation und Arioso und durch einen reichen charakterisierenden Orchestersatz.
Die Form ergab sich aus dem psychologischen Verlauf der Handlung.
Wiederkehrende Motive verwendete VERDI nur sparsam.

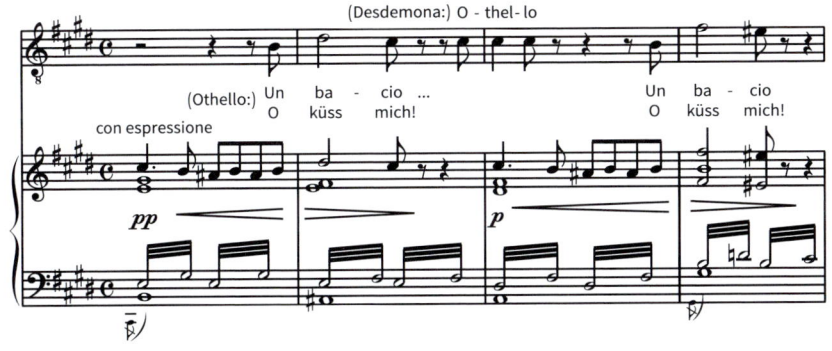

Abb. 3.11: VERDI, *Othello*, Liebesduett

„Meine Noten, seien sie nun schön oder hässlich, schreibe ich nie zufällig, und ich sorge immer dafür, einen Charakter darzustellen."

Abb. 3.12: Porträt GUISEPPE VERDI

- ⊙ ab **1832** privater Unterricht bei Lavigna in Mailand; während der Arbeit an der 2. Oper starben Frau und Kind
- ⊙ **1842 Durchbruch** mit 3. Oper *Nabucco* mit G. Strepponi als Primadonna
- ⊙ bis **1850** 13 weitere Opern in rascher Folge
- ⊙ **1848** Kauf des Landguts Sant'Agata bei Busseto; 1859 Heirat mit G. Strepponi; 1851 *Rigoletto*, 1853 *Il Trovatore*, *La Traviata*; bis 1869 sechs weitere Opern
- ⊙ **1870** *Aida* zur Eröffnung des Suezkanals für Kairo, Uraufführung 1871
- ⊙ **1873** Streichquartett, 1874 *Requiem* zum Tode Manzonis
- ⊙ **1887** *Othello*, 1893 *Falstaff*, 1898 *Quattro pezzi sacri*

3.6 Musik und Theater im 20. Jahrhundert

Oper und Musiktheater

Wie in der gesamten Musik des 20. Jahrhunderts ist der **Stilpluralismus** auch im Opernschaffen der Sammelbegriff für die vielfältigen und oft gegensätzlichen Kompositionsansätze und Stilrichtungen.

R. STRAUSS erweitert in der **Literaturoper** *Salome* (1905 nach Oscar Wilde) und in *Elektra* (1909) den sinfonischen und expressiven Stil WAGNERS. Bei *Elektra* und weiteren Bühnenwerken wie z. B. *Rosenkavalier, Ariadne auf Naxos, Die Frau ohne Schatten* arbeitet er eng mit Hugo von Hoffmansthal zusammen.

PUCCINI verbindet in *La Bohème* (1896) und *Tosca* (1900), einem letzten Höhepunkt der italienischen Oper, **naturalistische Bühnenhandlung (Verismo)** und **impressionistische Klänge**.

DEBUSSYS impressionistische Oper *Pelléas et Mélisande* (1902) ist vom **französischen Symbolismus** geprägt.

BERG komponiert im Stil der **12-Ton-Musik**. Seine **expressionistischen**, von der Bühnenhandlung her **naturalistischen** Opern *Wozzeck* (1925) und *Lulu* (1937) sind häufig im Opernspielplan zu finden. Beide sind auch **Literaturopern**, da die Vertonungen auf den literarischen Vorlagen von G. Büchner (*Woycek*) bzw. Fr. Wedekind (*Der Erdgeist, Die Büchse der Pandorra*) beruhen.

Opern auf **folkloristischer Grundlage** gibt es eine ganze Reihe, so z. B. von COPLAND oder JANÁČEK.

STRAWINSKIS *The rake's progress* handelt vom Verkauf der Seele und gilt als Muster für den **neoklassizistischen Stil**.

Die vielschichtigen Stile der Oper nach 1950 werden oft unter dem Begriff **Musiktheater** zusammengefasst. Dazu zählt auch die *Dreigroschenoper* von BRECHT/WEILL, die Bearbeitung einer spätbarocken Ballad-opera (→ Beispiel, Seite 70).

ZIMMERMANN verwendet in der Oper *Die Soldaten*, seinem Verständnis von der Kugelgestalt der Zeit folgend, eine pluralistische Kompositionsweise, in welcher stilistisch unterschiedlichstes Musikmaterial und multimediale Einspielungen sich in einer Art Collage synchron überlagern.

Experimentelles Musiktheater bezeichnet eine Richtung nach 1960, in der alle Möglichkeiten der Gestik, das Zusammenwirken mit anderen Künsten bis zu absurden Aktionen mit Musik zusammengefasst werden (SCHNEBEL, KAGEL). **Azione scenice**, den Begriff Oper bewusst vermeidend, nennt NONO seine Werke *Intolleranza* (1961) und *Al gran sole carico d'amore* (1974), die beide politisch motiviert sind. In *Prometeo* (1984), einer *Tragedia dell'ascolto* (Tragödie des Hörens), verzichtet er auf jegliche Handlung und jede Spur des Theatralischen. Zentral in *Prometeo* ist der Klang, insbesondere die durch Live-Elektronik ermöglichte Bewegung des Klanges im Raum. NONOS **Hörtheater** wird fortgesetzt durch LACHENMANN mit *Das Mädchen mit den Schwefelhölzern* (1997). Die Bilder im Bühnenraum geben keine naturalistische Handlung wieder, sondern sind Spiegelbilder der Vorgänge, die im Inneren des einsam und verlassen in der Neujahrsnacht sterbenden Kindes ausgelöst werden. In den Klängen und in den Bildern auf der Bühne wird ohne den üblicherweise musikalisch ausgestalteten Text die innere Handlung sinnlich erfahrbar gemacht. Es handelt sich um eine Art Requiem und um den Protest gegen die Unmenschlichkeit unserer Gesellschaft.

Musical

Das Musical (engl.: *musical comedy, musical play*) bezeichnet ein urspünglich amerikanisches, besonders am Broadway in New York beheimatetes Unterhaltungstheater mit gesprochenen Dialogen, Songs, Tanz- und Balletteinlagen, das Stilelemente aus Operette, Varieté, Pop, Rock und Jazz beinhalten kann.

Es **zählt nicht zum Gattungsbegriff Oper**, da es meist von einem Team aus Produzent, Regisseur, Buchautor, Songtexter, Choreograph und Komponist zusammengestellt wird. Die Musik weist meist nicht die für eine Oper charakteristischen Merkmale Mitgestaltung der Handlung und Personencharakterisierung auf. Ein Musical wird oft jahrelang an einem Haus in ununterbrochener Folge (en suite – Gegensatz: Repertoiretheater) als finanziell erfolgreiches, nicht subventioniertes Wirtschaftsunternehmen gespielt. Tanz- und Schauspielfähigkeiten der Darsteller sind wichtiger als die Gesangskunst. Die Ausstattung ist oft üppig und neigt zu aufwändigen und sensationellen **Showeffekten**.

Inhaltlich lässt sich das Musical nicht auf eine bestimmte Thematik festlegen. Einige Musicals greifen **literarische Stoffe** auf, so z. B. PORTER *Kiss me, Kate* (1948 nach Shakespeare, *Der Widerspenstigen Zähung*), LOEWES *My Fair Lady*

(1956 nach Shaw, *Pygmalion*) oder BERNSTEIN *West Side Story* (1957 nach Shakespeare, *Romeo und Julia*).

Eine neue Richtung bildet das **Rock-Musical** mit McDermots *Hair* (1968) und den Musicals von WEBBER *Jesus Christ Superstar* (1971), *A Chorus Line* (1975), *Evita* (1978), *Cats* (1981), *Phantom of the Opera* (1986).

Sehr erfolgreich sind in den letzten Jahren die sogenannten **Jukebox-Musicals**, welche bereits vorhandene Songs einer Gruppe oder von Sängern wiederaufbereiten und die Songs oft sehr geschickt über eine neu erfundene Handlung platzieren. Das Publikum freut sich am Wiedererkennen der bereits bekannten Songs in einem durch die Handlung und die Bühnenshow optisch und emotional angereicherten Ambiente. Die Produzenten ersparen sich die Kosten für den Komponisten, da in diesem Fall die Musik ja bereits vorliegt.
Beispiele hierfür: *We Will Rock you* (2002) Songs von QUEEN, *Mamma Mia!* (1999) ABBA, *Ich war noch niemals in New York* (2007) UDO JÜRGENS, *Bodyguard* (2012) WHITNEY HOUSTON, *Rocketman* (2019) ELTON JOHN.

Überblick

Das sollten Sie auf jeden Fall wissen/können:
- ⊙ Generalbass
- ⊙ Monodie
- ⊙ Rezitativ
- ⊙ Arie
- ⊙ Arioso
- ⊙ Ensemble
- ⊙ Belcanto
- ⊙ Stationen der Operngeschichte: Oper in Florenz, Venedig, Neapel
- ⊙ opera seria und opera buffa
- ⊙ Oper in Frankreich: Tragédie lyrique, Opéra ballet, Opéra comique
- ⊙ Opernreform der Klassik
- ⊙ Oper des 19. Jahrhunderts: VERDI, WAGNER
- ⊙ Musiktheater im 20. Jahrhundert
- ⊙ Grenzen Sie die Gattung Oper gegen andere Bühnengattungen mit Musik ab.
- ⊙ Schildern Sie die Entstehung und Entwicklung der Oper.
- ⊙ Welche Aspekte machen Monteverdis „Orfeo" zur ersten echten Oper?
- ⊙ Im 20. Jahrhundert gibt es extrem unterschiedliche Vorstellungen einer Bühnenhandlung mit Musik. Stellen Sie unterschiedliche Beispiele vor.

Geistliche Musik

4

Es ist wohl kaum eine Religion vorstellbar, bei deren Ausübung Musik nicht in irgendeiner Form eine wichtige Rolle spielt, sei es als Lob- und Preisgesang, als ekstatische Tanzmusik oder als den Weg zum Unterbewusstsein öffnende Meditationsmusik. Der folgende Streifzug durch ungefähr 2000 Jahre christlicher Musik soll wichtige Stationen näher beleuchten und deren Bedeutung für die Entwicklung der abendländischen Musikkultur aufzeigen.

4.1 Gregorianik und frühe Mehrstimmigkeit

In den ersten drei Jahrhunderten nach Christus bis zum Edikt von Mailand (313), welches Religionsfreiheit zusicherte, waren die frühchristlichen Gemeinden verbotene Sekten in einer spätantiken Umwelt. Die hellenistisch mediterrane Kultur beeinflusste auch die frühchristliche Musik, deren Hauptwurzel allerdings in der jüdischen Tempelmusik, vor allem im Psalmengesang zu finden ist. Instrumente galten als heidnisch und waren im Gottesdienst nicht erlaubt, was bis heute in der Ostkirche gültig ist.

Gregorianik

Gregorianischer Choral: Der einstimmige lateinische Gesang der römischen Kirche mit den Formen **Lektion** (formelhaft gesungene Schriftlesung), **Oration** (das Gemeindegebet durch den Priester zusammenfassende liturgische Gebetsform), **Antiphon**, **Responsorium**, **Hymnus**, **Tropus** und **Sequenz** (siehe unten) wurde benannt nach **Papst GREGOR I.** (590–604). Im Zuge seiner Liturgiereform wurden unterschiedliche Liturgien und Gesangsformen (z. B. gallikanische oder mozarabische) vereinheitlicht und durch Sängerschulen (scholae cantorum) in ganz Europa verbreitet.

Die Melodien sind diatonisch in der Tonalität der Kirchentonarten (Modi – modal), die oft durch eine vorangestellte römische Ziffer angegeben werden. Der **Rhythmus** des Chorals ist freischwebend, da die **Neumennotation** (→ Seite 15 ff.) keine rhythmischen exakten Informationen beinhaltet. Über die richtige rhythmische Ausführung gibt es unterschiedliche Auffassungen von gleichmäßig breit über sprachbetont-schwingend bis zu rhythmisch-metrisch.

Die **Wirkung des Gregorianischen Chorals** auf die Entwicklung der abendländischen Musik ist vielfältig und in seiner Bedeutung nicht hoch genug einzuschätzen. So wurde er zum Ausgangspunkt für die in allen Kulturkreisen einzigartige

Papst GREGOR I. (540–604) wird in der Überlieferung auch GREGOR DER GROSSE genannt. 1295 wurde er heiliggesprochen.

Entwicklung der geordneten **Mehrstimmigkeit** und der damit verbundenen **Notenschrift**. Als cantus firmus bildete er Grundlage und Fundament der Vokalpolyphonie. Die Übersetzungen und Adaptionen an die deutsche Sprache durch Luther und seine Zeitgenossen beeinflussten maßgeblich das protestantische Kirchenlied. Auch im 19. und 20. Jahrhundert griffen Komponisten historisierend immer wieder gregorianische Melodien auf. Im Chorgesang der Mönche hat er relativ unverändert die vielen Jahrhunderte überdauert und ist bis heute lebendig geblieben.

Psalmen nennt man die ca. 150 zum Beten und Singen bestimmten Texte des Alten Testaments, deren Verse eine unterschiedliche Silbenzahl aufweisen. Jeweils zwei Halbverse beziehen sich inhaltlich aufeinander (Parallelismus membrorum). Abgeschlossen werden alle Psalmen im christlichen Gebrauch durch zwei immer gleichlautende Verse (Doxologie): Gloria patri … (Ehre sei dem Vater …) und sicut erat in principio … (wie es war im Anfang …).

Die **Psalmodie**, das Singen eines Psalms, folgt einem für alle Verse gleichbleibenden Modell (**Psalmton**), welches durch melodische Wendungen gekennzeichnet ist: dem Aufstieg zu Beginn (**Initium**), der Mittelkadenz (**Mediatio**) vor der Atempause zum zweiten Halbvers und dem Abstieg am Ende des zweiten Halbverses (**Terminatio** oder **Finalis**). Ein langer Halbvers mit einem syntaktischen Einschnitt wird meist durch ein kurzes Absenken der Melodie mit kleiner Atempause (**Flexa**) unterbrochen. Die wechselnde Zahl der noch übrigen Silben wird auf gleich bleibender Tonhöhe als **Rezitationston** (**Tenor, Tuba**) gesungen (→ Kirchentonarten, Seite 23 ff.). Neben den Psalmtönen, die jeweils zu einer Kirchentonart gehören und nach ihr benannt sind (I. Ton – dorisch, II. Ton hypodorisch …), gibt es noch einige weitere Modelle, beispielsweise den Tonus peregrinus mit tieferem Tenor im 2. Halbvers.

Tipp   **Musik des Mittelalters**
Obwohl die Musik des Mittelalters wie aus einer fremden Kultur klingen mag und Notenschrift, Tonalität, Gattungen, Konstruktionsprinzipien der Musik neu gelernt werden müssen, so ist sie doch im Vergleich zu anderen Epochen eher leicht zu durchschauen und daher ein „dankbares" Thema vor allem für das schriftliche Abitur.

Das Psalmmodell

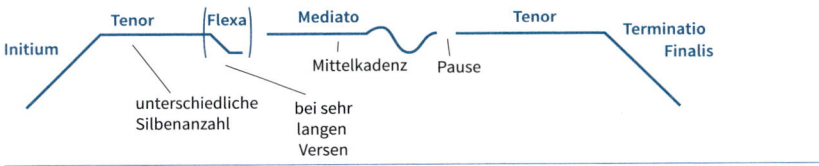

Abb. 4.1: Das Psalmmodell

Der Psalmenvortrag erfolgt entweder **antiphonisch** durch zwei sich abwechselnde Halbchöre oder **responsorisch** im Wechsel einer oft kunstvoll melismatischen Melodie eines Vorsängers (Kantor) mit dem einfacheren Kehrvers der Gemeinde. Umrahmt wurde er oft durch die melodisch eigenständige Antiphon (Gegengesang). Um eine bessere Verbindung zur folgenden **Antiphon** zu schaffen, wurden die Schlussfloskeln des Psalms (Terminatio) melodisch verändert (Differenzen).

Psalm 150 ist im f-Schlüssel notiert und steht im 2. Ton (hypodorisch). Im Stundengebet der Mönche wird er einstimmig von den beiden Chorhälften abwechselnd (antiphonisch) gesungen. Die parallele Konstruktion der Verse ist z. B. in Vers 1 und 3 gut erkennbar.

Beispiel

1. Lobet den Herrn in seinem Heiligtum; lobt ihn in der Feste seiner Macht!
3. Lobt ihn mit Posaunen; lobt ihn mit Psalter und Harfe!

Vers 5 hat einen besonders langen ersten Halbvers und wird daher am Satzzeichen zum Atmen unterbrochen (flektiert). Die Flexa bei sonóris ist durch ein Kreuz angegeben und bereits am Ende des Notenbeispiels notiert.

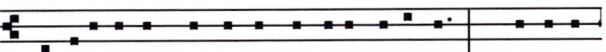

1. Laudáte Dómi-num in san-ctu-á-ri- o e- jus, • laudá-te

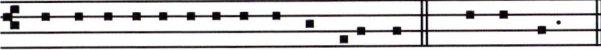

é- um in angusto firmaménto   e-   jus. (Flexa) so- nó- ris

2. Laudáte eum propter grándia opera ejus, • laudáte eum propter summam majestátem ejus.
3. Laudáte eum clangóre tubae, • laudáte eum psalterio et cithara
4. Laudáte eum týmpano et choro, • laudáte eum chordis et órgano.
5. Laudáte eum cýmbalis sonóris † laudáte eum cýmbalis crepitantibus: • omne quod spirat, laudet Dóminum!

Abb. 4.2: Psalm 150 Laudate Dominum

Neben die Psalmodie (Psalmengesang) trat ab dem vierten Jahrhundert das Singen von Hymnen (**Hymnodie**), deren neu geschaffene Texte zunächst Prosa, dann spätantik beeinflusste Dichtungen waren. Hymnodie im weiten Sinne als Singen von Lob- und Preisgesängen ist schon von ägyptischen (Sonnenhymnus des Echnaton) und sumerischen Quellen bezeugt und ist z. B. als Nationalhymne auch heute noch lebendig.

Im speziellen Sinne versteht man unter **Hymnus** die im 4. Jahrhundert mit Ambrosius von Mailand (z. B. *Veni creator spiritus*, Seite 118) beginnende, streng metrische Dichtung, die, als Strophenlied gesungen, vor allem im Stundengebet der Mönche ihren Platz fand. Sein Versmaß ist jambisch; jede Strophe besteht aus vier Zeilen mit jeweils vier Hebungen. Im frühen Mittelalter ist die Ausführung im Dreiertakt bezeugt. Seit dem 12. Jahrhundert sind mehrstimmige Bearbeitungen im jeweiligen Stil der Zeit üblich.

Sequenz: (lat.: *sequentia* – Folge) entstanden aus der syllabischen Textierung des langen melismatischen Jubilus auf dem letzten „a" des Alleluja vor dem Evangelium. Notker Balbulus übernahm in St. Gallen die in Nordfrankreich entstandene, als Gedächtnisstütze verwendete Textierung und brachte sie zu einer ersten Blüte, die zur Verselbstständigung der Gattung führte. Zwei Verse wurden abwechselnd von den beiden Halbchören auf eine gemeinsame Melodie gesungen, die von einem gemeinsam gesungenen Vers eingeleitet und abgeschlossen wurde.

Die beliebte, ca. 5000 Sequenzen umfassende Gattung wurde durch das Konzil von Trient auf vier reduziert:
- **Victimae paschali laudes** zu Ostern (Wipo von Burgund),
- **Veni sancte spiritus** zu Pfingsten (Stephan Langton),
- **Lauda Sion salvatorem** zu Fronleichnam (Thomas von Aquin),
- **Dies irae** als Sequenz des Requiems (Thomas von Celano).
- 1727 kam noch das **Stabat mater** als Sequenz zum Fest der Sieben Schmerzen Mariae hinzu.

Beispiel

Der im Notenbeispiel vorliegende Ausschnitt der gregorianischen Sequenz
Dies irae ist der erste von drei Melodieabschnitten.
Jeweils zwei dreigliedrige Strophen (Doppelversikel) werden im Wechsel
zu einer Melodie gesungen, Vers 7 und 8 somit wieder auf den Melodie-
abschnitt 1.
Die düstere Melodie wurde in romantischen Werken zitiert (z. B. VERDI:
Requiem; LISZT: *Totentanz*), in welchen die Sprachbilder *Tag des Zorns,
Versinken der Welt in Schutt und Asche, Zittern und Zagen …* musikalisch
ausdrucksvoll geschildert werden konnten.

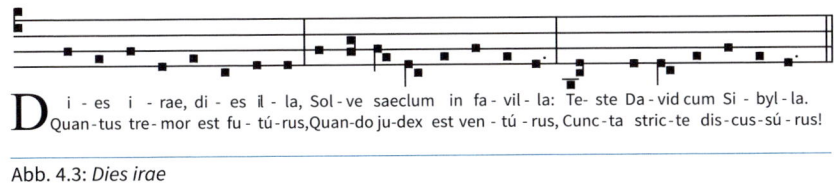

Abb. 4.3: *Dies irae*

Im **Liber gradualis**, auch Graduale genannt, sind seit dem 12. Jahrhundert die
Gesänge der Messfeier, dem zentralen christlichen Gottesdienst gesammelt:
Der erste Teil enthält die im Jahreszyklus wechselnden Eigengesänge jedes
Tages (**Proprium missae**): **Introitus** (Einzugsgesang), **Graduale** (Zwischen-
gesang), **Alleluja** (vor dem Evangelium), **Offertorium** (Gabenbereitung),
Communio (zur Kommunion). Der zweite, sehr viel kürzere Teil beinhaltet die
immer gleichbleibenden Gesänge (**Ordinarium missae**): **Kyrie**, **Gloria**, **Credo**,
Sanctus/Benedictus, **Agnus Dei**.

Im **Antiphonar** (auch Antiphonale) sind die Gesänge des nach Tageszeiten geordneten monastischen Stundengebets (Offizium) gesammelt, u. a. Hymnen,
Psalmen, Antiphone, Responsorien. Das **Offizium** beinhaltet Matutin, Laudes
und die kleinen Horen: Prim, Terz, Sext, Non, sowie **Vesper** und Komplet und
geht auf BENEDIKT VON NURSIA zurück. Seit dem zweiten Vatikanischen Konzil
(1964 – 1969) sind neben dem Lateinischen auch die Landessprachen zugelassen.

Die wichtigsten Begriffe   Tipp
Hymnus, Sequenz, Proprium, Ordinarium missae, Gregorianischer Choral,
Psalm, Psalmodie

Entwicklung der Mehrstimmigkeit

In einer allgemeinen Form, dem Zusammenklingen von mindestens zwei Tönen, gibt es Mehrstimmigkeit in vielen Kulturen, z. B. als verziertes Umspielen einer Melodie (**Heterophonie**), als Bordun (tiefer, unter der Melodie liegender Halteton z. B. beim Dudelsack), als Ostinato oder als zufälliges Zusammenklingen.

Mehrstimmigkeit im speziellen Sinn ist die **notierte Weitergabe mehrerer selbstständig komponierter Stimmen**, die nur in der europäischen Kultur auf der Grundlage des Gregorianischen Chorals entstand, sich zu einer unübersehbaren Vielfalt von Stilen und Formen weiterentwickelte und erstmals im 9. Jahrhundert in der Organum-Lehre der *Musica enchiriadis* greifbar wird.

Frühes Organum (Musica enchiriadis)

Das anonyme Musiktraktat lehrte zwei Arten der improvisierten Erfindung einer zweiten Stimme (vox organalis) zu einer vorhandenen Stimme (vox principalis oder cantus):

- ▶ Im **Quintorganum** wird die zweite Stimme in parallelen Quinten unter der vox principalis geführt und ist somit nur eine klangliche Ausweitung, ähnlich dem Singen in Oktaven.
- ▶ Im **Quartorganum** beginnen beide Stimmen im Einklang, die vox organalis bleibt auf demselben Ton, bis sie über die dissonante Sekunde und Terz zur ansteigenden vox principalis eine konsonante Quarte bildet, die dann parallel weitergeführt wird und wieder im Einklang endet. In dieser improvisierten Begleitung wird die Keimzelle einer selbstständigen Stimmführung und damit der Mehrstimmigkeit sichtbar.

Die Textsilben der Stimmen sind in einem Liniensystem mit vorangestellten Tonhöhenzeichen (Dasiazeichen) notiert, die in Viertongruppen (Tetrachorden) mit Halbton in der Mitte gegliedert sind. Die beiden Stimmen bewegen sich in den Klangräumen von **Hexachorden** (diatonische Sechstonleiter mit der Stufenfolge $1-1-\frac{1}{2}-1-1$) auf c, f und g, die zur Vermeidung eines Tritonus rechtzeitig gewechselt werden.

Tipp	Obwohl es sich bei der Entwicklung zur Mehrstimmigkeit um ein entscheidendes Ereignis in der europäischen Musikgeschichte handelt, können Sie es überfliegen oder überspringen bis Kapitel 4.2 Entwicklung der Vokalpolyphonie, wenn Sie sicher wissen, dass es für Ihr Abitur keine Rolle spielt.

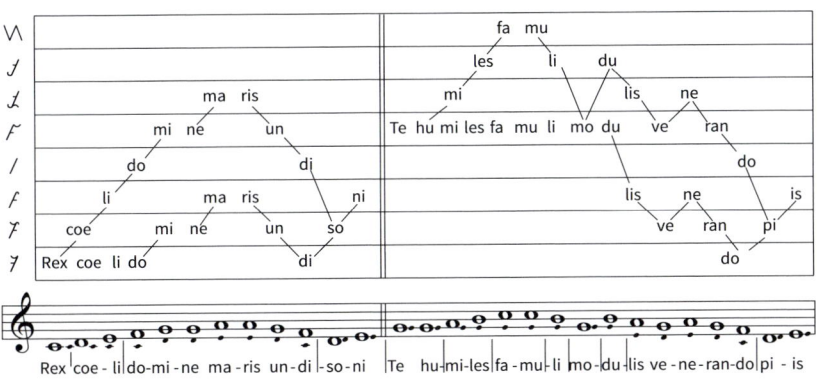

Abb. 4.4: Organum

St.-Martial-Epoche

In den Handschriften aus der ersten Hälfte des 12. Jahrhunderts aus dem Kloster St. Martial in Limoges, Südfrankreich, welches auch führend in der Weiterentwicklung der Einstimmigkeit war (Tropus und Sequenz), sind 90 zweistimmige Sätze überliefert, in denen die *vox organalis* als Baugrundlage unten liegt. Als Gerüstklänge dienen die **Konsonanzen** Oktave, Quinte, Quarte und Einklang, die durch Kolorierungen ausgeziert werden. Die über dem Text notierten Neumen geben die genaue Tonhöhe an, der Rhythmus bleibt jedoch weiterhin nicht bestimmbar.

Zwei **Satzstrukturen** lassen sich unterscheiden:
- Die **Haltetonfaktur** (jetzt „Organum" genannt), bei der über einem gedehnten Ton des Cantus ein auf dieselbe Silbe gesungenes Melisma der Organalstimme erklingt, und
- die **Discantusfaktur**, bei welcher Silbe gegen Silbe oder Melisma gegen Melisma stehen kann.

Notre-Dame-Epoche (1160/80 bis 1230/50)

Die Notre-Dame-Epoche ist nach der Sängerschola der gleichnamigen Kathedrale benannt; die Epoche entspricht auch deren Bauzeit. Die Pariser Komponisten waren noch anonym, doch erstmals wurden zwei Namen erwähnt: LEONIN (um 1180) und PEROTIN (um 1200). Organum bedeutet nun allgemein auch Bearbeitung des Chorals, im Besonderen der Responsorien aus Messe und Offizium, deren Solopartien im *Magnus liber organi de gradali et antiphonario* (Großes Organumbuch aus Graduale und Antiphonale) gesammelt wurden. Die wichtigsten Kennzeichen sind die Einführung der **Modalnotation** (→ Seite 18 f.), die **erste Vierstimmigkeit** und das **Entstehen der Motette**.

Die drei gepflegten Gattungen waren:

- Das **Organum**:
  - LEONIN komponierte 2-stimmige Organa mit den bereits oben erwähnten **Haltetonpartien**, mit **Diskantuspartien** bei melismatischem Tenor, bei denen Tenor (Organalstimme) und Duplum (Prinzipalstimme) einander rhythmisch angeglichen waren sowie **Copula** genannte Haltetonpartien mit modalrhythmischem Duplum.
  - PEROTIN kürzte die melismatischen Organumpartien LEONINS, ersetzte sie durch Discantuspartien und schuf erstmals in der Musikgeschichte modalrhythmische drei- und vierstimmige Organa mit großer, breit angelegter klanglicher Wirkung (Organa tripla und quadrupla).
- Die **Motette** entstand durch tropierende Textierung der melismatischen Diskantklauseln des gregorianischen Chorals, das Duplum wurde motetus (fr.: *mot* – Wort, fr.: *motet* – Vers, Refrain) genannt.

Ars antiqua (1240/50 bis 1310/20)

Die wichtigste Neuerung war der Übergang von der **Modalnotation** mit nur schematischer Rhythmik zur **Mensuralnotation**, die erstmals genaue proportionale Tondauern durch die Form der Note anzeigte (→ Seite 106). Die Gattung Organum verlor an Bedeutung, die **Motette** wurde Hauptgattung und Experimentierfeld. Sie war zunächst lateinisch und geistlich, wurde aber bald auch außerhalb des Gottesdienstes solistisch mit Instrumentalbegleitung ausgeführt. Neben die einfache zweistimmige Motette trat die dreistimmige **Doppelmotette** mit zwei verschiedenen Texten, die lateinisch, französisch oder gemischt sein konnten. Das Triplum enthielt immer mehr Text und dadurch kürzere Notenwerte.

- Der **Hoquetus** (altfrz.: *hoqueter* – zerschneiden) tauchte schon in der Notre-Dame-Epoche auf und bezeichnet einen Satzstil, in welchem eine Melodie in schnellem Wechsel auf zwei Stimmen verteilt wird, sodass immer eine Stimme singt, während die andere pausiert, was als „Schluckauf" bezeichnet wird. Er stand als besonderes Ausdrucksmittel an wichtigen Stellen der Komposition.

Merke

Stilwandel um 1320
- Die Notenwerte der Mensuralnotation wurden weiter unterteilt in Semibrevis (♦), Minima (♩) und Semiminima (♪).
- Neben die übliche Dreiteilung (perfekte Teilung) der Notenwerte trat gleichberechtigt die Zweiteilung (imperfekte Teilung).
- Isorhythmische Motette

Ars nova (1320 – 1377)

Die Epoche ist nach einer Schrift von PHILIPPE DE VITRY benannt, in der die neue Art der Mensuralnotation und Kunstrichtung gegen die Ars antiqua abgegrenzt wurde. Der Musiktheoretiker Jacobus von Lüttich dagegen verteidigte die ältere Ars antiqua, die von Papst Johannes XXII. um 1324/25 als einzig zulässige mehrstimmige Musik der christlichen Kirche zugelassen wurde. Die Bezeichnung Ars nova steht für die neue mehrstimmige Musik mit rhythmischer Feinheit und sich steigernder Künstlichkeit bis zum Tod des GUILLAUME DE MACHAUT († 1377).

Isorhythmik bezeichnet ein Kompositionsprinzip, bei welchem melodisch gleiche Teile (**Color**) und rhythmisch gleiche Teile (**Talea**) unabhängig voneinander kombiniert werden. Sie wurde häufig auf den Tenor einer Motette angewendet, bei der isorhythmischen Motette auch auf die Oberstimmen.
Die zentralen Gattungen waren:

⊙ **Motette**, meist isorhythmisch, drei- bis vierstimmig, mit mehreren gleichzeitig französisch oder lateinisch gesungenen Texten, als Musik für große kirchliche oder höfische Feste.

⊙ **Kantilenensatz**, eine Liedform mit gesungener Oberstimme, von ein bis drei Instrumenten begleitet, mit den Formen Ballade, Rondeau und Virelai.

4.2 Entwicklung der Vokalpolyphonie

Die Renaissance (franz.: Wiedergeburt) bezeichnet die Kulturepoche des 15. und 16. Jahrhunderts, welche musikalisch auch **Niederländische Vokalpolyphonie** oder **franco-flämische Vokalpolyphonie** genannt wird, da die führenden Komponisten dieser Zeit aus flämischen, wallonischen und nordfranzösischen Gebieten stammten und als Musiker an den führenden europäischen Fürstenhöfen tätig waren.

Merke

Zeitgeschehen/Geistesströmung
- ⊙ Buchdruck
- ⊙ Bibelübersetzung und Reformation
- ⊙ Leonardo da Vinci – Universalgenie
- ⊙ Astronomische Erkenntnisse: Galileo, Kopernikus, Bruno
- ⊙ Entdeckung Amerikas

Das Zentrum des musikalischen Schaffens, welches vor allem **mehrstimmige Messen, Motetten und weltliche Liedkompositionen** umfasste, verlagerte sich Ende des 15. Jahrhunderts nach Italien. Die **römische Schule** mit ihrem Hauptvertreter PALESTRINA und die **venezianische Schule** mit ihrem Gründer WILLAERT und seinen Nachfolgern A. und G. GABRIELI führten die Entwicklung weiter. Die Kompositionen waren modal auf Basis der **Kirchentonarten** und wurden nun in der weißen **Mensuralnotation** mit hohlen Noten notiert, jedoch nicht in Partiturform, sondern als Stimmen auf einem Blatt oder in getrennten Stimmbüchern. Bei der Aufführung konnten Instrumente die Stimmen begleiten oder ersetzen.

Merke

Stilwandel um 1400
- ⊙ Die Melodiebildung wurde an den Atem der menschlichen Stimme angepasst.
- ⊙ Der Klangraum wurde von der Tenorlage auf die vier menschlichen Stimmgattungen SATB ausgeweitet.
- ⊙ Die Motette war nicht mehr mehrtextig, sie wurde auf Grundlage des c. f. simultan komponiert.
- ⊙ Terzen und Sexten galten nun als Konsonanzen und wurden häufig verwendet, Quintparallelen wurden vermieden.
- ⊙ Der Gebrauch von Dissonanzen war streng geregelt.
- ⊙ Vorhalt auf betonter, Durchgang und Wechselnote auf unbetonter Taktzeit.
- ⊙ Die Hauptgattungen waren Motette und Messe (Vertonung des Ordinariums): Kyrie, Gloria, Credo, Sanctus/Benedictus, Agnus Dei.

Satzstruktur

Ab 1500 waren die Kompositionen durchgehend geprägt von **Imitation** und der **Soggetto-Technik**, bei der eine kurze Melodie mit meist charakteristischem Beginn, aber ohne deutliches Ende, imitierend von den verschiedenen Stimmen übernommen wurde.

Cantus firmus: Die meisten Kompositionen des 15. und 16. Jahrhunderts basierten auf einer Vorlage, einem cantus firmus (c. f. – feststehender Gesang), d. h. auf einer Melodie geistlichen oder weltlichen Ursprungs. Meist lag der cantus firmus in langen Notenwerten im Tenor (von lat.: *tenere* halten; Tenor-Messe, Tenor-Motette), seltener im Diskant (Oberstimme). Er konnte auch aufgeteilt durch die Stimmen wandern.

Die verschiedenen Teile des Messordinariums erklangen in ihrer liturgischen Verwendung nicht nacheinander, sondern nach unterschiedlich langen zeitlichen Intervallen, in denen die Gesänge der Proprien erklingen konnten. Durch die Verwendung eines gemeinsamen c. f. wurden sie inhaltlich zusammengebunden (Zyklusbildung).

Beispiel

Der wohl bekannteste cantus firmus ist das Lied *L'homme armé*, welcher mindestens 30-mal als Vorlage für eine Messe diente.
Der Name der Vorlage wurde dann auch in den Titel der Werke aufgenommen, so z. B. Missa *L'homme armé* von OBRECHT, DUFAY oder PALESTRINA (→ Beispiel, Seite 116/117).

L' hom -me, l'hom - me, l'hom-me ar - mé, l'hom-me ar- mé, l'hom-me ar-mé doit on dou - ter,

Abb. 4.5: Cantus firmus L'homme armé

Beispiel

Als *Missa sine nomine* (ohne Namen) bezeichnete man eines der nur selten vorkommenden Werke ohne Vorlage. In einigen Fällen übernahmen die Komponisten die Vokale eines Textes, oft Huldigungstitel und bildeten daraus mit den italienischen Tonbezeichnungen ein sogenanntes **Soggetto cavato** (aus dem Wort gegraben).

Her- cu- les Dux Fer- ra- ri ae
⇒ re ut re ut re fa mi re
⇒ d   c   d c   d   f e d

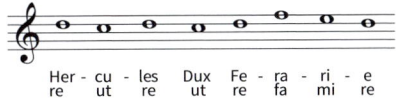

Her - cu - les   Dux   Fe - ra - ri - e
re   ut   re   ut   re   fa   mi   re

Abb. 4.6: Sogetto: Hercules Dux Ferarie

Im **Parodieverfahren** wurden eine oder mehrere Stimmen (meist der Tenor) oder das gesamte Werk für eine neue Komposition übernommen. Die Parodiemesse des 16. Jahrhunderts übernahm eine oder mehrere Stimmen aus einer Chanson oder einer Motette (siehe unten).

Zu den **Stimmen** Tenor und Diskantus trat oft ein Contratenor, der zu Beginn der Epoche oft noch die langen Notenwerte des Tenors aufwies und vermutlich instrumental ausgeführt wurde. Der Contratenor teilte sich im weiteren Verlauf in einen Contratenor altus (oben, über dem Tenor liegend) und einen Contratenor bassus (darunterliegend), worauf die heutigen Benennungen Alt und Bass Bezug nehmen. Der Discantus wurde auch superius genannt, woraus sich der Name Sopran ableitete. Der mittelalterliche Klang in enger Tenorlage mit vielen Stimmkreuzungen weitete sich nach oben und unten aus und erschloss den gesamten Raum der menschlichen Stimmlagen.

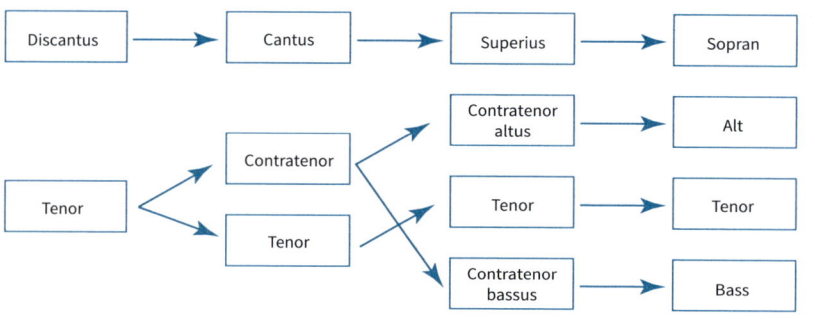

Abb. 4.7: Die Entwicklung des vierstimmigen Satzes

Der vierstimmige Satz wurde am Ende des 15. Jahrhunderts zur Norm; doch auch Fünf- und Sechsstimmigkeit war im 16. Jahrhundert nicht ungebräuchlich. In mehrchöriger Musik gab es auch Werke zu 12 und 18 Stimmen. Als Besonderheit kann die 40-stimmige Motette *Spem in alium* (1575) von Thomas Tallis für acht fünfstimmige Chöre gelten.

Der **Biciniensatz** (Zweistimmensatz) war durch das Führen der Stimmen in gegensätzlichen Zweiergruppen (z. B. Sopran-Alt ⇔ Tenor-Bass) eine Bereicherung der Klangwirkung und damit eine Keimzelle der mehrchörigen Klangkontraste.

Kontrastierende Klangfarben (Solo–Tutti, vokal–instrumental, hoch–tief, usw.) wurden im weiteren Verlauf zum wesentlichen Merkmal der **Venezianischen Mehrchörigkeit** der 2. Hälfte des 16. Jahrhunderts.

In JOSQUINS Motettensatz *Ave maris stella* sind alle vier Stimmen gleichberechtigt an der motivischen Gestaltung beteiligt.
Die beginnenden Frauenstimmen bilden eine Stimmgruppe (Bicinium) und
werden von den Männerstimmen drei Takte später wörtlich wiederholt.
Das Soggetto ist im fließenden Satz erkennbar durch den Quintsprung
aufwärts mit der anschließenden Pause.

Beispiel

Abb. 4.8: JOSQUIN, Motette *Ave maris stella*

Der **Faux-Bourdon-Satz** (siehe Beispiel nächste Seite) war geprägt durch
Sextakkord-Ketten, die in einen Quint-Oktavklang aufgelöst wurden
(→ Seite 47). Er konnte als kurzer homophoner Abschnitt auftreten oder das
ganze Werk bestimmen. Oft wurden nur die Außenstimmen notiert, die Mittelstimme eine Quarte tiefer als die Oberstimme dazu improvisiert.

Klauseln und Kadenz: Der einer Komposition zugrunde liegende modale
cantus firmus erreichte seinen Grundton (Finalis) meist schrittweise von oben
(**Tenorklausel**). Der Sopran erreichte die Oktave zum Schlusston durch einen
Sekundschritt aufwärts (**Sopranklausel**). Im dreistimmigen Satz stieg die Mittelstimme zunächst schrittweise auf, bisweilen um einen Halbtonschritt erhöht
als Doppelleittonkadenz. Der tiefer liegende Contratenor wurde entweder
einen Oktavsprung nach oben oder eine Quinte abwärts geführt. Die Schluss-
wendung ähnelt der heutigen Kadenz. Gegen Ende des 16. Jahrhunderts wurde
der Bass durch einen Quartsprung aufwärts oder die fallende Quinte abwärts
Träger der Kadenzfunktion. Der Tenor stieg eine Sekunde auf zur Terz des vollständigen Schlussdreiklangs.

Mollstücke endeten bis ins 18. Jahrhundert mit der Durterz (**Picardische Terz**),
um Intonationsprobleme in der mitteltönigen Stimmung zu vermeiden.

Beispiel

Dufays Faux-Bourdon-Satz *Conditor alme siderum* liegt die gleichnamige Hymne zu Grunde. Die Mittelstimme wird zum Sopran in parallelen Quarten geführt, dabei werden die Terzsprünge durch Sekundschritte aufgefüllt. Vor dem Ruheklang g – d – g in T. 5 wird durch die Leittöne *fis* im Sopran und *cis* in der Mittelstimme eine scharfe Dominantspannung erzeugt (Doppelleittonkadenz). Der Sopran wird allerdings vom *fis* zunächst zum tieferen e und danach erst zum g geführt (Unterterz-, Landino-Klausel).

Eine parallele Konstruktion von Doppelleittonkadenz mit Landinoklausel findet sich in T. 12 und T. 13.

Abb. 4.9: Dufay, Hymnus: *Conditor alme siderum,* Faux-Bourdon-Satz

Dissonanzengebrauch: Mit dem Beginn der franco-flämischen Vokalpolyphonie um 1400 wurde erstmals der Gebrauch von Dissonanzen geregelt. Waren zuvor bisweilen stark dissonante Klänge verbreitet, standen nun in der Regel auf betonten Taktzeiten konsonante Akkorde. Terzen und Sexten galten als konsonant, das Schwingungsverhältnis der großen Terz wurde nicht mehr pythagoreisch aus zwei Ganztonschritten abgeleitet (64 : 81), sondern durch harmonische Teilung der Quinte mit 4 : 5 erklärt. Die Quarte galt als dissonant, zwischen den Oberstimmen aber als konsonant; der Quart-Sext-Akkord mit untenliegender Quarte war somit dissonant (→ Seite 29/30).

Berühmtester Komponist seiner Zeit; wurde von seinen Zeitgenossen geschätzt wegen der großen Ausdruckskraft seiner Musik in vollständig durchimitiertem a-cappella-Stil. Drei Sammlungen seiner Messen gehören zu den frühesten Notendrucken.

- geboren **um 1440** bei St. Quentin (Picardie), Nordfrankreich
- Sängerknabe in St. Quentin
- **1459 – 1474** Kapelle der Sforza in Mailand, Italien
- **1486 – 1494** in der päpstlichen Kapelle in Rom
- **1501** in Ferrara und Mailand tätig
- **Werke:** 19 vier- bis sechsstimmige Messen, ca. 90 Motetten, 70 frz. Chansons

Kurz-
biografie:
JOSQUIN
DESPREZ;
um 1440/50
bis 1521

Der **Vorhalt** (V) steht auch heute noch auf betonter Zeit, wird auf unbetonter Zeit eingeführt, zur betonten Zeit übergehalten und meist schrittweise nach unten aufgelöst (A); nur Leittöne streben nach oben. **Durchgang** (D) und **Wechselnote** (W) stehen auf unbetonter Taktzeit. Der Durchgang verbindet zwei konsonante Töne stufenweise, die Wechselnote geht schrittweise auf- oder abwärts und kehrt zur Ausgangsnote zurück.

Abb. 4.10: Erlaubte Dissonanzen

Kontrapunktische Künste erfreuten sich besonderer Beliebtheit. In kunstvollen Kanons auf verschiedenen Tonhöhen, durch die verschiedenen Mensuralproportionen auch in unterschiedlichem Tempo und Rhythmus (**Proportionskanons**), in Spiegelung und Umkehrung stellten die Komponisten immer wieder ihr hohes kontrapunktisches Können unter Beweis.

Motette

Die Motette wurde wieder zur geistlichen Gattung und behielt diese Bindung zur Kirchenmusik bei. Die mittelalterlichen Merkmale Mehrtextigkeit, Isorhythmik und Tenorordinierung wurden aufgegeben. Die wichtigsten Komponisten waren

- DUFAY für die technische Ausformung der Motette,
- JOSQUIN, der die c. f.-Technik zum Höhepunkt führte und sich um ein enges und ausdrucksvolles Wort-Ton-Verhältnis bemühte,
- PALESTRINA, dessen Stil ein gleichmäßiges melodisches und harmonisches Strömen und nur sparsamen Dissonanzgebrauch zeigt, sowie
- LASSO, dessen Anliegen Bildhaftigkeit und starker Affektausdruck waren (→ Beispiel, Seite 59).

Als **motettisches Prinzip** wird die reihende Gliederung von Abschnitten bezeichnet, in denen verbunden mit neuen Textabschnitten neues musikalisches Material imitatorisch oder homophon verarbeitet wird. Die Abschnittsgrenzen werden dabei stellenweise bewusst zur Erreichung eines gleichmäßigen Flusses verdeckt, an anderen Stellen aber auch stark kadenzierend abgetrennt.

Eine eigene Entwicklung nahmen die deutschsprachige protestantische Kirchenliedmotette und das englischsprachige Anthem.

Messe

Schon am Ende des 14. Jahrhunderts kam es durch GUILLAUME DE MACHAUT zur Vertonung des **Ordinarium missae** (Kyrie, Gloria, Credo, Sanctus/Benedictus, Agnus Dei), der in jeder Messe gleichbleibenden Texte. Die Messvertonungen des 15. und 16. Jahrhunderts waren nicht mehr isorhythmisch, sondern basierten auf einem vorher schon existenten cantus firmus, der meist in langen Notenwerten im Tenor lag (**Tenormesse**).

Da allen fünf Teilen der Messe in der Regel derselbe cantus firmus zu Grunde lag, gewannen sie auch eine gewisse Einheitlichkeit und Geschlossenheit in der Struktur und bildeten so den **ersten musikalischen Zyklus**. Auch das **Parodieverfahren** (teilweise oder vollständige Übernahme eines vorhandenen Werkes in einen neuen Zusammenhang) verstärkte die zyklische Wirkung.

Der **Parodiemesse**, in der zweiten Hälfte des 15. Jahrhunderts entstanden, liegt ein mehrstimmiger Satz, z. B. eine geistliche Motette, eine weltliche Chanson oder ein Madrigal zu Grunde. Dabei gab es verschiedene Verfahren der Bearbeitung:
- ⊙ Übernahme des gesamten Satzes für jeden Messesatz, bei Gloria und Credo auch mehrfach;
- ⊙ Übernahme nur des Beginns, der dann frei fortgesetzt wurde;
- ⊙ Aufteilung des Satzes mit freien Einschüben;
- ⊙ Weglassen oder Hinzufügen von Stimmen.

Das Tridentiner Konzil (Trient 1545–1563) verbot die Parodiemesse und damit die Übernahme weltlicher Elemente in die Kirchenmusik, jedoch ohne anhaltenden Erfolg.

ORLANDO DI LASSO eigentlich frz.: *de lassus* – von dort oben, (ROLAND DE LASSUS), aus Mons im Hennegau

- ⊙ Chorknabe bei F. Gonzaga, Vizekönig von Sizilien
- ⊙ **1553** Kapellmeister am Lateran in Rom
- ⊙ **1555/56** Antwerpen, Druck seiner Werke bei Susato
- ⊙ **1556** Tenorist der bayrischen Hofkapelle Herzog Albrechts in München
- ⊙ **1564–1594** dort Kapellmeister
- ⊙ **Werke:** Villanellen, über 200 ital. Madrigale, über 140 frz. Chansons, über 90 dt. Liedsätze, 1200 Motetten, davon 516 herausgegeben von seinen Söhnen im *Magnum opus musicum* (1604), sowie 70 Messen, mehrere Passionen, Litaneien, Bußpsalmen; erster umfangreicher erhaltener Briefwechsel der Musikgeschichte

Kurz-biografie: ORLANDO DI LASSO, um 1532 bis 1594

Römische Schule

Zur Römischen Schule des 16. Jahrhunderts rechnet man eine Reihe von Komponisten aus dem Umfeld der päpstlichen Kapelle, deren Musik sich durch einen ruhigen Fluss, durch Polyphonie mit großer Klangfülle und die Verwendung geistlicher c. f. aus dem Gregorianischen Choral auszeichnete. Sie orientierten sich bei ihren Kompositionen meist an den Forderungen des Tridentiner Konzils an die Kirchenmusik:

- ⊙ Textverständlichkeit bei mehrstimmiger Musik wurde durch homophone Deklamation bei langtextigen Sätzen wie Gloria und Credo gewährleistet.
- ⊙ Weltliche c. f. und Parodievorlagen wurden ausgeschlossen.
- ⊙ Die Wahrung der Würde im Ausdruck richtete sich gegen affektierte Kompositionsweisen. Durch das Verbot der im Mittelalter entstandenen Tropen, die Einschränkung der Sequenzen und Straffung der Melismen wurde der Gregorianische Choral aufgewertet und in der Editio Medicea (1614) neu herausgegeben, die erst 1907 durch die Editio Vaticana abgelöst wurde.

Hauptvertreter war PALESTRINA, dessen Stil als Höhepunkt der Vokalpolyphonie gilt und als Muster für kontrapunktische Satzweise auch heute noch gelehrt wird. Er ist gekennzeichnet durch:

- ⊙ Ausgewogenheit zwischen linearem Fluss und harmonischer Wirkung,
- ⊙ größtmögliche Selbstständigkeit und Sanglichkeit der Stimmen,
- ⊙ Orientierung am menschlichen Atem,
- ⊙ vorwiegend konsonante Harmonik bei zurückhaltendem, klar geregeltem Einsatz von Dissonanzen.

Kurz-biografie: GIOVANNI PIERLUIGI DA PALESTRINA, um 1525 bis 1594	PALESTRINA stammt wahrscheinlich aus Palestrina bei Rom; sein Werk gilt als Höhepunkt der Vokalpolyphonie; sein Stil als Ideal des a-cappella-Satzes wurde in Kontrapunktlehren unterrichtet, z. B. durch Fux, *Gradus ad parnassum* (1725). Bei den Überlegungen des Konzils von Trient (1545–1563) zur Abschaffung der polyphonen Kirchenmusik spielte seine *Missa Papae marcelli* eine Rolle. PALESTRINAS Stil wurde von der Gegenreformation als Vorbild katholischer Kirchenmusik anerkannt.

- ⏵ **1544** Organist in Palestrina
- ⏵ **1555** Kapellsänger in St. Peter, Rom
- ⏵ **1555** Kapellmeister am Lateran
- ⏵ **1561** in Santa Maria Maggiore
- ⏵ **1567** Kapellmeister des Kardinals d'Este
- ⏵ **1571–1594** zweiter Kapellmeister an St. Peter
- ⏵ **Werke:** über 90 Messen (auch Parodiemessen), 500 Motetten, Hymnen, Magnificats, Lamentationen, 100 weltliche und geistliche Madrigale

Beispiel	PALESTRINAS Messe *L'homme armé* verwendet das gleichnamige weltliche Lied (Seite 109) als cantus firmus. Er wird vollständig im Tenor 2 als Kompositionsgrundlage verwendet, beeinflusst aber auch die melodische Gestalt der weiteren Stimmen. So bringt der Sopran den Liedbeginn mit dem charakteristischen Quartsprung nach oben und der stufenweisen Abwärtsbewegung. Die restlichen Stimmen werden in stufenweise aufsteigender Gegenbewegung geführt. Im Tenor 1 findet man in der zweiten Zeile (T. 8 f) den dritten Melodieabschnitt eine Quarte nach oben transponiert. Die Melodielinien sind gut singbar, nach einem Sprung folgt eine stufenweise Gegenbewegung. Harmonisch überwiegt der konsonante vollständige Dreiklang, meist in Grundstellung. Dissonanzen werden behutsam verwendet, auf den Hauptzeiten vorbereitet und stufenweise abwärts aufgelöst.

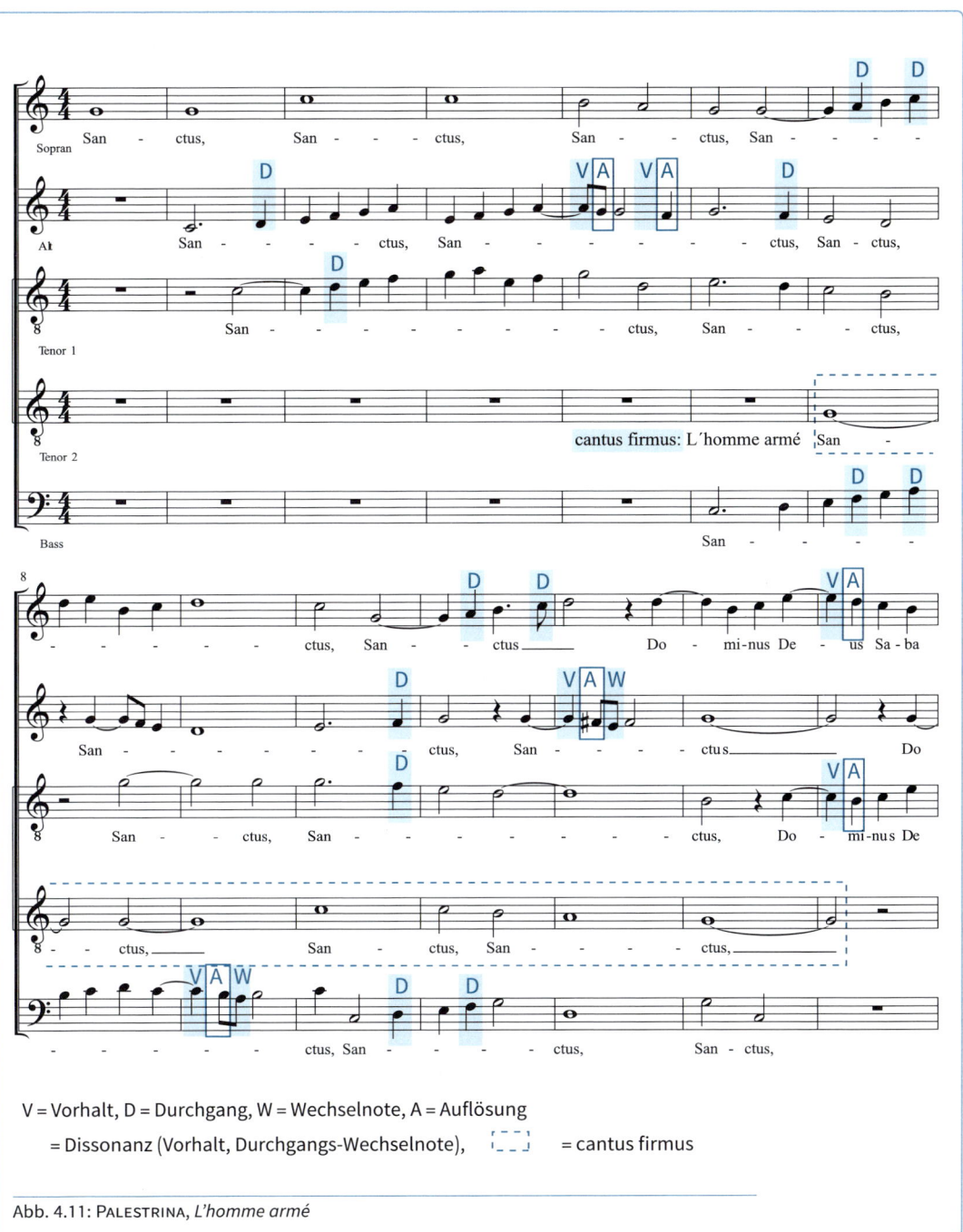

V = Vorhalt, D = Durchgang, W = Wechselnote, A = Auflösung

= Dissonanz (Vorhalt, Durchgangs-Wechselnote), ⌐ ¬ = cantus firmus

Abb. 4.11: PALESTRINA, *L'homme armé*

Beispiel

Palestrina

PALESTRINAS fünfstimmiger Pfingstmotette liegt als cantus firmus der Hymnus *Veni creator spiritus* zugrunde, der in gleichmäßigen Ganzen im Tenor 1 zu finden ist.

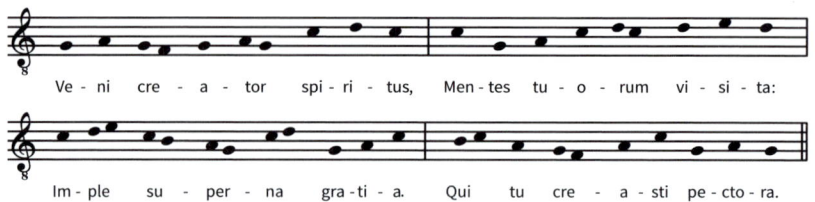

Abb. 4.12: Hymnus *Veni creator spiritus*

Die erste Strophe wurde einstimmig als Choral gesungen, die zweite Strophe ist fünfstimmig gesetzt. Zu Anfang des Notenbeispiels sind die ersten Mensuralnoten und die originalen Schlüssel aufgezeichnet. Die Übertragung wurde hier im Verhältnis 1 : 1 vorgenommen, da die Semibrevis mit einer Ganzen übersetzt ist. Der Herausgeber hat als Taktart den Alla-breve-Takt mit vier Halben pro Takt gewählt. Die Taktstriche stehen hier als Mensurstriche nur in den Zwischenräumen zwischen den Notensystemen. Luther wandelte diesen lateinischen Hymnus in ein evangelisches Kirchenlied um (→ Beispiel, Seite 121).

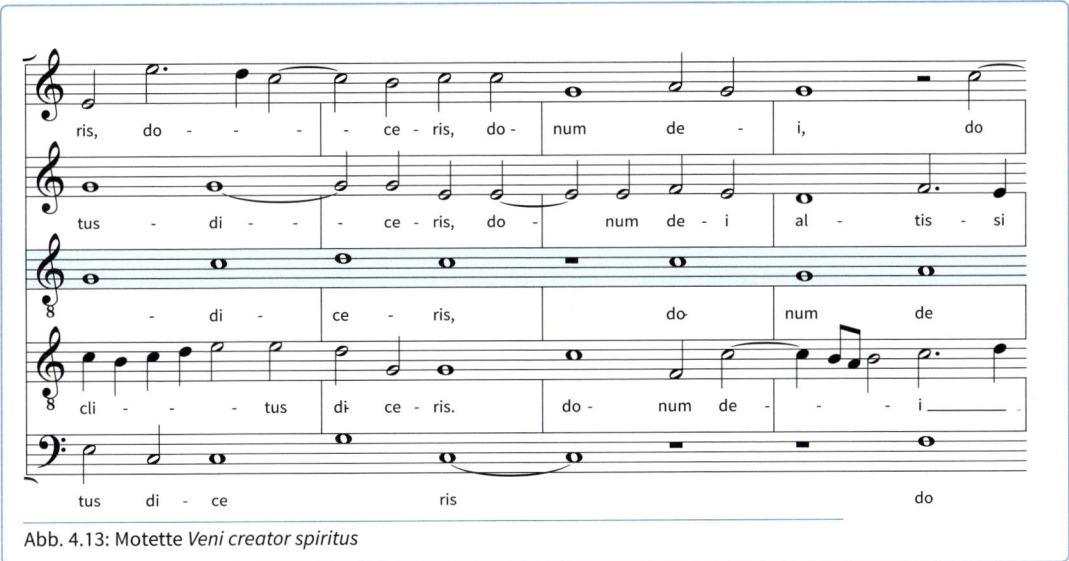

Abb. 4.13: Motette *Veni creator spiritus*

Venezianische Schule

Der vom Kapellmeister in San Marco, Venedig, ADRIAN WILLAERT im 16. Jahrhundert begründete Stil ist gekennzeichnet durch raumbezogene **Mehrchörigkeit** (Coro spezzato) und die klangliche Vielfalt des **konzertierenden Stils**. Die wichtigsten Komponisten waren: MONTEVERDI, der von 1613 bis 1643 ebenfalls dieses Amt innehatte, sowie A. und G. GABRIELI, die als Organisten wirkten. Die Orgeln befanden sich auf einander gegenüberliegenden Emporen.

Beispiel	Die 12-stimmige Motette *Plaudite omnis terra* von GABRIELI vertont einzelne Verse aus den Psalmen 66, 67, und 68 und entstammt der Sammlung *Sacrae symphoniae* von 1597, die den Söhnen aus dem berühmten Augsburger Kaufmannsgeschlecht der Fugger zur Hochzeit gewidmet war. Die drei vierstimmigen Vokalchöre sind folgendermaßen besetzt: S S A T, S A T B und A T Bar B (S – Sopran, A – Alt, T – Tenor, Bar – Bariton, B – Bass), wodurch sich eine jeweils dunklere Klangfarbe ergibt. Zu den Vokalchören traten in der venezianischen Musizierpraxis verschiedene Instrumente, welche die Stimmen ersetzen oder verdoppeln konnten (colla-voce-Praxis – ital.: mit der Stimme). Die Instrumente wurden dabei zu gleichartigen Gruppen zusammengefasst, z. B. Streicher zu Chor 1, Holzbläser zu Chor 2 und Blechbläser zu Chor 3. Wurde die Komposition in der Kirche aufgeführt, spielte auch die Orgel mit und zwar aus einer Bassstimme, die alle vorhandenen Bassstimmen beinhaltete und als **basso seguente** die Frühform des Generalbasses war.

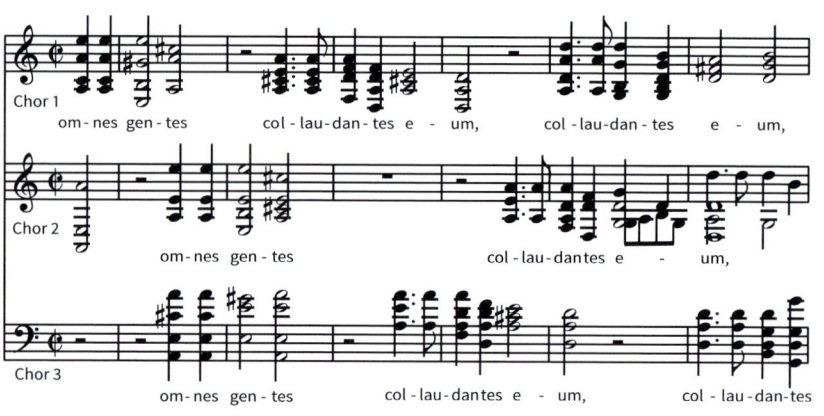

Abb. 4.14: GABRIELI, Plaudite omnis terra

Unter **Coro-spezzato-Technik** versteht man den Vortrag durch zwei räumlich getrennte Chöre, die sich nicht nur versweise, sondern in kleineren Sinneinheiten abwechseln. Sie hat ihre Wurzeln im versweise wechselnden Psalmvortrag durch zwei Chorgruppen und im Biciniensatz, der durch die Klangfarbenwechsel z. B. von hohen und tiefen Stimmen ein vorbereitendes Element des konzertierenden Stils gewesen war. Mehrchörige Kompositionen vermieden wegen der klanglichen Überlagerungen meist schnelle Akkordwechsel und komplexe polyphone Strukturen und bevorzugten eher einen homophon akkordischen Stil.

Evangelische Kirchenmusik

Die 1517 mit den 95 Thesen Luthers beginnende Reformation führte zu einer veränderten Sichtweise und Funktion der Kirchenmusik und damit auch zu einer eigenständigen Tradition evangelisch-lutherischer Kirchenmusik, die mit WALTERS *Geystlichem gesangk Buchleyn* (1524) ihren Anfang nahm. Im katholischen Verständnis ist der mit dem Wort verbundene Gesang notwendiger Teil der feierlichen Liturgie, die Musik dient in erster Linie der feierlichen Ausgestaltung der liturgischen Handlung zum Lobpreis Gottes und zur Erbauung der Gläubigen. Luthers Verständnis vom göttlichen Ursprung der Musik und ihrem Zusammenhang mit der Freude entsprechend hat Musik in der evangelischen Tradition neben dem Lobpreis auch immer die Aufgabe der Verkündigung. Ausgehend vom liturgischen, deutschsprachigen und von der Gemeinde gesungenen Kirchenlied, das als **evangelischer Choral** den gregorianischen ersetzte, wurden Lesungsmusik, Spruchmotette, geistliches Konzert und Kantate zu vollgültigen Bestandteilen des Gottesdienstes.

Beispiel

LUTHER selbst beteiligte sich rege bei der Entstehung des Repertoires des evangelischen Chorals durch das Schaffen von Texten und Melodien, teilweise durch Bearbeitungen von bereits vorhandenen deutschsprachigen weltlichen und geistlichen Liedern sowie lateinischen Kirchengesängen. Wie der Gregorianische wurde auch der Evangelische Choral z. B. als cantus firmus zur Grundlage zahlreicher weiterer Werke der Kirchenmusik. LUTHER verwendete den lateinischen Hymnus *Veni creator* (Noten im Beispiel mit Hals) von RHABANUS MAURUS aus dem 9. Jahrhundert für sein deutschsprachiges Pfingstlied *Komm Gott.*

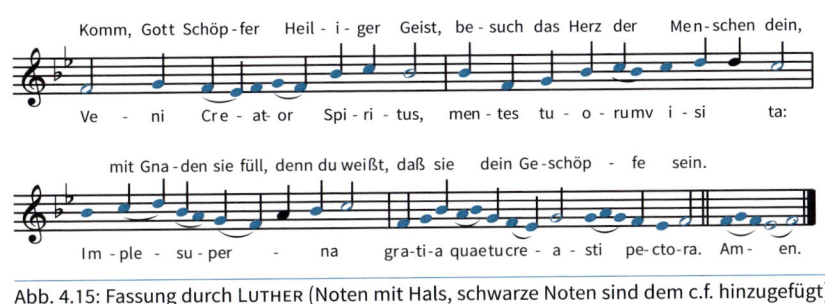

Abb. 4.15: Fassung durch LUTHER (Noten mit Hals, schwarze Noten sind dem c.f. hinzugefügt)

Kantionalsatz ist die Bezeichnung für die meist vierstimmige homophone Bearbeitung des Chorals mit der Melodie in der Oberstimme. (→ Beispiel, Seite 123/124)

4.3 Geistliche Musik im Barock

Ein Teil der Kirchenmusik wurde weiterhin im motettischen stile antico komponiert, zahlreicher waren jedoch die von Generalbass und konzertierendem Stil geprägten Kompositionen im stile moderno (→ Kapitel „Instrumentalmusik des Barock", „Oper und Musiktheater").

Evangelische Kirchenmusik

Die evangelische Kirchenmusik bewahrte auch im Barock die bewusste Bindung an das Wort. In den *Kleinen Geistlichen Konzerten* (1636, 1639) von SCHÜTZ wird das konzertierende Prinzip auf eine solistische Besetzung aus Singstimme und Instrument angewendet.

Hauptgattung der evangelischen Kirchenmusik wurde die mehrteilige, instrumentalbegleitete, ursprünglich solistisch besetzte **Kantate** (lat.: *cantare* – singen), die später auch Soloensembles und Chorsätze enthielt und die älteren Gattungen **Motette** und **geistliches Konzert** ablöste. Kantaten entstanden zu allen Sonn- und Feiertagen des Jahrkreises zum jeweiligen Schriftwort oder zu evangelischen Chorälen. BACH schrieb vier bis fünf vollständige Jahreszyklen, die aber nur teilweise erhalten sind. Auf einen figurierten, polyphonen Chorsatz zu Beginn folgt eine Reihe von Rezitativen und Arien, ein mehrstimmiger Choral bildet den Abschluss.

Tipp	**Stilwandel Barock**
	Zum besseren Verständnis sollten Sie hier den Stilwandel um 1600 lernen bzw. wiederholen. (→ Seite 131 f.)

Kurz-biografie: JOHANN SEBASTIAN BACH, 1685 bis 1750	*„… soll … aller Music Finis und Enduhrsache anders nicht, als nur zu Gottes Ehre und Recreation des Gemüths seyn. Wo dieses nicht in Acht genommen wird da ists keine eigentliche Music, sondern ein Teuflisches Geplerr und Geleyer."*
	BACH galt als großer Orgelvirtuose und bedeutender Kantor. Sein heutiger Rang als einer der führenden Komponisten wurde von seinen Zeitgenossen nicht so gesehen, seine im barocken Stil bleibenden Kompositionen galten durch den Stil- und Geschmackswandel um 1730 als unmodern. Erst im 19. Jahrhundert wurden seine Werke wiederentdeckt, aufgeführt und weltweit verbreitet. In allen Gattungen schuf er überragende Meisterleistungen, gekennzeichnet durch komplexe Polyphonie, Differenziertheit und Beziehungsreichtum zwischen Text und Musik.

- ⊙ **1703** Geiger in Weimar, dann Organist in Arnstadt
- ⊙ **1705/06** Wanderung nach Lübeck zu Buxtehude (fünf Monate)
- ⊙ **1707** Organist in Mühlhausen, Heirat Cousine Maria Barbara
- ⊙ **1708** Hoforganist, **1714** Konzertmeister in Weimar, kündigte **1717** wegen Nichtbeförderung zum Hofkapellmeister, Arrest
- ⊙ **1717** Hofkapellmeister in Anhalt-Köthen bei Fürst Leopold
- ⊙ **1723–1750** Thomaskantor in Leipzig, Verantwortung für Musik der Hauptkirchen, Musik- und Lateinunterricht an der Thomasschule
- ⊙ Erblindung in den letzten Lebensjahren
- ⊙ **Werke:** (BWV = Bach-Werke-Verzeichnis) alle Gattungen der Barockmusik außer Oper; **Geistliche Musik:** *Johannespassion* (EA 1724) *Matthäuspassion* (EA 1729), vier bis fünf Jahrgänge Kantaten: *Weihnachtsoratorium*, Motetten, *h-Moll-Messe* (1733–1738), *Magnificat*, Choräle, Lieder, Arien; **Orchestermusik:** *6 Brandenburgische Konzerte* (um 1721), 2 Violinkonzerte, Konzerte für ein bis vier Cembali, 4 Ouvertüren; **Kammermusik:** *Musikalisches Opfer* (1747), *Kunst der Fuge* (1749–50), Sonaten, Suiten; **Klaviermusik:** Inventionen, Suiten, Partiten, *Italienisches Konzert* (1735), *Goldberg-Variationen* (1742), *Das Wohltemperierte Klavier I und II* (1722/1742); **Orgelmusik:** Choralvorspiele, Präludien und Fugen, Triosonaten, *Passacaglia c-Moll* (um 1717)

Der Choral *O Haupt voll Blut und Wunden* stammt aus Bachs *Matthäuspassion*.

Die Melodie wurde schon in früherer Zeit von Hassler in einem weltlichen, von Liebesleid handelnden Chorlied *Mein Gmüt ist mir verwirret* verwendet. In seiner Vertonung ist die Melodie durch die andere Rhythmisierung tänzerisch schwingend:

Beispiel

Abb. 4.16: Hassler, *Mein Gmüt ist mir verwirret*

In der *Matthäuspassion* vertont Bach die Melodie mehrfach, jeweils mit anderen Harmonisierungen zu verschiedenen Texten.

In der Passion hat der Choral die Aufgabe, das Leidensgeschehen aus der Sicht des gläubigen, den Karfreitagsgottesdienst mitfeiernden Christen zu betrachten und für das Glaubensleben zu erschließen.

Wie sehr BACH diesen Choral schätze, zeigt dessen Verwendung in mehreren Kantaten und im *Weihnachtsoratorium (Wie soll ich dich empfangen).*

Abb. 4.17: BACH, O Haupt voll Blut und Wunden, *Mathäus-Passion*

Er verband den neuen konzertanten Stil Italiens auf kontrapunktischer Grundlage mit Affektdarstellung und Wortausdeutung zu einer genialen Musik auf handwerklicher Grundlage und wurde Vorbild für die deutschsprachige protestantische Kirchenmusik an den von LUTHER und WALTER im 16. Jahrhundert gegründeten Höfe und Kantoreien. Er vertonte vor allem geistliche Texte und übertrug dabei den italienischen stile nuovo ins Deutsche. Seine Hörer sollten wie bei einer Predigt von seiner Musik bewegt und beeindruckt werden.

Kurzbiografie: HEINRICH SCHÜTZ, 1585 bis 1672

- ⊙ zwei **Studienreisen** (1609 und 1628) nach Italien zu GIOVANNI GABRIELI und MONTEVERDI
- ⊙ **1613** Hoforganist in Kassel
- ⊙ **1617** Hofkapellmeister in Dresden
- ⊙ **Werke:** Madrigale, Psalmen Davids (1619) mehrchörige Psalmvertonungen, *Weihnachtshistorie, Passionshistorien nach Matthäus, Lukas, Johannes, Geistliche Chormusik (1648, fünf- bis siebenstimmige Motetten),* Symphoniae sacrae III (fünf- bis achtstimmige Konzerte für Vokalstimmen mit schon teilweise selbstständig geführten Instrumenten). Die erste deutschsprachige Oper *Dafne* ist nicht erhalten.

HÄNDEL verband protestantische Kantorensatzkunst mit italienischem Belcanto, zunächst als Orgel- und Cembalovirtuose berühmt, wurde er schon früh auch als bedeutender Komponist anerkannt; seine Oratorien wurden Vorbild für die nachfolgenden Generationen. Sein Hauptwerk von 40 Opern wird gegenwärtig mit zunehmendem Interesse bedacht.

Kurzbiografie: GEORG FRIEDRICH HÄNDEL, 1685 bis 1759

- ⊙ Unterricht beim Organisten Zachow in Halle; Jurastudium und Organistenstelle an der Dom- und Schlosskirche Halle
- ⊙ **1703** als Geiger und Cembalist an die Oper Hamburg
- ⊙ **1706–1710** Italienreise: Florenz, Rom, Neapel, Venedig
- ⊙ **1710–1712** Kapellmeister in Hannover
- ⊙ ab **1712 bis 1759** London
- ⊙ **1719–1728** Komposition von Opern für die Royal Academy of Music; 1728 Konkurs der Akademie; bis 1741 weitere Opern
- ⊙ **1737** Schlaganfall, Aachener Kur
- ⊙ **1741–1751** vorrangig Komposition von engl. Oratorien
- ⊙ **1757** Erblindung, **1759** Tod, Beisetzung in Westminster Abbey
- ⊙ **Werke:** 40 meist italienische Opern: *Xerxes* (1738); 25 Oratorien: *Der Messias* (1741) komponiert in 24 Tagen; ca. 100 italienische Kantaten; 18 Concerti grossi, 20 Orgel- und 10 weitere Konzerte, Orchestersuiten, Klaviersuiten, Triosonaten, Solosonaten

Katholische Kirchenmusik

VIADANA schuf einen klein besetzten, bei allen Gelegenheiten brauchbaren Kirchenstil. Vor allem während der ohne Instrumentalbegleitung zu gestaltenden Advents- und Fastenzeit wurde der alte a-cappella-Stil der Vokalpolyphonie gepflegt.

Messen wurden im 17. Jahrhundert eher traditionell vertont und traten erst im 18. Jahrhundert wieder in den Vordergrund. Als Zeichen kirchlicher Prachtentfaltung entstanden auf Grundlage der Mehrchörigkeit Messen mit bis zu 12 vokalen und instrumentalen Klangkörpern. Modernere Elemente des monodischen Stils wurden bei den Vespervertonungen verwendet.

Oratorium

Das Oratorium entstand um 1600, beinahe zur selben Zeit wie die Oper und ist eine abendfüllende konzertante Vertonung eines meist geistlichen Textes für Orchester, Solisten und Chor. Es wurde nach dem ursprünglichen Aufführungsort, dem Betsaal (it.: *oratorio* – geweihter Raum, Betsaal) der römischen Bruderschaft des Hl. Filippo Neri benannt. Es besteht wie die Oper aus Ouvertüre, Rezitativen, Arien, Ensembles und Chören und übernahm von dieser immer wieder die neuen Entwicklungen. Das früheste Zeugnis ist CAVALIERIS *Rappresentazione di anima e di corpo* (Darstellung der Seele und des Körpers, Rom 1600). Fast alle Komponisten der italienischen Oper schrieben auch **italienische Oratorien**, teilweise als Ersatz für die während der Fastenzeit nicht erlaubten Opernaufführungen.

Einen Höhepunkt des barocken Oratoriums bilden HÄNDELS **englische Oratorien** (*The Messiah*, 1742, *Judas Maccabaeus* 1747), die auf Texten des alten Testaments beruhen, formal meist dreiteilig angelegt sind und gegenüber dem italienischen Vorbild einen höheren Anteil an Chorstücken aufweisen. Als große Form für großes Publikum mit humanem Gehalt wurden HÄNDELS Oratorien bruchlos zum Vorbild für Klassik und Romantik.

Oratorien in deutscher Sprache entstanden im 18. Jahrhundert in Norddeutschland durch KEISER, MATTHESON und TELEMANN. Sie knüpften an das italienische Oratorium, die deutsche Passion und die Historia (Vertonungen der Geschichten Jesu mit Ausnahme der Passion) an. Bachs sogenanntes *Weihnachtsoratorium* besteht aus sechs **Kantaten** zu den verschiedenen Weihnachtsfesttagen.

4.4 Geistliche Musik der Klassik

Der weltfromme, optimistische, von Idealen erfüllte und in einem überkonfes-
sionellen Humanismus wurzelnde Mensch der Klassik schmolz alle weltlichen
Elemente auch in die Kirchenmusik ein. Die Messen der klassischen Komponisten HAYDN und MOZART unterscheiden sich in ihrer Haltung nicht von Opern.

Kirchenmusik der Klassik

Die evangelische Kichenmusik, geprägt von Rationalismus und Pietismus,
welcher sich gegen komplexe Kirchenmusik wendete, verlor an Bedeutung.
Die katholische Kirchenmusik überwog und entwickelte eine große Ausstrahlung. Die Enzyklika *Annus qui* (1749) von Papst Benedikt XIV. sorgte sich um die
Unterscheidung von kirchlicher Musik und profaner Musik und wandte sich
speziell gegen deren opernhafte Tendenzen. Der Gregorianische Choral sollte
sorgfältiger gepflegt werden, die instrumentale Kirchensonate wurde wie die
Verwendung der Orchesters erlaubt.

Die wichtigsten **Gattungen** waren **Missa brevis** und **Missa solemnis**, **Motette**,
Kirchensonate (einsätziges Instrumentalwerk, üblicherweise für zwei Violinen,
Bass und Orgel nach der Lesung als Graduale), **Litaneivertonungen** (feierliche
Anrufungen, z. B. von Heiligen) und **Vespervertonungen** (feierliches Stunden-
gebet, z. B. MOZARTS *Vesperae de Dominica* KV 321 (1779) und das *Requiem*
(Totenmesse, z. B. unvollendetes Requiem d-Moll von MOZART 1791).

Die **Missa solemnis** war die Messe für den feierlichen Festgottesdienst. Sie
zeichnete sich durch größere Besetzung (meist vierstimmigen Chor, vier Solisten, Orchester meist mit Pauken und Trompeten) und längere Dauer aus
und umfasste regelmäßig alle Ordinariumsteile: Kyrie, Gloria, Credo, Sanctus/
Benedictus und Agnus Dei.

Missa brevis wurde die kurze, ca. 20-minütige Messe für den normalen Sonntag mit eher kleiner Besetzung genannt, die manchmal nur das Kyrie und Gloria
vertonte und oft ohne Solisten und regelmäßig ohne Pauken und Trompeten
komponiert wurde.

Beispiel

In HAYDNS sogenannter *Kleiner Orgelsolomesse* (um 1775) wird in den textreichen Sätzen Gloria und Credo der Text übereinandergeschichtet und simultan gesungen, sodass die liturgische Vollständigkeit gewahrt bleibt, der Satz aber nur wenige Takte umfasst. Ihren Namen hat die Messe vom freien Konzertieren des Solosoprans und der Orgel im Benediktus. Der Vokalsatz wird getragen vom Fundament aus Bass und Orgel und begleitet von zwei (chorischen) Violinen. Die sonst übliche Viola fehlt hier, wie oft in der Wiener Kirchenmusik.

Abb. 4.18: HAYDN, Missa brevis St. Johannis de Deo (Kleine Orgelsolomesse)

Die **Motette** der Klassik wurde nach der Lesung als Graduale oder zur Opferung nach dem Credo als Offertorium eingesetzt und trat in zwei sehr unterschiedlichen Arten auf, als

- **Chorwerk mit Orchester** als klassische Abwandlung der alten niederländischen Motette, z. B. MOZARTS Motette *Ave verum* KV 618 (1791) zu Fronleichnam oder als
- **Italienische Solokantate** über lateinische geistliche Texte mit zwei Arien, zwei Rezitativen und abschließendem Halleluja, z. B. MOZARTS *Exsultate, Jubilate* KV 165 (Mailand 1773).

Oratorium der Klassik

Nach 1750 entwickelte sich im protestantischen Norddeutschland eine Oratorientradition auf der Grundlage von lyrischen Texten anstelle des Bibelwortes. Der früher eher dramatische Ton wurde empfindsam und idyllisch. Als typisches Beispiel gilt *Der Tod Jesu* (1755) von GRAUN, ein weiterer wichtiger Komponist war C. PH. E. BACH.

HAYDN lernte auf seinen Englandreisen die Oratorien HÄNDELS kennen und komponierte in der Folge die beiden Oratorien *Die Schöpfung* (1798) und *Die Jahreszeiten* (1801) mit lebendigen und heiteren Naturschilderungen. Sie bildeten ein wichtiges Repertoire der bürgerlichen Oratorienchöre und wurden stilbildend für das romantische Oratorium.

4.5 Geistliche Musik im 19. und 20. Jahrhundert

Als Reaktion auf die Veräußerlichung von Kirchenmusik erfolgte eine Rückbesinnung auf gültige historische Vorbilder. Der reine a-cappella-Chorsatz PALESTRINAS (historisch unrichtig, da oft instrumental begleitet) wurde von der katholischen caecilianischen Bewegung zum Vorbild erklärt, als ein Muster der alten wahren Kirchenmusik. Die evangelische Kirchenmusik erhob BACH zur Leitfigur. BACHS Musik beeinflusste, ausgehend von MENDELSSOHNS erster Wiederaufführung der *Matthäuspassion* 1829, wesentlich die romantische Musikentwicklung. Zeitgenössische Neuschöpfungen griffen ebenfalls auf historische Vorbilder zurück. In den Mittelpunkt rückte in beiden Konfessionen die Besinnung auf die eigentliche liturgische Aufgabe der Kirchenmusik, deren Komposition im Wesentlichen Spezialaufgabe von Kirchenmusikern wurde.

Die großen romantischen **Messen, Requien** (BERLIOZ (1837), BRAHMS *Ein deutsches Requiem* (1868), VERDI (1874)) **und Oratorien** überschritten in Länge und Besetzung oft den liturgischen Rahmen. Sie wurden zunehmend für den Konzertsaal komponiert und durch die neu entstandenen großen bürgerlichen Oratorienvereine gepflegt.

Die liturgischen Erneuerungsbewegungen der protestantischen Kirche ab 1920 hatten u. a. das Ziel einer Befreiung der Kirchenmusik von subjektiven Romantizismen und einer neuen Heiligung der gottesdienstlichen Musik. Sie orientierte sich an Hochbarock und Reformation aus deren Geist auch neue

Lieder entstanden (z. B. von J. Klepper und G. Schwarz). Ab 1945 kam es durch hauptberufliche Kantoren zu einer großen Entfaltung der Kirchenmusik.

Angeregt durch die 1963 verabschiedete Liturgiekonstitution des zweiten Vatikanischen Konzils, welche die katholische Liturgie für die Landessprache öffnete, entstand eine ungewöhnlich große Zahl an neuen geistlichen Liedern, die oft von Gospel, Jazz, Beat oder Rock beeinflusst waren.

Überblick

Können Sie über diese <u>Schlüsselbegriffe</u> referieren?
- Kontrapunkt
- Kirchentonarten
- Mensuralnotation
- Soggetto-Technik
- cantus firmus
- Faux-Bourdon-Satz
- Doppelleittonkadenz – Kadenz
- Dissonanzgebrauch
- vokal-instrumentale Aufführungspraxis
- Lasso, Josquin, Palestrina, Gabrieli, Monteverdi,
- Schütz, Händel, Bach
- Messe, Motette, Madrigal
- Parodiemesse
- Römische Schule
- Venezianische Mehrchörigkeit
- coro-spezzato
- prima und seconda prattica
- Stilwandel Barock
- Dur-Moll-System
- konzertierender Stil
- musikalisch-rhetorische Figuren
- Basso continuo
- Oratorium im Barock, Klassik und Romantik
- evangelischer Choral
- Kantionalsatz
- Kantate
- geistliches Konzert
- Stilwandel um 1750
- Missa solemnis
- Stilmittel der Romantik
- Requiem

Instrumentalmusik des Barock

5

Der Fund einer Knochenflöte in einer ca. 50 000 Jahre alten Erdschicht deutet auf den Gebrauch von Instrumenten schon in Urzeiten hin. Instrumentalmusik wurde weitgehend improvisiert, komponierte instrumentaltypische Musik für Einzelinstrumente ist erst ab der Mitte des 16. Jahrhunderts belegt.

Instrumentalmusik für Ensembles entwickelte sich aus der Venezianischen Mehrchörigkeit. Das ab 1560 belegte klangprächtige generalbassbegleitete Musizieren in San Marco mit unterschiedlichen vokalen und instrumentalen Klanggruppen wurde zunehmend rein instrumental ausgeführt. Die direkt aus der Vokalpolyphonie entstandene Instrumentalmusik tritt im Barock gleichberechtigt neben die hochentwickelte Vokalmusik und wurde zum Ausgangspunkt für den konzertierenden Stil.

5.1 Der barocke Stil

Die Zeit von 1600 bis 1750 bildet in der Musik eine zusammenhängende Epoche, die durchgängig gekennzeichnet ist durch die Verwendung des **Generalbasses** (→ Seite 46) und des **konzertierenden Stils** (auf gegensätzlichen Klangwirkungen basierend: z. B. hoch – tief, vokal – instrumental, Solo – Tutti …).

Zeitgeschehen/Geistesströmung

Merke

- ⊙ Absolutismus
- ⊙ Gegenreformation
- ⊙ 30-jähriger Krieg (1618 – 1648)
- ⊙ Ludwig XIV. (1661–1715)
- ⊙ Rationalismus

Der Name **Barock** (portug.: *barroco* – schiefrund, oval) entstand erst nach 1750 und meinte zunächst abwertend das schwülstig Überladene, Verworrene und Komplizierte der Epoche, die geprägt war von **absolutistischer Prachtentfaltung** und dazu im Gegensatz vom Bewusstsein der **Vergänglichkeit des Menschlichen**. **Wesensmerkmale der Künste** waren: Ruhe und Bewegung, Wiederkehrendes in wechselndem Erscheinungsbild, phantasie- und kunstvolle Strukturen, die das Natürliche überlagerten. Die ästhetische Forderung nach einem einheitlichen Affekt führte zu Kompositionen mit einheitlichen Abläufen.

Der barocke Mensch wurde als Gattungswesen mit **stilisierten Affekten und Gefühlen**, nicht als individuelle Einzelperson dargestellt.

Italien blieb bis ins 18. Jahrhundert führend auf allen musikalischen Gebieten. Angeregt durch die italienischen Einflüsse entwickelte sich in Deutschland eine eigenständige protestantische Kirchenmusik mit dem Werk Bachs als Höhepunkt. Aus dem vielfältigen Musizieren des Frühbarock entwickelten sich bis zum Spätbarock oft **schematisierte Gattungs- und Formtypen** wie **Rezitativ** und **Arie**, **Opera seria**, **Opera buffa**, **Concerto grosso**, **Suite** und **Fuge**.

Erstmals standen um 1600 zwei Kompositionsstile nebeneinander, der **stile antico (prima prattica)** als traditioneller kontrapunktischer Vokalstil und der **stile nuovo (seconda prattica)** als neuer, sprach- und ausdrucksbetonter monodischer Stil, welcher den stile antico immer weiter verdrängte.

Merke

Stilwandel um 1600

- ▶ **Monodie:** von Instrumenten akkordisch begleiteter Sologesang, der affektvoll vorgetragen wurde. Aus dem frei fließenden Sprachgesang (stile recitativo) entstanden Rezitativ und Arie.
- ▶ Der **Generalbass** oder **Basso continuo,** der sich aus dem Mitspielen der tiefsten Stimme bei mehrchörigem Musizieren entwickelte (basso seguente), wurde Klangfundament der Barockmusik.
  Die harmonische Kurzschrift wurde durch das Tasteninstrument (Cembalo, Orgel), zu dem sich meist ein gestrichenes oder geblasenes Bassinstrument gesellte, improvisierend ausgeführt.
  Sie war Grundlage der Komposition und ermöglichte das freie Gegeneinander konzertierender Stimmen.
- ▶ Die **Dur-Moll-Harmonik** löste die Kirchentonarten ab.
- ▶ **Affektenlehre:** systematisch erfasste Lehre der Wirkungsmöglichkeiten von Musik auf die menschlichen Gefühle, um z. B. durch bestimmte Tonarten und Tempi die Affekte (lat.: Gemütsbewegungen) wie Bewunderung, Liebe, Hass, Verlangen, Freude, Trauer usw. hervorzurufen.
- ▶ **Musikalische Rhetorik – Figurenlehre:** Die Musik wurde als Tonsprache aufgefasst. Komposition wurde nach den Regeln der Rhetorik gelehrt: inventio (Motivfindung), dispositio (Gesamtaufbau), elaboratio (Ausarbeitung) und decoratio (Ausschmückung), deren spätere Aufführung als executio.
  Bestimmte Textaussagen wurden durch Figuren dargestellt; so konnte z. B. ein hoher Ton „Berg, Himmel", ein tiefer „Tal, Hölle", eine musikalische Auf- und Abbewegung „Kreisen, Krone" bedeuten.

Chromatische Halbtöne und Dissonanzen konnten „Trauer" und
„Schmerz" ausdrücken, Pausen „Schweigen" oder „Stille". Bestimmte
Tonwendungen wurden mit festgelegten Sinngehalten verbunden, sodass
vor allem die Instrumentalmusik zur Tonsprache werden konnte.

⊙ **Instrumente:** Violine, Viola, Cello, (Streicher mit Darmsaiten und
Barockbogen, heute meist $\frac{1}{2}$ Ton tiefer gestimmt, a′ = 415 Hz), Laute,
Gitarre, Theorbe, Harfe, Cembalo, Orgel, Flöte, Oboe, Schalmei, Krumm-
horn, Zink, Trompete, Horn, Pauke, Trommel.

⊙ **Akzentstufentakt:** Ab 1600 wurde der Taktstrich Ordnungsfaktor mit
Hauptakzent auf der Note danach. Alle Notenwerte werden nun zweizei-
tig geteilt. Beeinflusst durch die Tanzmusik erhielten die quantitativen
Notenwerte der Mensuralnotation einen qualitativen Akzent in unter-
schiedlicher Abstufung (Zweiertakt schwer – leicht, s – l; Dreiertakt s – l – l,
Vierertakt s – l – mittelschwer – l, Sechsertakt s – l – l / ms – l – l).

Tipp

Generalbass

Die Praxis des Generalbasses lässt dem Aufführenden bzw. dem Herausgeber
einer praktischen Notenausgabe Freiheit bezüglich der Vielstimmigkeit
des gegriffenen Akkords (Dichte) sowie der instrumentalen Besetzung der
Instrumente.

⊙ Besorgen Sie sich mehrere Ausgaben (Partitur, Klavierauszug, Continuo-
stimme) mehrerer Verlage und vergleichen Sie die verschiedenen Lösun-
gen für den Generalbass.

⊙ Versuchen Sie herauszufinden, welche Notenbestandteile original vom
Komponisten, welche vom Herausgeber/Interpreten sind.

⊙ Hören Sie aus gleichem Grund aufmerksam mehrere Fassungen der-
selben Musik. Z. B. Standardwerke aus dem Frühbarock z. B. MONTEVERDI:
Orfeo, *Marienvesper*, die leicht in verschiedenen Druck- und Audiofassun-
gen erhältlich sind.

5.2 Concerto

Der Begriff „concerto" bedeutet zum einen das Zusammenwirken einer Gruppe von Musikern (ital.: *concertare* – zusammenwirken), zum anderen eine musikalische Gattung (lat.: *concertare* – wettstreiten), die geprägt ist vom Mit- und Gegeneinander verschiedener Stimmen und Klanggruppen auf der Grundlage des Generalbasses. Der sich daraus entwickelnde konzertierende Stil wurde neben der Verwendung des Generalbasses das zweite durchgängige Wesensmerkmal der Barockmusik, so dass hierfür auch der Begriff **Zeitalter des konzertierenden Stils** geprägt wurde.

Das Zusammenwirken großer gleichklingender oder verschiedenfarbiger Klanggruppen trat erstmals in der vokal und instrumental gemischten **venezianischen Mehrchörigkeit** (ab 1560) auf, erreichte über Schütz die protestantische Kirchenmusik (z. B. *Psalmen Davids*) und blieb bis zum Ende des Barock wirksam. So findet man mehrchöriges Musizieren z. B. in Bachs *Matthäuspassion* (1727/29) oder im klangprächtigen Kolossalbarock wie z. B. in den von vier Emporen musizierten Messen der Salzburger Dommusik (Eberlin, doppelchörige *Missa in C* oder Biber, 50-stimmige *Missa Salisburgensis* 1682).

In kleinerer Besetzung musizieren einige solistische Vokal- oder Instrumentalstimmen gegenüber dem harmonietragenden Generalbass in der Tradition einer Motette. Im vokalen Bereich wären zu nennen: Viadana *Cento concerti ecclesiastici* (1602) und Schütz *Kleine geistliche Konzerte* (1636/39). Durch Hinzufügen von Chören und Arien ging das **geistliche Konzert** später in der Gattung **Kantate** auf (→ Seite 122). Im instrumentalen Bereich entstanden **Solosonate** und **Triosonate**.

Das **Concerto grosso** war die wichtigste Gattung der Orchestermusik im Hoch- und Spätbarock. Dem gesamten Orchester – **Ripieno** oder **Tutti** – steht eine Gruppe von (meist drei) Solisten – **Concertino** – gegenüber, welche auch als Stimmführer das Tutti anführen. Zwischen die vom Ripieno gespielten wiederkehrenden Themen (**Ritornell**) werden die Soloepisoden eingeschoben, in denen das Ripieno pausiert. Die Form des Concerto grosso entspricht der Satzstruktur von **Kirchensonate** (langsam – schnell – langsam – schnell) und Kammersonate (Präludium und zwei bis vier Tanzsätze in Art einer Suite, ab Vivaldi schnell – langsam – schnell). Bedeutende Komponisten waren Corelli (12 Concerti grossi op. 6) und Vivaldi ab 1700. Das Concerto grosso wurde am Ende der Barockzeit ungebräuchlich, während das gleichzeitig entstandene **Solokonzert** mit den stilistischen Änderungen der Klassik weitergeführt wurde.

VIVALDI schuf den dreisätzigen Konzerttyp; seine Konzerte waren Vorbild für Komponisten aus ganz Europa. BACH bearbeitete 16 Konzerte VIVALDIS für Cembalo oder Orgel.

Kurz-biografie: ANTONIO VIVALDI, 1678 bis 1741

- ⊙ **1703** Priesterweihe, wegen seiner rotblon-den Haarfarbe *il prete rosso* (Roter Priester) genannt, aus gesundheitlichen Gründen vom Priesteramt befreit, blieb aber weltli-cher Priester
- ⊙ **1703–1740** Violinlehrer und Orchesterlei-ter am Waisenhaus *Ospedale della Pietà* in Venedig. Die wöchentlichen Konzerte seiner Werke – von ihm selbst dirigiert und von den Mädchen des Waisenhauses gespielt

Abb. 5.1: VIVALDI-Karikatur von PIERLEONE GHEZZI von 1723

– waren musikalische Höhepunkte des venezianischen Musiklebens. Viele Gäste der Stadt nutzen die Gelegenheit, die Aufführungen zu besuchen. 1740 reise Vivaldi nach Wien. Es wird vermutet, dass er den Habsburger Kaiser Karl VI. um Unterstützung bitten wollte. Vivaldis Kompositionsstil war seit wenigen Jahren nicht mehr en vogue – einer der zeitweilig bekanntesten Komponisten Europas litt inzwischen unter Geldmangel. Wenige Monate nach der Ankunft in Wien verstarb VIVALDI allerdings.
- ⊙ **Werke:** 49 Opern, 3 Oratorien, 55 Motetten, 446 Konzerte, ca. 90 Sonaten. Bei weitem nicht alle Werke sind erhalten.

VIVALDI schrieb um 1725 zwölf Violinkonzerte op. 8, Nr. 1 bis Nr. 4, bekannt unter dem Titel *Le quattro stagione – Die vier Jahreszeiten*.
Sie sind ein gutes Beispiel für die **Dreisätzigkeit** (schnell – langsam – schnell) seiner Konzerte sowie für **Programm-Musik** im Barock, da den einzelnen jahreszeitlichen Bildern ein Sonett zu Grunde liegt.
Nr. 1 *La Primavera – Der Frühling* schildert die frohen Gefühle bei Frühlings-beginn durch die beiden **Ritornelle** (mehrfach wiederkehrender Abschnitt) R1 und R2, welche in unregelmäßiger Folge immer wieder auftauchen und von Soloepisoden unterbrochen werden, im Notenbeispiel durch den „Gesang der Vögel":

Beispiel >>

>> Beispiel

>> Beispiel

Abb. 5.2: VIVALDI, Concerto Nr. 1 *La primavera*

5.3 Suite

Die Suite (frz.: Folge) ist eine Abfolge von mehreren selbstständigen Tanzsätzen, die nur lose durch gleiche Tonart oder durch motivische Verwandtschaft verbunden sind. Die Schrittfolgen der Tänzer bildeten die Basis für Melodien mit symmetrischen Perioden und geradzahligen Betonungen und somit für entsprechende Abschnittsbildungen und Wiederholungen.

Schon im **Mittelalter** tauchte die **Paarbildung** von geradem Schreittanz und ungeradem Springtanz auf. In den französischen Tanzbüchern des 16. Jahrhunderts sind entweder gleichartige Tänze oder Tanzpaare wie **Pavane – Galliarde** oder **Pavane – Saltarello** enthalten, in deutschen Lautenbüchern werden sie auch als **Dantz** und **Hupfauf** bezeichnet. Im 17. Jahrhundert wurden Pavane und Galliarde durch **Allemande** (langsam, $\frac{4}{4}$) und **Courante** (schnell, $\frac{3}{4}$) abgelöst. Zu diesen beiden kamen noch die spanische **Sarabande** (langsam, gravitätisch $\frac{3}{2}$) und die englische **Gigue** (schnell, $\frac{6}{8}$ oder $\frac{12}{8}$) hinzu. Diese vier Tänze bildeten den **Kern der barocken Suite** und wurden ergänzt durch Doubles (Tanzsätze der gleichen Art) oder andere eingeschobene Tänze wie **Air**, **Menuett**, **Gavotte**, **Bourée** u. a.

Die obligatorischen Ballette in der französischen Oper führten zur Komposition von **Orchestersuiten**, die mit einer Ouvertüre begannen, in ihrer weiteren Satzfolge frei waren und nach dem Einleitungssatz **Ouvertürensuiten** genannt wurden. Zu diesem Typ zählen auch die Orchestersuiten Bachs sowie Händels *Wasser- und Feuerwerksmusik* (1717 bzw. 1748).

Beispiel >>   Die Ouvertüre aus Bachs zweiter *Orchestersuite h-Moll BWV 1067* ist dreiteilig. Der erste Teil erklingt in langsamem Tempo, mit großem Pathos durch die punktierten Rhythmen, die Triller und durch den vollklingenden Orchestersatz.
Der zweite Teil ist lebhaft und fugiert, nacheinander setzen die Stimmen von oben nach unten mit dem Fugenthema ein.
Der dritte Teil greift wieder mit ähnlicher Motivik das Tempo des Anfangsteils auf, die Flauto traverso (barocke Querflöte aus Holz) wird als eigenständige Stimme geführt. Die Orchestersuite mit der Satzfolge: *Ouverture*, *Rondeau* (Allegro, alla breve), *Sarabande* (langsamer Dreiertakt), *Bourée I, Bourée II* (Allegro, alla breve), *Polonaise* (gemäßigter Dreiertakt), *Menuett* und *Badinerie* (Allegro, mit virtuoser Flötenstimme) folgt nicht dem Schema der Lautensuiten (siehe unten).

Beispiel >>

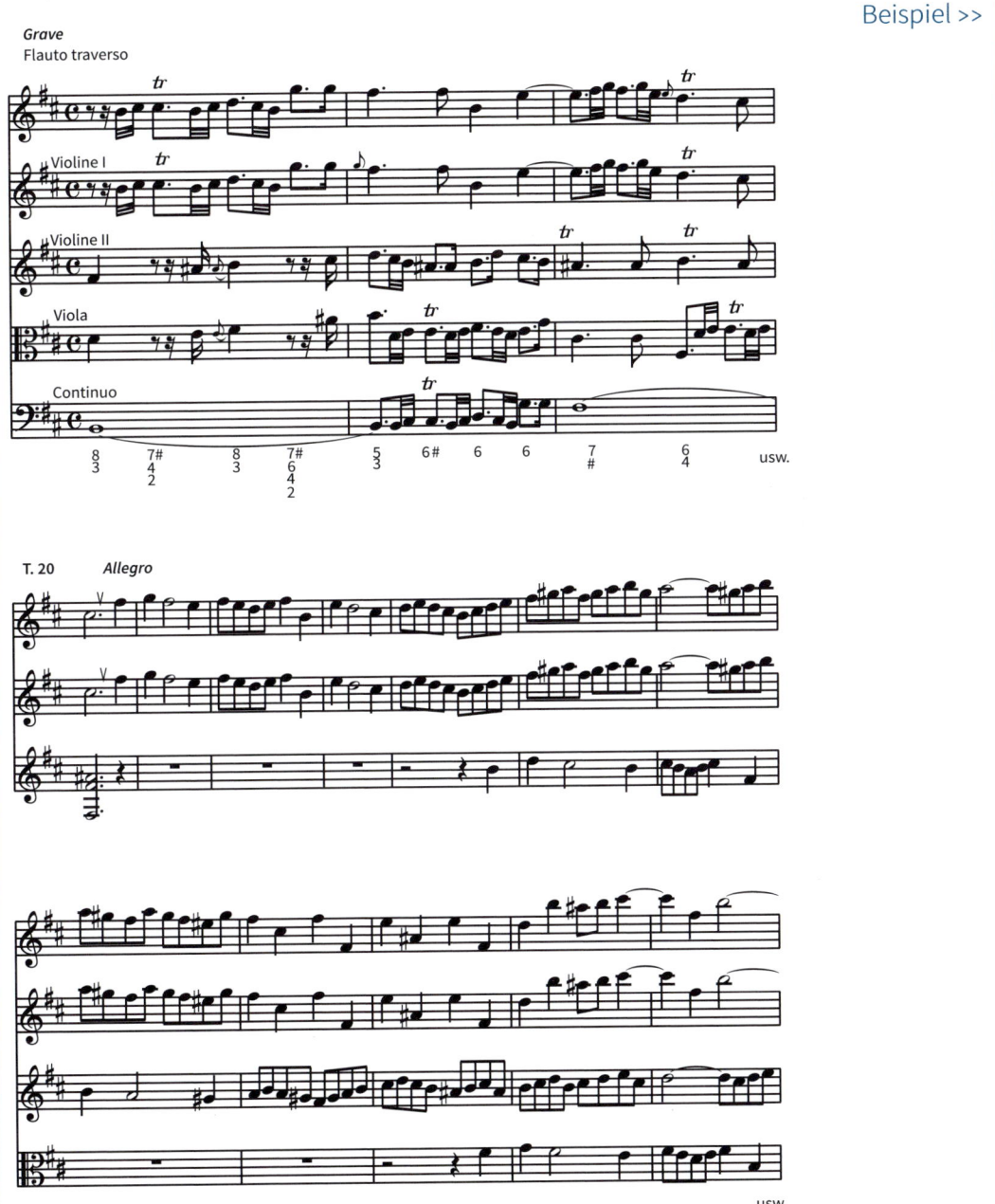

usw.

>> Beispiel

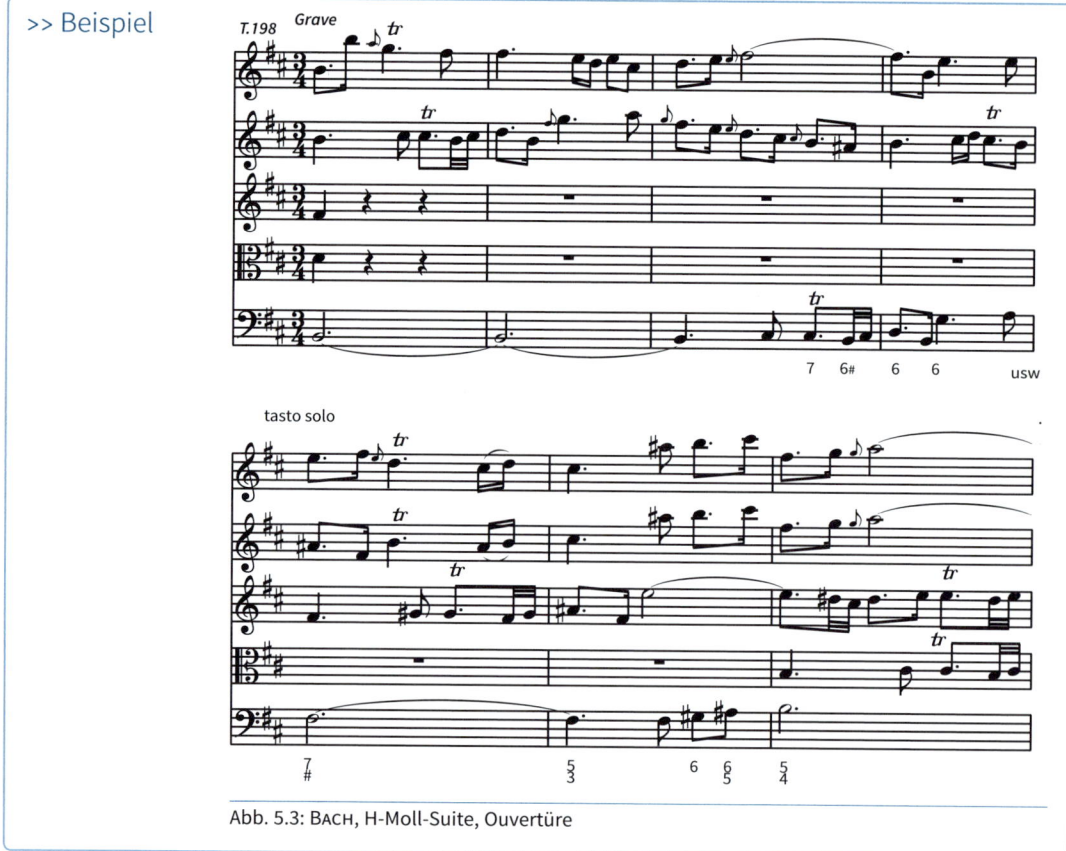

Abb. 5.3: BACH, H-Moll-Suite, Ouvertüre

Die **Lautensuiten und Klaviersuiten** folgten im Rahmen der **sonata da camera** dem französischen Modell mit den vier Kernsätzen **Allemande – Courante – Sarabande – Gigue**, welches durch weitere Sätze ergänzt werden konnte (→ Seite 108 f.). Bei den Sätzen der spätbarocken Suite handelt es sich oft um **stilisierte Tänze** oder tanzfreie Stücke, da die Tänze bereits unmodern geworden waren. Die Suite verlor an Bedeutung bis auf das **Menuett**, das mit dem Beginn der Klassik als Tanzsatz in die Sonate aufgenommen wurde. Im späten 19. und im 20. Jahrhundert tauchte die Suite wieder auf als **historisierende Gattung** (GRIEG, *Aus Holbergs Zeit* (1884), SCHÖNBERG, *Klaviersuite op. 25* (1924), *Suite für Streichorchester op. 29* (1934)), als **Ballettmusik** (TSCHAIKOWSKI, *Nussknacker-Suite*) oder im Zusammenhang mit der Oper (BIZET, *Arlésienne-Suiten I und II* nach der Schauspielmusik zum Drama *L'Arlésienne*).

Die besonders wirkungsvollen Nummern der Schauspielmusik zum Drama *L'Arlésienne* wurden von BIZET für großes Orchester bearbeitet und waren 1872 sein erster großer Publikumserfolg. Eine alte provenzalische Volksweise wird zunächst einstimmig vom ganzen Orchester im ff vorgestellt und sofort im pp in einer kontrapunktischen Legatofassung von Holzbläsern und Horn wiederholt, wobei die Klarinetten die Melodie spielen.

Abb. 5.4: BIZET, L'Arlésienne Suite Nr. 1, Prélude

Concerti, Suiten und Sonaten in verschiedenster Besetzung als Repräsentations-, Unterhaltungs- und Tanzmusik bilden den überwiegenden Teil barocker Instrumentalmusik und vermutlich einen guten Teil der Stücke Ihrer instrumentalen Ausbildung. Vergrößern Sie ihr bewusstes Repertoire indem Sie in Unterrichtswerken nachschlagen und verschiedene Audioquellen heranziehen. Ein Internetradiosender z. B. sendet 24 Stunden Barockmusik, die sich mit geeigneter Software mit Titelangaben legal direkt auf Festplatte speichern lässt. Streamingportale bieten jederzeit über PC, Tablet oder Smartphone ein unerschöpfliches Archiv.

5.4 Fuge

Die Fuge ist eine kunstvolle kontrapunktische Instrumentalform für zwei bis fünf, gelegentlich auch mehr Stimmen, mit streng geregelten und freien Abschnitten. Sie entwickelte sich direkt aus dem **Ricercar** (einleitendes Vorspiel in der Imitationstechnik einer Motette zunächst für Laute, dann für Orgel, mit nur einem **Soggetto**) und erreichte im Verlauf der Barockzeit im Werk BACHS ihren Höhepunkt. (*Das Wohltemperierte Klavier I* (1722) und *II* (1744) sind Sammlungen von jeweils **24 Präludien und Fugen,** chromatisch ansteigend durch alle Dur- und Molltonarten. *Die Kunst der Fuge* (1749/50) aus dem Spätwerk nennt keine Instrumente und zeigt verschiedene kontrapunktischen Techniken.

Kennzeichnend für die Fuge ist der Wechsel von streng kontrapunktischen, themengebundenen Teilen, in denen das Fugenthema einmal oder mehrmals auftaucht (**Durchführungen**), und lockeren themenfreien Abschnitten (**Zwischenspielen**), die aus thematischem oder neuem gegensätzlichen musikalischen Material gestaltet sein können. **Fugenthemen** besitzen meist einen durch bestimmte Rhythmen und Intervalle gut erkennbaren **Themenkopf** und eine fließende, oft unmerklich in den Kontrapunkt übergehende Weiterführung. Während alle weiteren Durchführungen sehr verschieden gestaltet sein können, folgt die **erste Durchführung**, auch **Exposition** genannt, einer genauen Regel: Die Fuge beginnt mit dem Thema als **Dux** in der Haupttonart, der zweite Themeneinsatz, **Comes** genannt, erfolgt in der Dominanttonart eine Quinte höher oder eine Quarte tiefer. Währenddessen wird die erste Stimme als Kontrapunkt weitergeführt. Der dritte Themeneinsatz erfolgt wieder als **Dux** in der Grundtonart, während die zweite Stimme mit dem Kontrapunkt fortfährt. Die Exposition endet, wenn alle beteiligten Stimmen das Thema einmal vorgestellt haben.

Bei einer **realen Themenbeantwortung** des Dux werden die Töne des Comes unter Wahrung der Intervallverhältnisse in reiner Quinttransposition unverändert in die Dominanttonart übernommen, worauf eine **Rückmodulation** in die Ausgangstonart erfolgen muss. Bei einer **tonalen Beantwortung** erfolgt eine Intervalländerung im Themenverlauf, um in der Haupttonart zu bleiben. Ein **beibehaltener Kontrapunkt** taucht in gleichbleibender Gestalt immer wieder zusammen mit dem Thema auf.

In den weiteren Durchführungen werden oft kunstvolle kontrapunktische Techniken verwendet:

- ▶ **Engführung** – erneuter Themeneinsatz vor dem Ende des vorigen, wodurch sich beide überlappen
- ▶ **Umkehrung** – die Richtung der Intervalle ändert sich
- ▶ **Krebs** – das Thema wird von hinten nach vorn gespielt
- ▶ **Augmentation** und **Diminution** – die Notenwerte werden verdoppelt bzw. halbiert
- ▶ **Doppel-, Tripel-, Quadrupelfuge** – mit zwei bis vier Themen

Das Fugenende zeigt oft eine besondere **kontrapunktische Verdichtung** (z. B. mehrfache Engführung) und einen **Orgelpunkt** (lang ausgehaltener Basston, über dem das harmonische Geschehen auch entfernte Tonarten aufsuchen kann). In Vokalwerken findet man oft fugenähnliche Abschnitte (**Fugato**), die aber nicht streng durchgeführt werden.

Fuge   Tipp

Fugen gibt es als Vokalgattung schon seit dem 15. Jahrhundert. Sie ist bis heute eine beliebte Gattung für „Kenner" geblieben. Um dabei Spaß zu haben, ist lineares Hören – das Hören und Verfolgen mehrerer gleichzeitig klingender Stimmverläufe – erforderlich. Um in Fuge wirklich fit zu sein, sollten Sie mehrere Fugen verschiedener Komponisten und Zeiten analysieren und aufmerksam wahrnehmend hören.

Die **Exposition** von BACHS *Fuge in d-Moll* beginnt mit der Oberstimme (Dux).   Beispiel >>
Die Mittelstimme setzt zwei Takte später in der Unterquarte mit dem Comes als reale (notengetreue) Beantwortung ein, während die Oberstimme mit dem Kontrapunkt fortfährt. Der dritte Themeneinsatz in der Unterstimme ist wieder in der Orginaltonart d-Moll. Im Takt vorher findet mit dem Dominantseptakkord A7 die Rückmodulation statt. In T. 8 beginnt der Sopran mit einem 4., überzähligen Themeneinsatz auf der Tonstufe e. Das folgende Zwischenspiel in T. 9 und 10 verwendet für die Mittelstimme motivisches Material des Themas aus T. 2 und des Kontrapunkts T. 5 – 6. In der **2. Durchführung** bringt die Mittelstimme in T. 12 zunächst nur die Umkehrung des Themenbeginns, in T. 14 dann aber auch des ganzen Themas. In T. 13 kommt als **Engführung** das Thema in der Oberstimme in A-Dur hinzu.

Beispiel

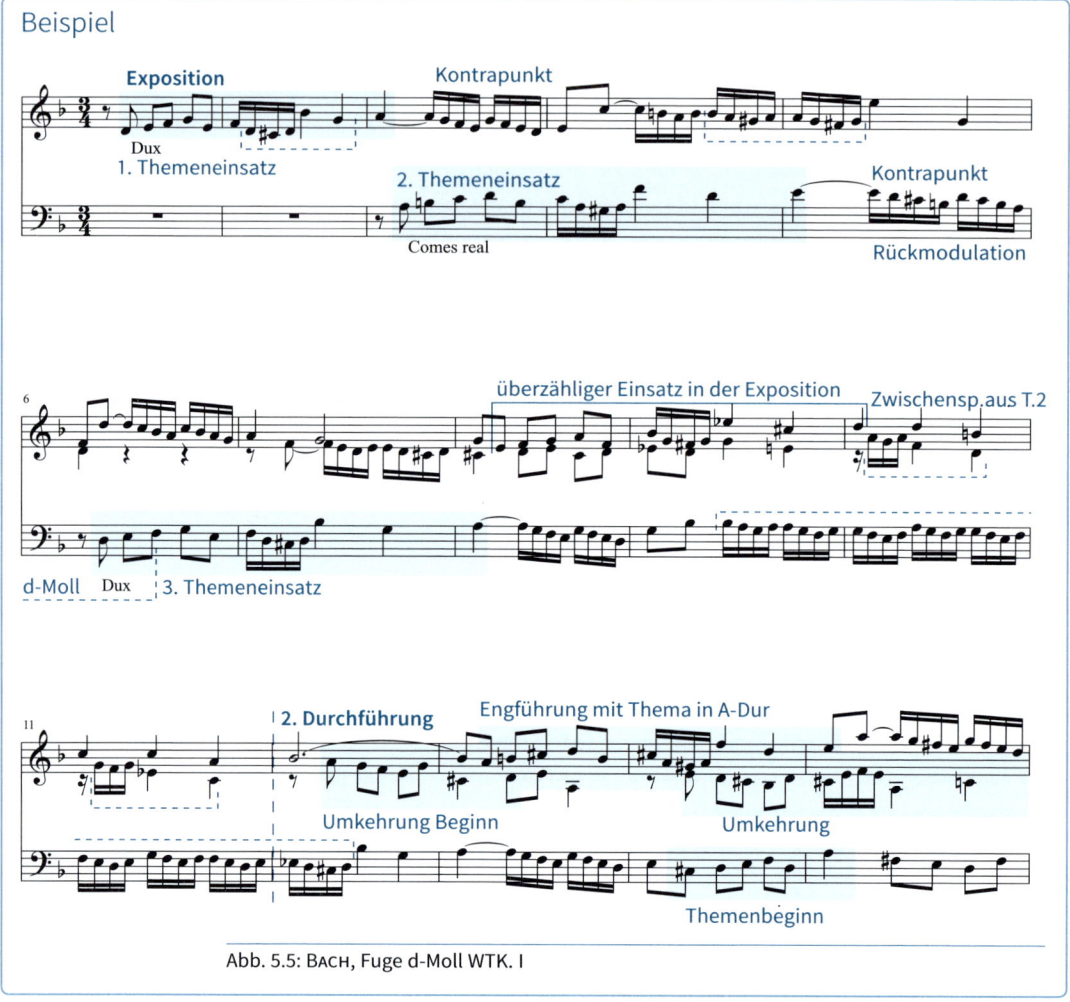

Abb. 5.5: Bach, Fuge d-Moll WTK. I

Diese <u>Begriffe/Namen</u> sollten Sie gut kennen.

Überblick

- ⊙ Generalbass
- ⊙ konzertierender Stil
- ⊙ Affektenlehre
- ⊙ Arie, Arioso
- ⊙ Rezitativ
- ⊙ Fuge
- ⊙ Concerto grosso
- ⊙ Ritornell
- ⊙ concertino
- ⊙ ripieno
- ⊙ Stilwandel um 1600 und 1750
- ⊙ Solokonzert
- ⊙ Solosonate, Triosonate, Kirchensonate, Kammersonate
- ⊙ Suite
- ⊙ Allemande
- ⊙ Sarabande
- ⊙ Courante
- ⊙ Gigue
- ⊙ Menuett

 **6**

Musik der Klassik

Der Begriff Klassik bezeichnet allgemein das Wahre, Schöne, Mustergültige und Zeitlose. In der Musik versteht man unter Wiener Klassik die Zeit von 1750 (dem Todesjahr BACHS) bis 1827 (dem Todesjahr BEETHOVENS) mit Stil und Werken der drei großen Wiener Komponisten (HAYDN, MOZART, BEETHOVEN). Mit dem gesellschaftlichen Wandel von der aristokratisch höfischen Kultur mit Musik in Schloss und Kirche hin zur bürgerlichen Gesellschaft mit Konzerten in Salon und öffentlichen Sälen veränderte sich auch die Stellung des Komponisten vom untergebenen Angestellten hin zum freischaffend genialen Künstler, der seinen Lebensunterhalt von Konzerteinnahmen und Werkveröffentlichungen, aber auch mit Hilfe großzügiger Mäzene bestritt, was an den Biographien der drei oben genannten Komponisten abzulesen ist.

6.1 Stilwechsel Barock – Klassik

Der **Übergang** vom Barock zur Klassik verlief in der Musik fließend. Schon ab 1730 bevorzugten Komponisten den einfacheren **galanten Stil** mit kleinen Formen, häufiger Motivwiederholung, führender, kantabler Melodie und sparsamer Begleitung.

Um **1740** wurde Mannheim zu einem Zentrum der **Frühklassik** mit einem eigenen Orchesterstil auf Grundlage des **empfindsamen Stils** (Ausdruck des persönlichen Gefühls), sowie des **Sturm und Drang** (gesteigerte Gefühlsbetontheit durch kühne Harmonik, prägnante Rhythmik, starke dynamische Gegensätze). Am Stilwandel waren relativ unabhängig voneinander wirkende italienische, französische und deutsche Musiker (z. B. C. PH. E. BACH) beteiligt. Die Werke von HAYDN, MOZART und BEETHOVEN zwischen 1781 und 1810 bilden den **Höhepunkt der Wiener Klassik.**

Merke

Zeitgeschehen/Geistesströmung
- ⊙ Aufklärung (Rousseau, Lessing, Kant)
- ⊙ Aufgeklärter Absolutismus
- ⊙ Friedrich II. von Preußen (1747–1786)
- ⊙ Klassik in der Literatur (Goethe, Schiller)
- ⊙ Französische Revolution ab 1789
- ⊙ Napoleon I. (1801–1815)
- ⊙ ab 1815 Ära Metternich/Restauration

Stilwandel um 1750
- ⊙ Der Generalbass entfiel.
- ⊙ Abgeleitet von der Melodie entwickelte sich eine einfachere und natürlichere Harmonik.
- ⊙ Der stilisierte Einheitsaffekt des Barock wurde in der Klassik abgelöst von Kontrasten auf engstem Raum, erzeugt durch motivisch-thematische Verarbeitung, Vielfalt der Ideen und eine differenzierte Dynamik.
- ⊙ In Anlehnung an die Tanz- und Volksmusik wurden symmetrische, oft 8-taktige Themen aus 4-taktigem Vordersatz und 4-taktigem Nachsatz bevorzugt, häufig aus 2-taktigen Motiven zusammengesetzt.
- ⊙ Die bunte Vielfalt des Barockorchesters wurde durch eine standardisierte, typische Orchesterbesetzung (zunächst 2 Ob, 2 Hr, Vl 1, Vl 2, Vla, Vc, Kb ersetzt).

6.2 Sonate

Die gegen Ende der **Renaissance** in Venedig entstandene Sonate (lat.: *sonare* – klingen) war ein mehrteiliges, formal freies Instrumentalstück. „Canzona sonata" wurden die instrumentalen Bearbeitungen oder stilistischen Nachahmungen der „Canzona cantata", der rein vokal ausgeführten Kanzonen genannt. Bedeutende Komponisten im mehrchörigen Stil waren A. und G. GABRIELI.

Die Reduzierung der Stimmenzahl im **monodischen Stil des Barock** führte zur **Solosonate** mit und ohne Generalbass und zur **Triosonate** mit zwei Melodieinstrumenten und Basso continuo. Die Sätze sind zweiteilig; beide Teile stehen meist in der gleichen Tonart und werden in der Regel wiederholt. Sie modulieren wie der daraus entstandene Sonatenhauptsatz am Ende des ersten Teils in die Dominante oder in die Durparallele der Molltonika (tP).

Gegen Ende des 17. Jahrhunderts hatten sich bei CORELLI zwei Haupttypen ausgebildet, die nach ihrem Verwendungszweck **Sonata da chiesa – Kirchensonate** sowie **Sonata da camera – Kammersonate** genannt wurden.

Kirchensonate: sie hat in der Regel vier tonartlich verwandte Sätze in der Folge
- ⊙ **1. Satz:** langsam, gravitätisch imitierend;
- ⊙ **2. Satz:** schnell, fugiert;
- ⊙ **3. Satz:** langsam, kantabel, homophon;
- ⊙ **4. Satz:** schnell, fugiert.

BACH übertrug die Kirchensonate von der Triobesetzung auf Violine solo oder auf ein Melodieinstrument mit obligatem Klavierpart und solistischem Continuo.

Kammersonate: sie beginnt meist mit einem Präludium, dem zwei bis vier Tanzsätze folgen.

Beispiel

CORELLIS Kammersonate op. 5,8 in e-Moll für Violine und Basso continuo beginnt mit einem Präludium (I), darauf folgen Tanzsätze (II, III, IV):

Abb. 6.1: CORELLI, Sonata da camera op. 58

Aus der barocken Triosonate entwickelte sich die **Sonate der Klassik**. Ein zwei-
tes, dem Thema folgendes Motiv erhielt immer mehr den Rang eines **zweiten
Themas**, so in Italien und Mannheim.

Die Sonate wurde zur **wichtigsten Instrumentalgattung der Klassik**. Sie besitzt drei bis vier Sätze und ist gekennzeichnet durch zwei häufig kontrastierende Themen, motivisch-thematische Verarbeitung, den periodischen Aufbau der
Themen, die Struktur der Tonarten sowie durch Veränderungen von Dynamik,
Klangfarbe und Satzstruktur auf kleinstem Raum. Die Einzelsätze wurden nicht
mehr nur aneinandergereiht, sondern als Bestandteil der größeren Form Sonate wahrgenommen (**Zyklusbildung**).

*„ich muß über hals und kopf schreiben – komponiert ist schon alles –
aber geschrieben noch nicht"*
MOZART komponierte meist ohne Skizzen im Kopf und schrieb die ausgear-
beiteten Werke rasch in einem Zug nieder (vgl. Zitat). Seine Musik bezeugt
tiefstes seelisches Empfinden und ideale Schönheit.
Vater Leopold erkannte und förderte schon früh die außergewöhnliche
Begabung und zeigte das Wunderkind zusammen mit der Schwester auf
Konzertreisen durch Europa, wo dessen Kompositionen, Improvisationen
und Virtuosität bestaunt wurden und er die besten Musiker seiner Zeit
kennen lernte.

Kurz-
biografie:
WOLFGANG
AMADEUS
MOZART,
1756 bis
1791

- ⦿ **1769 – 1781** Konzertmeister in Salzburg beim Fürsterzbischof
- ⦿ **1769 – 1773** Reisen nach Italien, **1777** nach Mannheim und Paris
- ⦿ **1781** nach Zerwürfnis mit dem Erzbischof als freier Künstler in Wien, lebte
  von Unterricht, Kompositionen und Konzerten
- ⦿ **1782** Heirat mit Constanze Weber, 6 Kinder; Freundschaft mit HAYDN und
  Baron van Swieten, für den er 4 Oratorien HÄNDELS bearbeitete
- ⦿ **1784** Eintritt in Freimaurerloge; Reisen: Prag (**1787** Uraufführung von
  Don Giovanni), Dresden, Leipzig, Berlin (**1789**), in Frankfurt spielte er zur
  Kaiserkrönung Leopolds II. (**1790**) die Klavierkonzerte KV 459 u. 537
- ⦿ **1791** nach Vorahnungen starb MOZART während der Arbeit am *Requiem*
- ⦿ Werke aller Gattungen (KV – Köchelverzeichnis), über 20 Bühnenwerke:
  opera seria: *Idomeneo* KV 366 (1781), *La clemenza di Tito* KV 621 (1791); opera
  buffa: *Don Giovanni* KV 527 (1787), *Cosí fan tutte* KV 588 (1790); Singspiel:
  Die Entführung aus dem Serail KV 384 (1782), *Die Zauberflöte* KV 620 (1791);
  17 Messen: Krönungsmesse KV 317 (1779), *Requiem* d-Moll; 41 Sinfonien, 25
  Klavierkonzerte, 5 Violinkonzerte, Konzert für Flöte und Harfe KV 299 (1788),
  26 Streichquartette, 18 Klaviersonaten

Beispiel

In MOZARTs Sonate KV 545 (1788) bilden die beiden Motive in T. 1 und 2 die erste Gestalt, die mit ihrer Variation in T. 3 und 4 das erste Thema ergeben. Es erklingt über einer Kadenz in pulsierenden Achteln der linken Hand. Das zweite Thema in T. 14–17 kontrastiert durch den abwärts gerichteten Dreiklang und eine bogenförmige Melodie über den Sechzehnteln der linken Hand. In T. 22–24 wandelt sich eine Variation aus dem 1. Thema in die emphatisch gesteigerte Gestalt des 2. Themas.

Abb. 6.2: MOZART, Sonata facile, Exposition

1. Kopfsatz	2. Liedsatz	3. Tanzsatz	4. Finalsatz
oft ernst, schnell, energisch in Sonatensatzform	oft langsam und lyrisch Liedform oder Thema mit Variation in verwandter Tonart	Menuett in ABA-Form seit BEETHOVEN Scherzo kann entfallen	schnell und heiter oft in Rondo- oder Sonatensatzform

Tab. 6.1: Formschema der klassischen Sonate

langsame Einleitung	Charakter oft majestätisch, schreitend nicht immer vorhanden
Exposition	Aufstellung der beiden Themen, die Exposition wird in der Regel wiederholt
Hauptsatz	Hauptthema, oft energisch, in der Haupttonart
Überleitung	Fortspinnung des Themas oder neues Material moduliert in die Tonart des Seitensatzes
Seitensatz	Seitenthema, oft weich, kantabel steht in der Dominante (D) bei Durtonika, bei Molltonika in deren Parallele (tP), Fortführung des Seitenthemas
Schlussgruppe	steht in der Dominante bzw. Tonikaparallele bringt neues motivisches Material oder bezieht sich auf den Hauptsatz, oft Dreiklänge und Tonleiterpassagen (Wiederholung der Exposition)
Durchführung	Themen und Motive werden verkürzt und variiert, wandern durch die Instrumente und modulieren in entferntere Tonarten, die Durchführung endet oft auf der Dominante (Halbschluss)
Reprise	nimmt die Exposition wieder auf; mehr oder weniger verändert
Hauptsatz	wie in der Exposition, Überleitung moduliert nicht
Seitensatz	bleibt in der Haupttonart
Schlussgruppe	in der Haupttonart
Coda	Abschluss des Satzes durch Steigerung zum Höhepunkt oder als besinnlicher Rückblick (Reminiszenz), nicht immer vorhanden

Tab. 6.2: Sonatensatzform (auch Sonatenhauptsatzform)

Im Rückblick des 19. Jahrhunderts auf die Werke der Wiener Klassik wurde dieses Formmodell als Muster- und Regelfall zu deren Erklärung entwickelt, wovon diese jedoch in vielfältiger Weise abwichen. Erst mit den Spätwerken HAYDNS und MOZARTS war die Form voll ausgebildet, in den Werken BEETHOVENS wurde sie bereits erweitert und umgewandelt. In der Romantik wurde die Form teils als verpflichtende Norm anerkannt, teils als beengende Einschränkung umgangen. Die Sonate verlor in der **Romantik** gegenüber den kleineren lyrischen Stücken an Bedeutung; ihre Sätze, die auch drei bis vier Themen beinhalten konnten, wurden gelegentlich verschmolzen. **Charakterstück, Fantasie, Variation und Etüde** eigneten sich besser, die poetischen oder virtuosen Ideen der Romantiker auszudrücken, als die durch ihre formale Strenge und das Modulationsschema einengende Sonate. Im **20. Jahrhundert** orientierten sich immer noch viele Komponisten an der Sonate, so die **Neoklassizisten** wie HINDEMITH, aber auch Vertreter atonaler Musik wie EISLER. Die Sonate wurde zum Gerüst einer neuen Klanglichkeit.

6.3 Sinfonie

Die **Sinfonie der Klassik** ist ein mehrsätziges, größeres und anspruchsvolles **Werk für Orchester** in der **Form einer Sonate**. Sie ist die repräsentativste Gattung der Instrumentalmusik, ein Höhepunkt in der Entwicklung der Instrumentalmusik seit 1600 und gilt als Inbegriff **absoluter Musik**. In ihr drückten die Komponisten ihre bedeutsamsten musikalischen Gedanken aus, sie richtet sich in ihrer Spätform mit den ihr innewohnenden Ideen an die ganze Menschheit. Formal gleicht sie der Sonate, unterscheidet sich von dieser aber durch die orchesterspezifisch reicheren klanglichen und dynamischen Ausdrucksmöglichkeiten.

Sinfonia (it. aus gr.: Übereinstimmung, Zusammenklang) hießen im 17. Jahrhundert die Ouvertüren und Zwischenspiele in Opern und Oratorien, seit 1650 auch der Einleitungssatz der Suite. Die Sinfonia war bereits dreiteilig angelegt (schnell – langsam – schnell), mit einem energischen Allegro, einem kantablen überleitenden Mittelteil und einem lebhaften Tanzsatz im Dreiertakt. Losgelöst wurde sie bald auch zum selbstständigen Konzertstück bei festlichen Anlässen.

Wie die gesamte Musik nahm auch die Sinfonie am Geschmackswandel und damit zugleich am **Stilwandel** um 1730 teil. Der komplexe spätbarocke Stil wurde durch eine neue einfachere, kadenzierende Harmonik auf Grundlage der Melodielinie, durch Symmetrie der Perioden und durch transparentere Satzweise abgelöst.

Die **Entwicklung, Abwandlung und Verarbeitung des thematischen Materials**, die **Dreiteiligkeit** durch Wiederaufnahme des 1. Teils (**Reprise**) und die Einführung eines **zweiten kontrastierenden Themas** führten in der Folge zur Form des **Sonatenhauptsatzes**.

Als dritter Satz vor dem Finalsatz wurde in die Sinfonie (außer in Norddeutschland) ein **Menuett** eingefügt.

An der Entwicklung beteiligt war:
- ◉ **Oberitalien** mit SAMMARTINIS schwungvoll pulsierenden, dreisätzigen Sinfonien;
- ◉ der im italienischen Stil mit sanglicher Melodik und kontrastierenden Motiven komponierende J. CHR. BACH;
- ◉ die **Berliner Schule** unter Friedrich II., die mit C. PH. E. BACH eher die barocke Tradition mit ernsterem Charakter ohne Menuett pflegte und

- die **Mannheimer Schule** mit ihrem Gründer Stamitz und zwei Generationen von hervorragenden Musikern und Komponisten wie Richter, Holzbauer und Filtz, die Wesentliches zur Sinfonie beisteuerten. Das hervorragend besetzte und disziplinierte Orchester des Kurfürsten Karl Theodor brachte die folgenden Neuerungen in die Entwicklung ein:
  - Die Komposition ging ohne Generalbasskonzeption von der Melodie aus;
  - die geradzahlige Motivgliederung zeigte klare, tanznahe Periodik;
  - die kleingliedrige Themenstruktur erlaubte Verkürzung und Abwandlung, die als **Mannheimer Manieren** bekannten Effekte wie z. B. das crescendo bei gleicher Harmonik, f/p-Effekte auf kleinstem Raum und ein selbstständiger und reicher Bläsersatz, der erst in der späten Wiener Klassik wieder erreicht wurde.

Josef Haydn war der eigentliche **Schöpfer der klassischen Sinfonie**. Er fasste in seinem 104 Sinfonien umfassenden Werk, das sich über alle Schaffensperioden erstreckte, die vorausgegangenen Einflüsse zusammen und prägte in den späteren Sinfonien den klassischen Typus aus. Seine Kompositionen zeugen von großer **melodischer Erfindungskraft**, **geistvoller thematischer Arbeit und Instrumentation** sowie **überraschenden bis humorvollen Einfällen**.

Die eigentliche Geschichte des **Idealtypus Sinfonie** beginnt erst ab 1780 mit den vollgültigen Meisterwerken Haydns (6 *Pariser*, 12 *Londoner Sinfonien*) und Mozarts (vor allem der drei letzten 1788 komponierten *Es-Dur*, *g-Moll*, und *C-Dur* (*Jupiter*)). Mozarts sinfonisches Schaffen kennzeichnet **Eleganz und Kantabilität**.

Beethovens sinfonischer Stil war schon mit seinen ersten beiden 1800 und 1802 entstandenen Sinfonien voll ausgebildet. Das Orchester war jetzt regelmäßig mit je zwei Flöten, Oboen, Klarinetten, Fagotten, Hörnern, Trompeten und Pauken besetzt. Ab der zweiten Sinfonie schrieb er ein **lebhaftes Scherzo anstelle des langsameren Menuetts**.

Mit Beethovens 3. Sinfonie, der *Sinfonia Eroica*, begann der Typus der **Ideensinfonie**, zu der auch seine 5. und 9. Sinfonie zu zählen sind. Alle Sinfonien haben eine eigene unverwechselbare Gestaltung mit zwingendem thematischen Zusammenhang aller Teile, harmonischer Kühnheit, rhythmischer Vitalität und Themen mit großer Prägnanz und Aussage.

Von seinen vielfältigen Gestaltungsideen sind viele spätere Komponisten angeregt worden. So finden wir z. B. die **Einbeziehung des Chores** bei Mendelssohn-Bartholdy und Mahler, die **Fünfsätzigkeit** bei Berlioz, die Einbeziehung von **poetischen Ideen** wie Eindrücke von **Landschaften** bei SCHUMANN und MENDELSSOHN-BARTHOLDY, die motivische **Rückblende im Finalsatz** bei BRUCKNER und DVOŘÁK.

Kurz-
biografie:
LUDWIG VAN
BEETHOVEN,
1770 bis
1827

„Höheres gibt es nicht,
als der Gottheit sich
mehr als andere Menschen nähern
und von ihr aus die Strahlen der
Gottheit unter das Menschenge-
schlecht zu verbreiten."

Abb. 6.3: BEETHOVEN GEHT SPAZIEREN

- ⊙ **1781** gefördert durch Hoforganist C. G. NEEFE, Bonn
- ⊙ **1787** nur einige Wochen lang Schüler MOZARTS in Wien, wegen Tod der Mutter Rückkehr nach Bonn
- ⊙ **1792** endgültige Übersiedlung nach Wien, Unterricht bei SALIERI u. a., unregelmäßig auch bei HAYDN; lebte als freischaffender Künstler von Unterricht, Konzerten und Kompositionen; Empfehlung beim Adel (Lichnowsky, Esterházy, Brunswick u. a.) durch Graf Waldstein
- ⊙ **ab 1795** beginnendes Gehörleiden, zunehmende Schwerhörigkeit, ab **1818** vollständig taub; „Heiligenstädter Testament" (1802), Rückzug aus der Gesellschaft, Isolierung, Konversationshefte, künstlerische Gestaltungskraft und Fantasie blieben durch inneres Vorstellungsvermögen erhalten und führten zusammen mit seinem Kunstverständnis und den Idealen Freiheit und Brüderlichkeit zu einem Werk mit tiefer innerer Bedeutsamkeit und Ausstrahlung, getragen vom neuartigen, ethisch fundierten Sendungsbewusstsein des Künstlers (vgl. Zitat).
- ⊙ **Werke: 3 Perioden:** erste Periode bis 1802, mittlere Periode bis 1814, dann Spätwerk; 9 Sinfonien, Konzerte: 5 Klavierkonzerte, Tripelkonzert für Vl., Vc. u. Kla. (1804), Violinkonzert D-Dur (1806); Oper: *Fidelio* (1805); 2 Messen: *Missa solemnis* (1823); Ouvertüren, Schauspielmusiken; 32 Klaviersonaten: c-Moll op.13 *Sonate pathétique* (1798), cis-Moll op.27,2 *Sonata quasi una Fantasia* (1801, sogenannte *Mondscheinsonate*), B-Dur op.106 *Große Sonate für das Hammerklavier* (1818); 16 Streichquartette, 9 Klaviertrios, 10 Violinsonaten, Klaviervariationen, *Diabelli-Variationen* 1823, u. a.

BEETHOVENS *5. Sinfonie c-Moll* (1808) beginnt mit einem Klopfmotiv aus vier, unisono vom Orchester gespielten Tönen von elementarer Wucht und Eindringlichkeit, welche durch die sofortige Sequenzierung (Wiederholung auf einer anderen Tonstufe) noch verstärkt wird:

Beispiel >>

Abb. 6.4: Klopfmotiv

Das **Hauptthema** entsteht durch mehrfaches Übereinanderschichten des Urmotivs zunächst in der Tonika (c-Moll), dann mit erhöhter Spannung in der Dominanttonart (G-Dur):

Abb. 6.5: Hauptthema

Auch die **Fortsetzung des Hauptthemas**, in welcher neue Schubkraft entwickelt wird, beschränkt sich auf Weiterentwicklungen des Urmotivs:

Abb. 6.6: Fortsetzung des Hauptthemas

Die Überleitung zum lyrischen, weich fließenden **Seitenthema** in Es-Dur bildet ein Hornsignal, zusammengesetzt aus dem Urmotiv und zwei abwärtsgerichteten Quinten:

Abb. 6.7: Seitenthema

>> Beispiel

In der **Schlussgruppe** wird das Urmotiv in abwärts führende Tonleitern und Akkorde umgewandelt:

Abb. 6.8: Schlussgruppe

Die Durchführung wird dominiert vom hämmernden Rhythmus des Urmotivs.

Abb. 6.9: Urmotiv

Das Hauptmotiv in der Exposition von Streichern gespielt, wird nun vom Horn übernommen, die Überleitung zum 2. Thema, in der Exposition vom Horn gespielt, wird von den Streichern übernommen. Das Seitenthema ist auf seine Einleitung, die aus dem Motiv des ersten Themas besteht, reduziert und wird dann auch noch zerstückelt.

Die Reprise entspricht der Exposition und ist nur durch einen eingeschobenen Kadenztakt der Oboe, allerdings mit großer Wirkung und Aussage, erweitert.

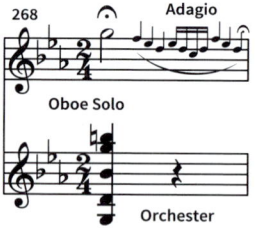

Abb. 6.10: Reprise

Die **Coda** schärft die harmonische Wirkung des Urmotivs und führt zu einer ekstatischen Steigerung.

6.4 Solokonzert

Das klassisch-romantische Solokonzert kann mit einigen charakteristischen Änderungen als **Sonate für Orchester und Soloinstrument** definiert werden. Es hat gegenüber Sonate und Sinfonie wie schon im Barock **nur drei Sätze**, den schnellen, energischen **Kopfsatz** in der Sonatenhauptsatzform, den kantablen **Liedsatz** und den **Finalsatz**, spielerisch bis virtuos, meist in Rondoform. Der **Tanzsatz fehlt**.

Nach der **Orchesterexposition** ohne Solist, in welcher das Haupt- und Seitenthema meist etwas kürzer und schmuckloser vorgestellt werden und das Seitenthema in der Haupttonart verbleibt, folgt nicht die übliche Wiederholung der Exposition, sondern die **Soloexposition**. Der Solist spielt vom Orchester begleitet eine ausdrucksvollere und stärker ausgezierte Fassung der Themen. Der Seitensatz wechselt nun wie in der Sonate in die Dominante oder in die Tonikaparallele (bei Haupttonart in Moll). Die **Soloexposition** ist durch den Dialog zwischen Solist und Orchester und die eingefügten Solopassagen **länger** als die Orchesterexposition.

Am Ende der **Reprise** steht als Höhepunkt des Satzes ein solistischer Einschub, die **Solokadenz**. Sie wird eingeleitet vom Orchester mit dem typischen Quartsextakkord. Man sieht den Quartsextakkord der Tonika z. B. in einem Konzert in c-Moll: g–c–es, funktional ist er aber als Vorhaltsquartsextakkord der Dominante zu verstehen, der sich am Ende der Kadenz in die Dominante auflöst. Der Solist hat hier die Möglichkeit, ohne Orchester seine virtuose und künstlerische Ausdruckskraft zu beweisen. Er kann dabei auf die vom Komponisten oder von anderen Interpreten bereits vorliegenden Kadenzen zurückgreifen oder selbst eine solche komponieren bzw. improvisieren, was bis BEETHOVEN üblich war. Der Solokadenz liegt oft motivisches Material des vorausgegangenen Satzes zugrunde, sie kann aber auch völlig neue Musik beinhalten.

Die große **Faszination des Solokonzerts** beruht auf
- ⊙ der **Farbigkeit einer Sinfonie** mit ihren gegensätzlichen Themen, der motivisch-thematischen Verwandlung und Verarbeitung, der Kontraste in Klangfarbe und Satzstruktur,
- ⊙ dem ausdrucksvollen und technisch brillanten Spiel des gefeierten **Virtuosen** und zusätzlich
- ⊙ dem **Klangkontrast** zwischen Soloinstrument und Orchester, welcher schon im Barock ein wichtiges Merkmal der Attraktivität eines Konzerts bildete.

Beispiel >>

Abb. 6.11: BEETHOVEN, Klavierkonzert Nr. 3, Hauptthema in Tutti- und Soloversion

Der Vergleich des Hauptthemas aus BEETHOVENS Klavierkonzert Nr. 3 c-Moll op. 37 (1800) in Solo- und Orchesterfassung zeigt deutlich den Aufbau eines Themas aus **8-taktiger Periode mit Vorder- und Nachsatz** sowie die knappe Vorstellung eines Themas in der **Tutti-Exposition** gegenüber der ausgeschmückteren, virtuoseren **Solofassung**. Das **Hauptthema** (T. 1–8) von eher ernstem, energischem Charakter, aus dem aufsteigenden Dreiklang und der abwärtsführenden Tonleiter mit doppelter Kadenzierung bestehend, zeigt schon in sich selbst die Merkmale Kontrast und Weiterentwicklung. Das 4-taktige Motiv, im Vordersatz unisono auf der Molltonika (c-Moll) erklingend, wird im Nachsatz auf der Dominante (G-Dur) wiederholt und ist harmonisch ausgefüllt. Die Weiterführung des Hauptthemas (T. 9 – 16) zeigt sich lyrisch fließend, aus Sekundschritten bestehend mit einem typischen Seufzervorhalt im jeweils 2. Takt des zweimal höher wiederholten Zweitaktmotivs.

>> Beispiel

In der Soloversion des Seitenthemas wird die virtuosere Ausgestaltung gegenüber der Tuttiversion z. B. mit den Sechzehntelläufen über Achteltriolen besonders deutlich:

Abb. 6.12: Beethoven, Klavierkonzert Nr. 3, Seitenthema in Tutti- und Soloversion

6.5 Streichquartett

„Man hört vier vernünftige Leute sich untereinander unterhalten, glaubt ihren Discoursen etwas abzugewinnen und die Eigenthümlichkeit der Instrumente kennenzulernen."

J. W. VON GOETHE

Das **Streichquartett**, Bezeichnung für ein Ensemble aus zwei Violinen, Viola und Violoncello und die Kompositionen dafür, gilt allgemein als **anspruchsvollste und typisch klassische Gattung der Kammermusik**. Alle beteiligten Streichinstrumente gehören zur Familie der **Violineninstrumente**, die sich auszeichnen durch

- einen **enormen Tonumfang** von vier Oktaven (Vl: $g - g^4$, Vla: $c - c^4$, Vc: $C - c^3$), der sich gegenseitig überlappt,
- **vielseitige klangliche Möglichkeiten** durch verschiedene Artikulation und Bogentechnik, große dynamische Flexibilität, die Möglichkeit zu schnellsten Passagen, großen Sprüngen und mehrstimmigem Spiel.

Sie sind in gleicher Weise zu solistischem wie begleitendem Spiel geeignet. Die beiden Violinen entsprechen in etwa den menschlichen Stimmgattungen **Sopran** und **Alt**, die Viola dem **Tenor** und das Violoncello dem **Bass**. Schon seit der Vokalpolyphonie der Renaissance galt die **Vierstimmigkeit als vielseitigste Satzgrundlage**.

Leicht aufführbar, da nur vier Musiker beteiligt sind, war das Streichquartett die ideale Versuchsgattung für neue musikalische und formale Ideen. Die Schwierigkeit der Literatur reichte von leichten Stücken für den Liebhaber (**Dilettant**, it.: *diletto* – Vergnügen) der bürgerlichen Hausmusik bis zu virtuosen Quartetten, in welchen auch Berufsmusiker durch solistische Aufgaben herausgefordert wurden. In der Regel gibt es vielschichtige motivisch-thematische Verflechtungen zwischen allen vier Stimmen im Gegensatz zu den mehr flächig plakativen Themen der klassischen Sinfonien.

Entstanden ist das Streichquartett um 1700 aus der barocken **Triosonate** für zwei Melodiestimmen und Generalbass. Die Bratsche übernahm beim Wegfall des Generalbasses im reinen Streicherklang die rechte Hand des Cembalos als „obligates Accompagnement". Die ersten Quartette besaßen noch unterhaltenden Divertimentocharakter. Die weitere Entwicklung der Gattung führte jedoch bis zu den dichten musikalischen Kunstwerken der späten Quartette BEETHOVENS, in welchen polyphone Strukturen, die Dramatik der Sonatenform und die poetischen Einflüsse der beginnenden Romantik in der konzentrierten Form der Kammermusik zusammengefasst wurden.

HAYDN begründete das klassische Streichquartett und führte es in seinen ca. 80 Quartetten auch zur Vollendung. Bei der Veröffentlichung seiner Streichquartette op. 33 bemerkt HAYDN dazu, dass diese *„auf eine gantz Besondere art"* komponiert seien. Er übertrug die motivisch-thematische Arbeit der Sinfonie auf das Quartett in der Art, dass analog zur barocken Fuge alle vier Stimmen an der Entwicklung der thematischen Gedanken beteiligt wurden, wodurch ein großer Beziehungsreichtum der Stimmen untereinander und eine satztechnische Verdichtung erreicht wurde.

Da die innere Struktur des Streichquartetts mit seiner Beteiligung aller Stimmen, der polyphonen Strenge und Ausgewogenheit eher klassisch bestimmt war, schrieben in der **Romantik** nur die der konservativen Richtung zugerechneten Komponisten um SCHUMANN und BRAHMS Streichquartette, während von LISZT und WAGNER keine Werke dieser Gattung vorliegen. Viele Streichquartette entstanden auch in Frankreich (SAINT-SAENS, FRANCK, FAURÉ) und in osteuropäischen Ländern (TSCHAIKOWSKI, BORODIN, DVOŘÁK, SMETANA).

Als Beiträge des **20. Jahrhunderts** zum Streichquartett sind die Streichquartette der 2. Wiener Schule um SCHÖNBERG, WEBERN und BERG und die sechs Streichquartette BARTÓKS zu nennen, aus jüngerer Zeit NONO (*Stille, Fragmente, An Diotima*) und SCHNITTKE.

Im gegenwärtigen Konzertbetrieb ist auffällig, dass viele der äußerst virtuosen Kammermusikensembles eine Ausweitung des Repertoires zu erzielen versuchen. Bemerkenswert sind etwa Kompositionen aus dem Bereich der Minimal Music von PHILIP GLASS (*Streichquartett Nr. 2* aus dem Jahr 1966) oder von STEVE REICH (*Different Trains* für Streichquartett und Tonband von 1988).
Aber auch „Ausflüge" etwa in die Folkmusik oder den Jazz dienen diesem Zweck. Besonders das KRONOS QUARTETT tut sich in dieser Frage hervor. So erschien beispielsweise im Jahr 2005 eine Aufnahme mit dem Titel *Monk Suite: Kronos Quartet Plays Musik of Thelonious Monk*. Bei den Aufnahmen mit Werken des Jazzpianisten MONK wurde das Quartett vom Bassisten RON CARTER begleitet.

Beispiel

Im 1797 während der Arbeit am Oratorium *Die Schöpfung* entstandenen Streichquartett op. 76,3 komponierte HAYDN im 2. Satz vier cantus-firmus-Variationen über sein eigenes Lied *Gott erhalte Franz den Kaiser*, das er anlässlich dessen Geburtstag geschrieben hatte.

Die 1. Violine spielt die Melodie, die 2. Violine eine zweite Stimme im gleichen Rhythmus. Viola und Cello begleiten:

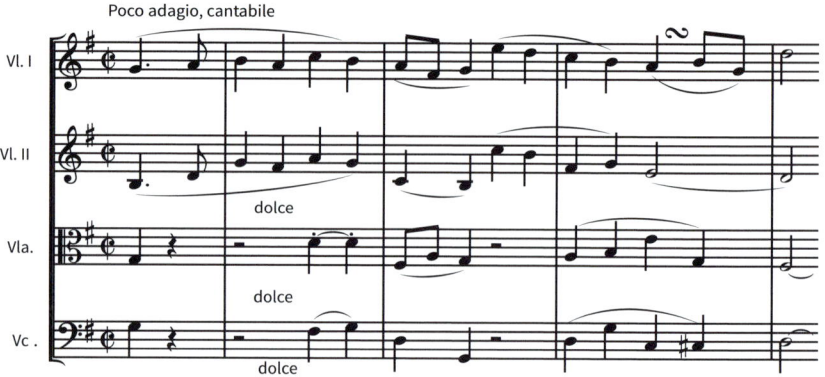

Abb. 6.13: HAYDN, Kaiserquartett op. 76

In der 2. Variation spielt das Violoncello die Melodie, die 2. Violine eine darüberliegende zweite Stimme. Die Violine 1 umspielt beide Melodiestimmen mit synkopischen Vorhaltsbildungen, während die Viola nur eine harmonische Füllstimme beisteuert:

Abb. 6.14: HAYDN, Kaiserquartett op. 76, 2. Variation

„ich war von der Welt abgesondert, Niemand in meiner Nähe konnte mich an mir selber irremachen und quälen und so musste ich original werden."

Kurz-biografie: JOSEF HAYDN, 1732 bis 1809

⊙ **1740** Sängerknabe am Stephansdom in Wien

⊙ **1749** nach Stimmbruch „kummerhafte" Jahre als Gelegenheitsmusiker durch Unterricht und Spiel, unter anderem bei N. Porpora

⊙ **1759** Kapellmeister bei Graf Morzin zu Lukawitz bei Pilsen

Abb. 6.15: JOSEF HAYDN

⊙ **1761–1790** Vizekapellmeister am Hof der Fürsten Esterházy, ab 1762 bei Fürst Nikolaus, „dem Prachtliebenden" in Eisenstadt; ab 1769 Sommeraufenthalt im Schloss Esterházy am Neusiedler See, Winter im Stadtpalais in Wien, Musikerfamilien mussten in Wien bleiben: Entstehungsursache der *Abschiedssinfonie* (1772)

⊙ **1766** 1. Kapellmeister, wöchentliches (!) Arbeitspensum: zwei Opernaufführungen, zwei Orchesterkonzerte, dazu Kirchenmusik sowie viele Kammermusiken in Schloss und Park

⊙ **1790** nach Tod des Fürsten und Auflösung der Kapelle lebte „Papa" HAYDN mit guter Pension als in ganz Europa hoch geachteter Komponist in Wien

⊙ **1790 u. 1794** zwei Reisen nach England, Londoner Sinfonien, Anregung durch Händel-Oratorien zu Komposition eigener Oratorien

⊙ **Werke:** (Hob. = Hoboken-Verzeichnis) 104 Sinfonien: z. B. Nr. 6 – 8 Programmsinfonien *„Le matin …"* (1761), Nr. 73 *„La chasse"* (1781), Nr. 93 – 104 *Londoner Sinfonien*; Divertimenti, 24 Klavierkonzerte, 24 Konzerte für verschiedene Instrumente mit Orchester, 10 erhaltene Opern, 14 Messen, Oratorien: *Die Schöpfung* (1798), *Die Jahreszeiten* (1801); Solokantaten, Lieder; 83 Streichquartette: *Russ. Streichquartette op.33* (1881); Streichtrios, Klaviertrios, 52 Klaviersonaten

6.6 Variation

Variation (lat.: *variatio* – Veränderung) meint im weiten Sinne **jede abwandeln-de Veränderung** und ist mit **Wiederholung und Kontrast** ein Grundprinzip jeder künstlerischen Gestaltung. Bei **Improvisation** oder **Komposition** von Musik werden jeweils einige der Parameter Melodik, Rhythmik, Harmonik, Klangfarbe, Dynamik, Besetzung usw. verändert, nie jedoch alle gleichzeitig. Variation entspricht dem Urbedürfnis des Musikers, in Komposition und Impro-visation seine kreative Phantasie und sein instrumentales Können unter Beweis zu stellen. Ein großer Reiz beim Hören von Musik besteht darin, dem Bekannten in immer neuem variierten Gewand zu begegnen, es bewusst oder unbewusst wiederzuerkennen und sich dabei vom Unbekannten überraschen zu lassen.

Variation wird oft in größeren Formen verwendet, um **Wiederholungen aus-zuschmücken**, so z. B. bei der Reprise der Da-capo-Arie (→ Seite 68) oder der Soloexposition im klassisch-romantischen Solokonzert. Variation im engeren musikalischen Sinne bezeichnet eine **Reihungsform**, in welcher ein meist kurzes, prägnantes Modell verschiedenen exemplarischen Veränderungen unterworfen wird.

Bis ins 18. Jahrhundert wurde die **Variationenreihe** durch die formbildende Kraft des Themas zusammengehalten, da sich die Variationen in der Regel auf die Umgestaltung der Melodie oder des Begleitsatzes beschränkten (z. B. BACH, *Goldberg-Variationen* 1742).

Einen vorläufigen **Höhepunkt** erreichte die Gattung Variation in der Klassik durch die neue Ausprägung der **Charaktervariation** in Verbindung mit moti-visch-thematischer Arbeit. Vor allem mit MOZART und BEETHOVEN vollzog sich eine starke Weiterentwicklung zum **Variationenzyklus**, welcher die einzelne Variation als funktionales Glied einer größeren Einheit begriff, analog zur So-natenentwicklung.

Die wachsende Differenzierung und Kontrastwirkung vor allem der **Charak-tervariationen** machten eine formbildende Klammer notwendig, wie z. B. die innere Bezugnahme der Elemente oder der formbildende Rahmen durch Wie-deraufgreifen des Themas am Schluss der Variationen, bzw. durch Ergänzung von Introduktion und Coda. Vor allem ab der Romantik endete der Variationen-zyklus oft mit einer Fuge.

Zur besseren Unterscheidung der konstanten und variablen Elementen versucht die **Formenlehre** die vielfältigen, im Verlauf der Musikgeschichte entstandenen Ausprägungen der Variation in systematischen Kategorien, wie etwa den
folgenden, zu erfassen.

Cantus-firmus-Variation: Die Melodie bleibt als „feststehender Gesang" erhalten, alle anderen Elemente wie z. B. Harmonik, Rhythmik oder Instrumentation
können verändert werden. Zu einem gleichbleibenden Thema können jeweils
neue kontrapunktierende Stimmen hinzugesetzt werden, so z. B. in den Messen
und Motetten der Niederländischen Vokalpolyphonie (→ Seite 50 und HAYDNS
Kaiserquartett, Seite 162).

Melodievariation/Figuralvariation: Vor allem die Melodie wird durch „Figu-
rierung", durch Verzierungen, durch Takt- oder Tonartwechsel, durch Motivveränderungen und -abspaltungen umgestaltet, während das Melodiegerüst des
Themas in Form und Harmonik erhalten bleibt.

Beispiel

Abb. 6.16: MOZART, Klaviersonate A-Dur KV 331

Ostinatovariation: über einer ständig wiederholten, vier- oder achttaktigen **Bassmelodie**, oft mit zugehöriger kadenzierender Akkordfolge, werden immer neue melodisch-rhythmische Variationen entwickelt, meist **Chaconne** oder **Passacaglia** genannt. Berühmte **Beispiele**:

◉ BACHS Thema der *Passacaglia* (und Fuge) *c-Moll* BWV 582 zeigt einen 8-taktigen, streng symmetrischen Aufbau. Es beginnt und endet mit einem Quintsprung, die erste 4-taktige Themenhälfte steigt, die zweite fällt nach der Mittelzäsur. Über dieser Bassmelodie erklingen 20 Variationen, die nach Zahlenproportionen gruppiert und symmetrisch um eine zentrale Achse geordnet sind.

Abb. 6.17: BACH, Passacaglia c-Moll, Thema

◉ BRAHMS, Finalsatz der 4. Sinfonie, Chaconne über ein Thema aus der Bach-Kantate BWV 150. Das 4-taktige im 3/2 Takt stehende Thema aus der Bachkantate wird von Brahms eine Quinte höher als Melodiestimme seines 8-taktigen Chaconne-Themas verwendet. Den 4. und 5. Melodieton verbindet er mit einem chromatischen Zwischenton, anstelle des Oktavsprungs abwärts springt BRAHMS nur bis zum Leitton dis von E-Dur.

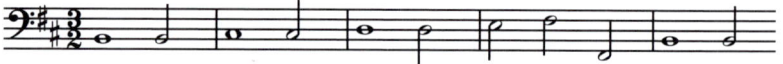

Abb. 6.18: BACH, Kantate BWV 150, Thema des Schlusschors

Abb. 6.19: BRAHMS, 4. Sinfonie, 4. Satz, Thema der Chaconne

Charaktervariation/Phantasievariation: spezielle Motive oder harmonische Wendungen des Themas werden aufgegriffen und melodisch, rhythmisch und harmonisch so stark verändert, dass ein eigenständiger, zur der Vorlage kontrastierender Charakter entsteht.

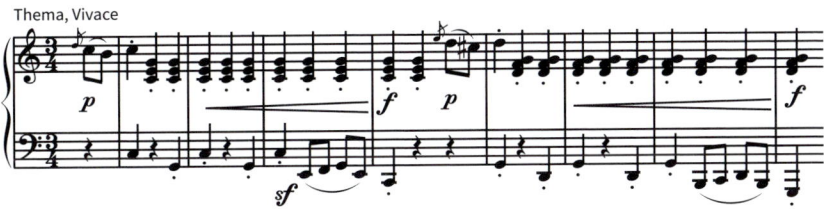

Abb. 6.20: BEETHOVEN Diabelli Variationen

SCHUBERTS und MENDELSSOHNS Variationen sind Folgen von Stimmungsbildern. SCHUMANN jedoch setzt bei der Variation von Motiven an. Seine Fantasievariation *Carnaval* (1834/35) besteht aus einer losen, dabei poetisch begründeten Folge von Charakterstücken.

Die Variationenwerke von BRAHMS und REGER orientieren sich eher an BACH und BEETHOVEN.

Variation Tipp
Hören Sie mehrere größere Variationenwerke, lesen Sie dabei in den Noten mit. Machen Sie sich bewusst, welche Variationenwerke Sie schon im Instrumenalunterricht erarbeitet haben. Erkennen Sie in den Beispielen die Grundtypen der Variation.

Im **20. Jahrhundert** wird die Variation als zyklische Reihungsform durch STRAUSS, SCHÖNBERG, WEBERN, STRAWINSKI, HINDEMITH u. a. wieder aufgegriffen. Sowohl 12-Ton-Musik als auch die serielle Technik verwenden Variationen der entsprechenden Grundreihen als grundlegendes Kompositionsprinzip.

Die um 1970 nach dem Vorbild der Minimal Art entstandene Minimal Music verwendet Variation auf neue, von fernöstlichen Musiktraditionen inspirierte Weise. Rhythmisch melodische Figuren (Pattern) werden wiederholt und minimal variiert. Durch Überlagerungen entstehen oft sehr lange dauernde, rhythmisch komplexe Klangflächen, deren Repetition tranceartige Wirkung zeigt.

Überblick

Über diese <u>Begriffe/Namen</u> sollten Sie gut Bescheid wissen:

- ⊙ Stilwandel um 1750
- ⊙ galanter und empfindsamer Stil
- ⊙ Sturm und Drang
- ⊙ Mannheimer Schule
- ⊙ 8-taktige Periode
- ⊙ standardisiertes Orchester
- ⊙ Streichquartett
- ⊙ Sonate (Gattung, Satzfolge)
- ⊙ Sonaten(haupt)satzform (Tonartenschema)
- ⊙ motivisch, thematische Verarbeitung
- ⊙ Themendualismus
- ⊙ Sinfonie
- ⊙ Menuett, Scherzo
- ⊙ Solokonzert
- ⊙ Solo- und Orchesterexposition
- ⊙ Solokadenz
- ⊙ Variation
- ⊙ HAYDN
- ⊙ MOZART
- ⊙ BEETHOVEN

Musik des 19. Jahrhunderts

7

Das 19. Jahrhundert wird als musikalische Epoche auch mit dem von der Literatur geprägten, musikalisch unscharfen Begriff Romantik bezeichnet. Die Musik gilt als universale Kunst, die poetischen Gehalt übermittelt und durch die direkt das Innere des Menschen ausgedrückt und angesprochen werden kann. Subjektives, fantasievolles Gefühl verdrängt die Ausgewogenheit von Form und Inhalt der Klassik.

Eine Reihe gemeinsamer, oft aber auch widersprüchlicher Merkmale wird der Romantik zugeordnet:

- ⊙ Überlieferte **Formen** werden durch phantasievolle Ausgestaltung **überlagert und teilweise aufgelöst**.
- ⊙ Stimmungsvolles, Sagenhaftes, Phantastisches, Fremdes, Volkstümliches, Verklärung der Vergangenheit, Naturgefühl und Todessehnsucht sind die beherrschenden und gemeinsamen **Themen** aller Künste.
- ⊙ Der Typ des romantisch **freischaffenden Künstlers** umfasst die Extreme vom weltabgeschiedenen Einzelgänger bis zum umjubelten Star. Er wagt und lebt stellvertretend für den „spießigen" Bürger die Träume und das Extreme, das auch den Bereich des Dämonischen umfasste. Der Violinvirtuose PAGANINI schürte selbst den Publikumsglauben über seine Verbindung zum Dämonischen durch entsprechende Legenden.

  Der **Komponist** schreibt nun für ein anonymes Publikum im Zwiespalt zwischen dem hohen Anspruch eigener Ideen und einem gefälligen Publikumsgeschmack.
- ⊙ Der **Charakter der Kompositionen** spannt sich von volksliedhafter Schlichtheit bis zur Komplexität der virtuosen oder dramatischen Werke, ihre **Aussage** reicht von idealistischem Überschwang bis zu Parodie und Resignation.

Merke

Zeitgeschehen/Geistesströmung
- ⊙ Wiener Kongress 1814/15; danach Polizeiwillkür und Zensur
- ⊙ Märzrevolution 1848; Restauration
- ⊙ Industrielle Produktion (ab 1850); Verelendung, Massengesellschaft
- ⊙ Politischer Sozialismus (MARX); 2. Deutsches Reich (1871)
- ⊙ naturwissenschaftlich-technischer Fortschritt
- ⊙ Verstädterung; Rückzug ins Private; Kluft zwischen bürgerlicher Welt und Künstler und zwischen idealisiert Traumwelt und unerträglicher Realität
- ⊙ Das Bildungsbürgertum wird zum Träger von Kunst und Kultur

- ⊚ Das **klavierbegleitete Lied**, die romantische Idealverbindung von Poesie und Musik, wurde durch SCHUBERTS Schöpfungen zum **Kunstlied** und gewann als zentrale Gattung europäisches Ansehen.
- ⊚ Das **Volkslied** wird zum Idealtyp als Symbol des vom Menschen noch nicht kontrollierten Urwüchsigen.
- ⊚ Neben die Klaviersonate trat das poetisch erfüllte, formal freie **Charakterstück**, neben die Sinfonie die neue Gattung **Sinfonische Dichtung**, die durch ihre immer neuen Versuche, Gegenständliches in der Musik abzubilden, die Orchestersprache bereicherte.
- ⊚ Die **Oper** beschäftigte sich mit Sagen und Märchen, überwand die starre Form der Nummernoper und die verschiedenen Opernsparten. WAGNER schuf im Bemühen um das Gesamtkunstwerk das **Musikdrama** mit einer bis dahin unbekannten Verflechtung aller Teilkünste.
- ⊚ Die **Rückbesinnung auf vergangene Epochen** führte zur Neuentdeckung und zur kompositorischen Auseinandersetzung mit der Musik BACHS und PALESTRINAS.
- ⊚ **Hausmusik** und **Chormusik** erlebten in Verbindung mit dem Verlagswesen eine hohe Blüte als Ausdruck der bürgerlichen Kunstbeschäftigung, was gleichzeitig auch zur Entstehung und Verbreitung einer unterhaltenden Gebrauchsmusik (Salonmusik) führte.

Ließen sich in früheren Epochen z. B. mit Einführung und Wegfall des Generalbasses einigermaßen klare **Stilmerkmale** für Epochengrenzen aufzeigen, so gibt es zwischen Klassik und Romantik keinen eigentlichen Bruch. Noch während BEETHOVENS mittlerer Schaffensperiode waren die ersten „romantischen" Werke komponiert, so SCHUBERTS *Erlkönig* (1815) oder WEBERS *Freischütz* (1820). Die in der Klassik entwickelten Stilmittel wurden in der Romantik gesteigert, kompliziert und differenziert und schließlich bis zur Auflösung weitergeführt.

Merke

Stilphasen
- ⊚ 1. Frühromantik 1800–1830
  E. T. A. HOFFMANN, C. M. VON WEBER, F. SCHUBERT
- ⊚ 2. Hochromantik 1830–1850
  H. BERLIOZ, F. MENDELSSOHN-BARTHOLDY, R. SCHUMANN, F. CHOPIN, F. LISZT, R. WAGNER (Werke bis 1850)
- ⊚ 3. Spätromantik 1850–1890
  F. LISZT, R. WAGNER, A. BRUCKNER, J. BRAHMS, H. WOLF
- ⊚ 4. Nachromantik 1890–1914
  G. MAHLER, R. STRAUSS, M. REGER

7.1 Stilmittel der Romantik

Harmonik

Auf der bestehenden Grundlage des Dur-Moll-Systems wurden zunehmend spannungsvollere Klänge eingesetzt. Entfernte Tonarten, oft als **Medianten** eine Gegenwelt symbolisierend wurden einander in starkem Kontrast direkt gegenübergestellt oder durch zunehmende **Chromatisierung** unmerklich fließend verbunden. Auf der Suche nach verstärkter dominantischer Leitton-wirkung wurde der Akkordaufbau durch **Terzschichtungen** und **Alteration** komplizierter und harmonisch mehrdeutig. Unaufgelöste Dissonanzspan-nungen und harmonische Vieldeutigkeiten bereiteten den Boden vor für die Ausweitung und letztendlich die Aufhebung der Tonalität im 20. Jahrhundert.

Melodik

Die **8-taktige Periode** bildete noch oft, wenn auch verschleiert, die Grundlage der melodischen Erfindung. Im Gegensatz dazu stand die sehr lange, unsym-metrische Melodie (als **unendliche Melodie** von Wagner in den sinfonisch poly-phonen Orchestersatz eingewoben) und das **kurze Melodiefragment**. Melodi-en waren nun stärker an bestimmte harmonische Vorgänge und instrumentale Klangfarben geknüpft. Sie verloren ohne diese harmonische Begleitung viel von ihrer Wirkung und waren somit schwerer motivisch zu verarbeiten.

Dynamik und Artikulation

Dynamik und Artikulation wurden vom Komponisten sehr differenziert vor-gegeben. Sie erreichten extreme Spannbreiten und Kontraste bis zu feinsten Nuancierungen. Im Notentext erscheinen sie in einem sehr hohen Dichtegrad und binden die Ausführenden strikt an den ein Kunstwerk erschaffenden kom-positorischen Ausdruckswillen.

Klang

Instrumentale **Klangfarben** wurden bewusst **tonmalerisch** verwendet, so z. B. das Horn für Nacht und Wald. Auf der Suche nach neuen klanglichen Möglichkei-ten erkundeten die Virtuosen **extreme Klangbereiche** und **neue Spieltechni-ken** der Instrumente. Der Klang des romantischen Orchesters wurde bereichert durch hinzukommende Instrumente (Piccoloflöte, tiefe Holz- und Blechbläser, Schlagwerk), **differenzierte Instrumentation** und ungewöhnliche Spielweisen für effektvolle Tonmalereien (Flatterzunge, Glissando, Flageolett u. a.).

Rhythmus, Metrum, Tempo

Der **Akzentstufentakt** blieb weiter gültig, allerdings löste sich der Rhythmus oft von den Taktschwerpunkten. Vielfach wurden gerade und ungerade Rhythmus-schichten übereinandergelegt (Polyrhythmik).

Agogik

Zum schon im Barock **geläufigen gebundenen** tempo rubato mit freier Melo-dielinie über exakter Begleitung trat in vielen Stücken das **freie tempo rubato**, bei welchem auch das Grundtempo variiert wird.

7.2 Charakterstück

Unter Charakterstück versteht man ein kurzes Instrumentalstück meist für Klavier, das von einer poetischen Idee bestimmt wird. Es hat **keine feste Form**. Wegen seiner Kürze und der meist **lyrischen Stimmung** liegt sehr oft eine drei-teilige Liedform **ABA** vor. Es wird durch einen **Titel** näher bestimmt wie z. B. „Träumerei" oder „Nocturne", welcher jedoch oft erst nach dem Kompositions-vorgang zugeordnet wurde.

Das Charakterstück steht **zwischen Programmmusik und absoluter Musik** und ist eher assoziativ empfindend als bildhaft beschreibend. In der Romantik wurde es zu einer wichtigen Gattung; Vorläufer gab es allerdings schon in Barock und Klassik. Oft wurde es in **Zyklen** zusammengefasst. Einige der bekanntesten sind: SCHUBERTS *Impromptus, Moments musicaux*; MENDELSSOHN-BARTHOLDYS *Lieder ohne Worte*; SCHUMANNS *Album für die Jugend, Papillons, Kinderszenen, Waldszenen*; TSCHAIKOWSKIS *Kinderalbum*.

Im weiteren Sinne zählt man zum Charakterstück auch die Stücke, die einen **stark ausgeprägten musikalischen Charakter** besitzen, aber keinen indivi-duellen Titel, sondern nur eine Gattungsbezeichnung haben, so z. B. Präludien (Préludes), Tänze, Märsche, Fantasien, Bagatellen, Albumblätter, Balladen, Intermezzi, Nocturnes und Romanzen.

Tipp

Charakterstück
Charakterstücke bilden relativ häufig die Vorlage für Abituraufgaben, da sie meist relativ kurz und nicht zu komplex sind. Häufig werden durch einen Vergleich von zwei bis drei Werken Epochengrenzen überschritten.

> Die poetische Idee der *Süßen Träumerei* von TSCHAIKOWSKI besteht aus einer zweitaktigen Melodie, die zunächst in Sekundschritten aufsteigt, dann im Quintsprung nach unten geführt wird. Begleitet wird sie durch eine in Gegenrichtung geführte zweite Stimme und die nachklappenden Achtelbegleitakkorde, welche meist pro Takt die Harmonie wechseln und entweder auf Schlag drei oder auf der nachfolgenden Eins einen sanften Spannungsakkord besitzen, der sich im Folgenden auflöst.
>
> Nach einer regelmäßigen 8-taktigen Periode werden die Anfangstakte wiederholt. Das ganze Stück ist ausschließlich aus dem motivischen Material der ersten beiden Takte abgeleitet und besteht aus drei Teilen ABA. Im Mitteilteil B wechselt die Funktion der Stimmen; die Unterstimme übernimmt die Melodie, die Oberstimme die Begleitung.

Beispiel

Abb. 7.1: TSCHAIKOWKI, Süße Träumerei

Exkurs: Die starken Frauen der Romantik – Clara Schumann, Fanny Hensel

In der Musikgeschichtsschreibung fällt nach wir vor auf, wie sehr Komponistinnen und wichtige Interpretinnen vernachlässigt werden. Dieses Phänomen des „Vergessens" weiblicher Traditionslinien ist aus der Betrachtung der bildenden Künste und der Literatur bekannt. Zu einem Teil ist dies natürlich auch der Realität des historischen Kunstgeschehens zuzuschreiben. Frauen wurden in der Ausbildung behindert sowie in der Ausübung künstlerischer Aktivitäten. Daher sollen hier stellvertretend zwei Komponistinnen vorgestellt werden, die mit zwei auf den Seiten 172 und 174 vorgestellten Künstlern verheiratet beziehungsweise verwandt waren.

FANNY HENSEL, geborene MENDELSSOHN (1805–1847). Die Schwester von FELIX MENDELSSOHN-BARTHOLDY erhielt die gleiche ausgezeichnete musikalische Ausbildung wie ihr Bruder: Klavierunterricht seit sie acht Jahre alt war und Kompositionsunterricht. Dennoch wurde ihr nicht gestattet, aus ihrer Befähigung einen Beruf werden zu lassen. Der Vater schrieb: „Die Musik wird für ihn [den Bruder] vielleicht Beruf, während sie für Dich stets nur Zierde, niemals Grundbass Deines Seins und Tuns werden kann und soll." Lediglich im Familien- und Freundeskreis konnte sie ihre Kompositionen vorstellen, auf den in Künstlerkreisen durchaus bekannten „Sonntagskonzerten". Heute sind immerhin rund 500 Kompositionen bekannt, die allermeisten zu Lebzeiten nicht veröffentlicht.

CLARA SCHUMANN, geborene WIECK (1819–1896). Anders als Fanny Hensel trat die in Leipzig geborene in großen Rahmen auf, sie war eine gefeierte Klaviervirtuosin, ja sie war ein sogenanntes Wunderkind, das viele Konzerte absolvierte. Erste Kompositionen wurden publiziert, als sie noch ein Kind von rund zehn Jahren war. Doch ausgerechnet ROBERT SCHUMANN, den sie 1840 ehelichte, hemmte die weitere Entwicklung: Er sah es nicht gerne, wenn seine Frau auf Konzertreisen ging. Und der zeitgenössischen Geringschätzung als Komponistin konnte sie nicht entgehen: „Ich tröste mich immer damit, dass ich ja ein Frauenzimmer bin, und die sind nicht zum Komponieren geboren."

Kurz-
biografie:
ROBERT
SCHUMANN,
1810 bis
1856

„Licht senden in die Tiefen des menschlichen Herzens ist des Künstlers Beruf."

◉ **1830** Aufgabe des Jurastudiums, angeregt durch Erlebnis eines Konzerts Paganinis
◉ **1831** Aufgabe der Pläne zum Klaviervirtuosen wegen Fingerlähmung, Tätigkeit als Komponist und Musikschriftsteller
◉ **1834** Gründung Neue Zeitschrift für Musik; Davidsbündler
◉ **bis 1839 Klavierepoche:** *Abegg-Variationen* (1829/30), *Kinderszenen* (1838), *Papillons* (1829–1832), *Kreisleriana* (1838)

Abb. 7.2: PORTRAIT VON ROBERT SCHUMANN

◉ **1840** Heirat mit Clara Wieck; **Liederjahr:** über 140 Lieder
◉ **1841 Sinfoniejahr:** Suite op. 52, Klavierkonzert, 1. Sinfonie
◉ **1842 Kammermusikjahr:** 3 Streichquartette, 2 Klavierquartette
◉ **1844–1850** Leiter der Liedertafel in Dresden, Oper *Genoveva* (1850)
◉ **1850–1854** Musikdirektor in Düsseldorf, leitet Sinfonieorchester und Gesangsverein
◉ **1854–1856** nach Depression und Sprung in den Rhein Einweisung in eine Heilanstalt

7.3 Sinfonische Musik der Romantik

Sinfonische Musik nach Beethoven

Das **sinfonische Schaffen** nimmt in der Romantik noch immer eine bedeutende Stellung ein, muss sich diese aber mit **Solokonzert**, **Oper** und den wichtiger werdenden kleinen Formen **Kunstlied** und **Charakterstück** teilen.

Durch dichter werdende **Verflechtung von Themen und Motiven** auch in den folgenden Sätzen der Sinfonie, vor allem aber durch deren **Wiederaufnahme im Finalsatz** verstärkte sich die Komplexität der Sinfonie und verwischte den in der Klassik bestehenden Unterschied zur Kammermusik. Die einzelnen Sätze konnten sehr lang sein; manchmal besaßen sie drei Themen. Die Themen wurden oft nicht mehr als fertige Gestalt eingeführt, sondern entwickelten sich aus einer Art Keimzelle, einem Intervall oder einem kleinen Motiv und wurden sofort weiterentwickelt und variiert. Nach Beethoven, der in seinen Sinfonien für die nachfolgenden Komponisten den Eindruck unerreichbarer Vollendung hinterließ, entwickelte sich die sinfonische Musik in **zwei gegensätzliche Richtungen**, die sich jedoch beide auf ihn, speziell auf seine 6. Sinfonie *Sinfonia Pastorale* beriefen. Deren Satzfolge und innere Struktur ist klassisch, doch tragen die Sätze poetische Titel. Die Vertreter der **absoluten Musik** gingen von der mit romantischem Inhalt gefüllten klassischen Form und Satzstruktur aus. Die „fortschrittlichen" Verfechter der **Sinfonischen Dichtung** nahmen das der Sinfonie zugrunde liegende „Programm" und die Aufhebung der klassischen Viersätzigkeit durch den eingeschobenen freien Satz zum Ausgangspunkt ihrer Entwicklung.

Beethoven 6. Sinfonie Pastorale   Merke
- 1. Kopfsatz: Erwachen heiterer Gefühle bei der Ankunft auf dem Lande, Sonatensatzform
- 2. Liedsatz: Szene am Bach, langsames Andante
- 3. Tanzsatz: Lustiges Zusammensein der Landleute, Bauerntanz mit Trio
- 4. eingeschobener Satz mit freier Form – Gewitter, Sturm
- 5. Finalsatz: Hirtengesang – Frohe, dankbare Gefühle nach dem Sturm

Klassisch-romantische Partitur

Beispiel >>

Abb. 7.3: Beethoven, 9. Sinfonie, 4. Satz

Der Auszug aus BEETHOVENS 9. *Sinfonie* zeigt eine typische Partiturseite der Klassik. Sie ist in vier Gruppen eingeteilt. Oben stehen die jeweils doppelt besetzten Holzbläser in der Reihenfolge Flöten, Oboen, Klarinetten in A-Stimmung (transponieren eine kleine Terz tiefer) und Fagotte. Darunter stehen die Blechbläser Trompeten und Hörner, beide in D-Stimmung, wobei die Trompeten einen Ton höher, die Hörner eine Septe tiefer transponieren. Es folgt der Vokalsatz mit Solist und Chor (ATB), darunter die Streicher mit 1. und 2. Violine, Viola und den Bässen. Violoncello und Kontrabass werden hier nicht separat auf zwei Notensystemen notiert.

>> Beispiel

Weiterentwicklung der klassischen Form

Die auch als **romantischer Klassizismus** bezeichnete Entwicklung hielt fest an den formalen Grundlagen der Sinfonie: der Viersätzigkeit und der dreiteiligen Sonatensatzform (Exposition, Durchführung, Reprise) mit Themendualismus. Die traditionellen Formen wurden zwar mit poetischem Gehalt und romantischem Empfinden gefüllt, z. B. von Reiseeindrücken in MENDELSSOHNS *Schottischer Sinfonie*, die kompositorischen Strukturen blieben jedoch von musikalischen Zusammenhängen und Gesetzmäßigkeiten bestimmt (**Absolute Musik**).

Romantische Sinfonien

Merke

- ⊙ **Schubert:** 8 Sinfonien, 7. h-Moll, Unvollendete
- ⊙ **Mendelssohn-Bartholdy:** 17 Sinfonien; 3. a-Moll, *Schottische*
- ⊙ **Brahms:** 4 Sinfonien
- ⊙ **Schumann:** 4 Sinfonien; 1. B-Dur, *Frühlingssinfonie*
- ⊙ **Bruckner:** 9 Sinfonien; 4. Es-Dur, *Romantische*
- ⊙ **Mahler:** 9 Sinfonien; 6. a-Moll, *Tragische*

Romantischen Ausdruckswillen und Klangfülle zeigen bereits die späten Sinfonien SCHUBERTS. In MENDELSSOHNS und SCHUMANNS Sinfonien überwiegt die poetische Grundstimmung, ohne die Grundsätze streng formaler Auseinandersetzung zu vernachlässigen.

Die vier Sinfonien von BRAHMS zeigen höchste sinfonische Kunst im klassischen Sinne, verbunden mit romantischer Innigkeit und trotzigem Aufbegehren. Besonders seine vierte Sinfonie weist durch motivisch-thematische Arbeit auch in Exposition und Reprise eine sehr dichte strukturelle Verflechtung aller Details auf, wie sie sonst nur in klassischer Kammermusik üblich war.

BRUCKNERS neun Sinfonien sind bestimmt von dessen unerschütterlicher Frömmigkeit, von Urintervallen (Oktave, Quinte, Quarte), einer an die Orgelregister erinnernde Klangfarbengestaltung und der monumentalen Vergrößerung aller Formteile.

MAHLER gelang in seinen neun Sinfonien die Synthese aller sinfonischen Möglichkeiten. In seiner 8. Sinfonie, *Sinfonie der Tausend* genannt, treten zum Orchester drei Chöre und acht Solisten. Im ersten Teil greift er den gregoriani-schen Hymnus *Veni, creator spiritus* (siehe auch Seiten 102 und 118) auf.

Kurz-biografie: FELIX MEN-DELSSOHN-BARTHOLDY, 1809 bis 1847	⊙ Enkel des jüdischen Philosophen Moses Mendelssohn; Wunderkind, Un-terricht in Violine, Klavier und Komposition (Zelter); zahlreiche Bildungs-reisen nach England, Italien, Frankreich ⊙ **1821 und 1830** Besuche bei Goethe in Weimar ⊙ **1829** erste Wiederaufführung der Matthäus-Passion von Bach ⊙ **1833** Städtischer Musikdirektor in Düsseldorf ⊙ **1835** Kapellmeister in Leipzig; **1837** Heirat mit C. Jeanrenaud ⊙ **1843** Mitbegründer des Leipziger Konservatoriums ⊙ **Werke:** über 500 Lieder, Duette, Chöre; 12 frühe Sinfonien für Strei-cher, 5 Sinfonien für Orchester: 2. Sinfonie Lobgesang mit Kantate als Finalsatz (1839/40), Nr. 5 *Reformationssinfonie* (1829–1832); Oratorien: *Paulus* (1832–1836), *Elias* (1845/46); Ouvertüren: u. a. *Hebridenouvertüre* (1830/32); Ouvertüre zu Shakespeares „*Sommernachtstraum*" (1842); 6 Konzerte; Kammer-, Klavier-, Orgelmusik
Kurz-biografie: ANTON BRUCKNER, 1824 bis 1896	„*Wo die Wissenschaft haltmachen muß, wo ihr unübersteigliche Schranken ge-setzt sind, dort beginnt das Reich der Kunst, welche das auszudrücken vermag, was allem Wissen verschlossen bleibt.*" ⊙ begann erst mit 40 Jahren eigenständig zu komponieren ⊙ **1837–1840** Sängerknabe im Stift St. Florian bei Linz ⊙ **ab 1845** Lehrer, ab 1848 Organist in St. Florian ⊙ **1855** Domorganist in Linz ⊙ **1868** Lehrer am Konservatorium Wien ⊙ **1878** Hoforganist in Wien ⊙ **Werke:** 9 Sinfonien (+ 2 früher komponierte): 4. Sinfonie Es-Dur, *Romanti-sche* (1874), 9. Sinfonie (1896), nur 3 Sätze vollendet, *Te Deum* als Finalsatz; 1 Requiem; Messen; Motetten; Klavier- und Orgelwerke; 1 Streichquintett

Programmsinfonie und Sinfonische Dichtung

Programmsinfonien sind ein Bestandteil der **Programm-Musik**. Man spricht von Programm-Musik, wenn durch Titel, Hinweise oder Erläuterungen ein außermusikalischer Inhalt erkennbar ist.

Vorläufer der im 18. Jahrhundert beliebten Programmsinfonie waren unter anderem die *Biblischen Historien* (1700) von KUHNAU oder die *Vier Jahreszeiten* (1725) von VIVALDI (→ Seite 96/97). Drei frühe Sinfonien von HAYDN tragen die Titel: *Le matin, Le midi, Le soir*, und zeigen unter anderem den Sonnenaufgang und ein Gewitter. Auch BEETHOVENS 6. Sinfonie *Pastorale* kann eingereiht werden. Die bekannteste von BERLIOZ' fünf Programmsinfonien ist die *Symphonie fantastique* (1830), die ursprünglich den Untertitel *Episoden aus dem Leben eines Künstlers* trug. Das der Uraufführung beigelegte Programm beschreibt die Erlebnisse eines liebenden Musikers, ab dem 4. Satz seine bizarren Träume im Drogenrausch. *„Die Geliebte selbst wird für ihn zur Melodie, gleichsam zu einer idée fixe, die er überall wiederfindet, überall hört".* Seiner Sinfonie lagen eigene Erlebnisse, die leidenschaftliche, aber unerwiderte Liebe zur Schauspielerin Harriet Smithson zugrunde.

Die **Sinfonische Dichtung** entstand um 1850 als Gattung der orchestralen Programm-Musik mit der Absicht, begrifflich erfassbare Inhalte in die Musik zu übertragen. Sie entstand aus der **inhaltsbestimmten Konzertouvertüre** (z. B. BEETHOVENS *Egmont-Ouvertüre*) und der **Programmsinfonie** (z. B. BERLIOZ' *Symphonie fantastique*). Formal kann sie aus einem (oft gegliederten) oder mehreren selbstständigen Sätzen bestehen.

Zur Darstellung ihrer Aussagen benützt sie **musikalische Mittel** wie **Leitmotivik** mit charakteristischer Motivverwandlung, **klangliche Effekte** durch differenzierte Instrumentation und ungewöhnliche **Spielweisen**, differenzierte **Harmonik** und **Tonmalerei**. Die Themen stammen aus verwandten Künsten wie Dichtung und Malerei ebenso wie aus Natur und Technik.

Der Name **Sinfonische Dichtung** stammt von LISZT, der mit Gleichgesinnten die **Neudeutsche Schule** begründete, welche die Möglichkeiten der Sinfonie nach BEETHOVEN als erschöpft ansah und eine Erneuerung durch eine intime Verbindung mit der Poesie erstrebte, um das auszusagen, was sich durch Wort oder Bild nicht mehr darstellen lässt. Um 1860 entbrannte ein heftiger Parteienstreit der „fortschrittlichen" Komponisten um LISZT und WAGNER gegen die „konservativ" an absoluter Musik festhaltenden Sinfoniker. Der Musikkritiker Eduard Hanslick war Wortführer der „Konservativen". Er vertrat das Ideal der

„**absoluten Musik**". Zu den Konservativen rechnete man unter anderen die Komponisten SCHUMANN und BRAHMS.

Kurz-biografie: FRANZ LISZT, 1811 bis 1886	⊙ Klavierunterricht beim Vater, ab 1822 bei K. CZERNY in Wien

⊙ Klavierunterricht beim Vater, ab 1822 bei K. CZERNY in Wien

⊙ **ab 1823** lebt er in Paris; angeregt durch das Erlebnis eines Konzerts Paganinis 1831 entwickelt er seinen brillanten Klavierstil zum virtuosen Stil weiter

⊙ **1835** zieht er mit der Gräfin M. D'AGOULT nach Genf und Italien, COSIMA, eines ihrer drei Kinder, heiratet später R. WAGNER

⊙ **ab 1838** ausgedehnte Konzertreisen durch ganz Europa

⊙ **1848–1861 Weimar**, als Hofkapellmeister bis 1859 verwirklicht LISZT dort seine Ideen der Sinfonischen Dichtung; Zentrum der Neudeutschen Schule

⊙ **1861–1886 Rom**, 65 niedere Weihe eines Abbés; 75 Präsident der ung. Musikakademie; Beschäftigung mit Palestrina und Gregorianik

⊙ **Werke:** 2 Programm-Sinfonien; 13 Sinfonische Dichtungen: *Mazeppa* (1854), *Hamlet* (1858); 2 Klavierkonzerte; Klaviermusik oft von extremer Schwierigkeit: zahlreiche Übertragungen von Opern und Sinfonien, 19 Ung. Rhapsodien, *h-Moll-Sonate* (1853); Orgelmusik

Während LISZTS 13 meist literarisch inspirierte Sinfonische Dichtungen wie z. B. *Mazeppa* oder *Hamlet* kaum noch zu hören sind, stehen die Werke von R. STRAUSS, von ihm selbst **Tondichtungen** genannt, auch heute noch auf vielen Konzertprogrammen, so z. B. *Till Eulenspiegels lustige Streiche* (1895), *Also sprach Zarathustra* (1896), *Macbeth* (1886/90); *Tod und Verklärung* (1889).

Die Sinfonische Dichtung blieb eine wichtige Gattung bis 1950 (RESPIGHI *Pini di roma*, VILLA-LOBOS *Madona* (1945)). Sie hat die Fähigkeit und Ausdruckskraft der sinfonischen Orchestersprache durch die beständigen Versuche, Außermusikalisches musikalisch abzubilden, enorm bereichert.

Beispiel >	In der Sinfonischen Dichtung *Till Eulenspiegel* von R. STRAUSS werden zunächst zwei Themen vorgestellt, die beide den schlauen, auf Streiche sinnenden Schalk Till Eulenspiegel charakterisieren und „*die das Ganze in den verschiedensten Verkleidungen und Stimmungen wie Situationen, bis zur Katastrophe, wo er aufgeknüpft wird, durchziehen*" (R. STRAUSS).

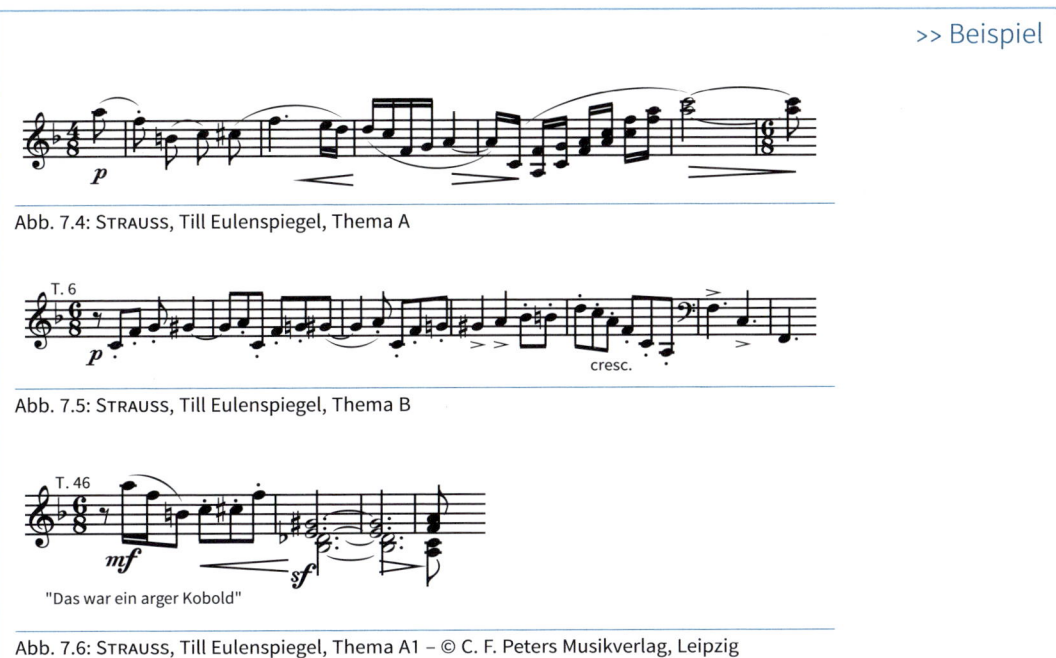

>> Beispiel

Abb. 7.4: STRAUSS, Till Eulenspiegel, Thema A

Abb. 7.5: STRAUSS, Till Eulenspiegel, Thema B

"Das war ein arger Kobold"

Abb. 7.6: STRAUSS, Till Eulenspiegel, Thema A1 – © C. F. Peters Musikverlag, Leipzig

7.4 Solokonzert der Romantik

Die Konzerte für Violine, vor allem aber für Klavier bildeten in der Romantik eine der Hauptgattungen. SCHUMANN und BRAHMS knüpften dabei an die Maßstäbe setzenden Konzerte MOZARTS und BEETHOVENS an. Die drei Sätze eines Konzerts wurden oft attacca, das heißt ohne Zwischenpause aneinandergefügt oder schon als einsätziges **Konzertstück** mit mehreren charakterlich verschiedenen Abschnitten konzipiert. Die Solokadenzen, deren Ausführung in der Klassik meist den Interpreten überlassen worden war, wurden nun durch die Komponisten vorgegeben.

Im Zuge der zunehmenden Bedeutung des **Virtuosentums** im 19. Jahrhundert, welches am treffendsten in den Gestalten des reisenden, mit „dämonischem" Ausdruck spielenden Violinvirtuosen PAGANINI sowie bei LISZT, der auf dem Klavier dessen Spuren folgte, zum Ausdruck kam, gewannen auch die solistischen Partien der Konzerte zunehmend an Virtuosität. Der Orchestersatz der **virtuosen Konzerte** war eher untergeordnet und begleitend und sollte dem Virtuosen nur ein klangliches Fundament zu dessen besserer Entfaltung liefern.

Merke

Sinfonische Konzerte
- ⊙ für Klavier: BRAHMS, TSCHAIKOWSKI, RACHMANINOW, GRIEG, SCHUMANN, WEBER, CHOPIN, RUBINSTEIN
- ⊙ für Violine: MENDELSSOHN-BARTHOLDY, BRAHMS, BRUCH, DVOŘÁK, TSCHAIKOWSKI, SIBELIUS, PAGANINI, SPOHR, WIENIAWSKY, LALO
- ⊙ für Violoncello: DVOŘÁK

Als **sinfonische Konzerte** werden die Kompositionen bezeichnet, in denen der Solist eher bei der Entfaltung der sinfonischen Themen mitwirkt und weitgehend in das sinfonische Geschehen integriert ist, ohne dabei sein solistisches Profil zu verlieren.

Kurz-
biografie:
PETER
ILJITSCH
TSCHAIKOWSKI,
1840 bis
1893

- ⊙ Beamter im Justizministerium in St. Petersburg
- ⊙ ab 1863 Kompositionsschüler bei A. Rubinstein
- ⊙ 1866–1873 Theorielehrer am Moskauer Konservatorium
- ⊙ 1877 Heirat, Trennung nach drei Wochen
- ⊙ freundschaftlicher Briefwechsel mit Frau von Meck, die ihn bis 1890 mit 6000 Rubel Jahresgeld unterstützt, sich aber nie mit ihm trifft
- ⊙ verbindet in seiner Musik urwüchsig Russisches mit westlichen Einflüssen
- ⊙ Dirigiertätigkeit und Reisen in viele europäische Länder

Überblick

Folgende Begriffe sollten gut bekannt sein.
- ⊙ Charakterstück
- ⊙ Programmsinfonie
- ⊙ Sinfonische Dichtung
- ⊙ Solokonzert
- ⊙ Welche Stilmittel gelten für alle Künste der Romantik?
- ⊙ Was macht Musik und insbesondere das Kunstlied zur „Idealgattung" der Romantik?
- ⊙ Gegenüberstellung: absolute Musik – Programmmusik
- ⊙ Die Harmonik sucht immer ausgefallenere spannungsvollere Akkorde. Erläutern Sie.
- ⊙ Welche Stationen können Sie als Beleg für die „Rückbesinnung auf vergangene Epochen" angeben?
- ⊙ Nennen Sie romantische Werke mit märchenhafter Grundlage.
- ⊙ Geistliche Musik des 19. Jahrhunderts
- ⊙ Klavierbegleitetes Sololied
- ⊙ Oper der Romantik

Musik des 20. Jahrhunderts

8

Versucht man, das Musikgeschehen des 20. Jahrhunderts zusammenfassend zu charakterisieren, so wird das Fehlen künstlerisch und gesellschaftlich verbindlicher Werte und Anschauungen klar erkennbar.
Das Fehlen einer gemeinsamen Weltanschauung, der Verlust der Harmonie zwischen Mensch und Natur und die innere Zerrissenheit des Menschen dieser Zeit findet seinen Ausdruck in der Musik – wie auch in allen anderen Künsten.

Stilpluralismus, **Emanzipation der Dissonanz** und **Besinnung auf den Klang** gelten als kennzeichnende Merkmale dieses Jahrhunderts, das wie kein anderes vorher geprägt ist durch

- die gleichzeitige Präsenz einer 1000-jährigen Musikgeschichte in Form von Noten und Tondokumenten,
- die Verfügbarkeit von Musik unzähliger anderer Kulturen und Epochen in Bild und Ton,
- den radikalen Bruch der Kunstmusik mit dem traditionellen Werk- und Musikverständnis, wovon nach und nach alle musikalischen Parameter (Harmonik, Melodik, Rhythmik, Dynamik, Form, Instrumentierung, Klang usw.) betroffen waren,
- die Zersplitterung in zahllose, nebeneinander bestehende Persönlichkeitsstile mit immer geringer werdenden Überschneidungen,
- den zunehmenden Zwang zu Modernität, Neuheit und stilistischer Originalität,
- eine verschwindend geringe Bedeutung der zeitgenössischen Musik im Konzertleben,
- das unberührte Verharren von Opern- und Konzertpraxis im Vergangenen.
- Rock und Popmusik bleiben in Form und Harmonik sehr einfach, nicht jedoch in Bezug auf Rhythmus und Sound.

Merke

Zeitgeschehen/Geistesströmung

- ⊙ Erster Weltkrieg (1914–1918)
- ⊙ Russische Revolution 1917, Gründung der Sowjetunion 1922
- ⊙ Weimarer Republik (1919–1932)
- ⊙ Weltwirtschaftskrise (1929–1932)
- ⊙ Nationalsozialismus (1932–1945)
- ⊙ Zweiter Weltkrieg (1939–1945)
- ⊙ Bundesrepublik Deutschland (1949)
- ⊙ Teilung Deutschlands
- ⊙ Studentenunruhen (1968)
- ⊙ Deutsche Wiedervereinigung (1990)
- ⊙ Zerfall der Sowjetunion (1991)
- ⊙ zahlreiche Kriege
- ⊙ Probleme der Dritten Welt
- ⊙ internationaler Terrorismus

Medienvielfalt zur Verbreitung von Musik

- ⊙ Schallplatte (bereits im 19. Jahrhundert)
- ⊙ Rundfunk
- ⊙ Drahttongerät
- ⊙ Tonband
- ⊙ Fernsehen
- ⊙ Kompaktkassette
- ⊙ CD
- ⊙ andere digitale Speichermedien (Festplatten, USB-Stick …)
- ⊙ Internet (Streaming-Dienste)

Vielfalt der Entwicklungen gerade in der Neuen Musik, unter anderem

- ⊙ Atonale Musik
- ⊙ Zwölftonmusik
- ⊙ Serielle Musik
- ⊙ Konkrete Musik
- ⊙ Elektronische Musik
- ⊙ Minimal Music

8.1 Impressionismus

Nach einer Stilrichtung der Französischen Malerei um 1900 benannt, versteht sich die impressionistische Musik aus DEBUSSYS mittlerer Schaffensperiode als Abkehr vom psychologisch und philosophisch überladenen Musikdrama WAGNERS hin zu den typisch französischen Qualitäten: elegante Einfachheit, Klarheit und Natürlichkeit. In Verbindung mit Titeln werden feine **Stimmungsbilder** gemalt, die vor allem Mensch und Natur abbilden.

⊙ **1873–1884** Studium Klavier und Komposition in Paris; zunächst beeinflusst von CHOPIN und WAGNER, sucht er eine neue Unmittelbarkeit der Aussage. Anregungen: Gamelanorchester, MUSSORGSKI, impressionistische und symbolistische Malerei

⊙ **Frühwerk:** Arabesken, *Suite bergamasque, Baudelaire-Lieder*

⊙ **Impressionistische Phase 1890–1912:** *Prélude à l'après-midi d'un faune* (1894), *Trois Nocturnes* (1899), Oper *Pelléas et Mélisande* (1909), *La mer* (1903), *Images I/II, Children's Corner*, Préludes

⊙ **ab 1912 klassizistische Tendenzen**, deutlichere Linien

Kurzbiografie: CLAUDE DEBUSSY, 1862 bis 1918

Die **Melodik** entfaltet sich unabhängig von periodischer Eingrenzung und funktionaler Harmonik. Die reich verästelte, schwebende **Rhythmik** verschleiert die Takt-Akzente. **Akkorde und Dissonanzen** werden als Farbwerte für sich wie **Klangfarben** nebeneinander gesetzt. Weitere musikalische Mittel sind: **Ganztonleiter** und **Pentatonik** mit ihren leittonlosen Akkorden, **Kirchentonarten**, **Terzschichtakkorde** (Nonen- und Undezimenakkorde), **freischwebende Akkorde**, die wie Mixturregister der Orgel parallelverschoben werden und unaufgelöst bleiben, und die naturverbundenen, reich differenzierten Klangfarben des Orchesters.

Durch die Verwendung dieser neuartigen harmonischen Mittel steht der **Impressionismus** am Endpunkt der seit dem 17. Jahrhundert gültigen tonalitätsgebundenen Kompositionsweise und bereitet die freitonale und tonalitätslose Musik vor, die ab ca. 1910 auftritt.

Weitere bedeutende Werke mit impressionistischen Elementen:

⊙ PUCCINI *La Bohème* (1896), *Madame Butterfly* (1904),

⊙ STRAWINSKI Ballett *Feuervogel* (1910).

Beispiel

Im Notenbeispiel *Voiles* (fr.: Segel, Schleier) malt DEBUSSY die weiche Bewegung auf der Grundlage einer Ganztonleiter durch die in parallelen großen Terzen absteigende Linie. Danach folgt eine stärkere Bewegung, gekennzeichnet durch den Sprung nach oben, rhythmisch akzentuiert durch die doppelte Punktierung. Die verminderten Quarten gis – c und fis – b sind klanglich ebenfalls große Terzen.

In der Unterstimme steigen nach dem als Orgelpunkt wiederholten B drei Achtelakkorde aus klanglich drei übereinander geschichteten großen Terzen (übermäßiger Dreiklang) jeweils einen Ganzton nach oben.

Im hier nicht mehr abgedruckten Mittelteil wechselt DEBUSSY das Tonsystem durch Verwendung von **Pentatonik**. Bemerkenswert ist die Nähe beider Systeme zur **äquidistanten Slèndro-Skala der Gamelanmusik Südostasiens**.

Abb. 8.1: DEBUSSY, Préludes I, Voiles T. 15–21

8.2 Auflösung der Tonalität

Atonalität, als polemischer Begriff gegen die Musik der **2. Wiener Schule** (SCHÖNBERG, WEBERN, BERG) entstanden, bezeichnet Musik, die nicht mehr durch die Spannung von Dominante und Tonika geordnet wird, da sie **nicht mehr auf einen Grundton (Tonika) bezogen** ist.

Die kurzfristige Aufgabe der Tonalität wurde auch schon von Komponisten früherer Epochen eingesetzt, so z. B. in MOZARTS Oper *Don Giovanni*. Dem Komtur wird mit dem Wegfall der Tonalität buchstäblich der Boden unter den Füßen entzogen. Das **Ausdrucksstreben der Romantik** auf der Suche nach immer neueren, reizstärkeren Klangverbindungen bereitet den Boden der Tonalitätsauflösung vor durch den Einsatz von **Terzschichtakkorden mit erhöhten Leittonwirkungen**, durch **unaufgelöste Spannungen** und **harmonische Mehrdeutigkeit** (→ **Tristanakkord**).

Im Impressionismus blieb die Tonalität zwar noch spürbar, doch die Verwendung von Klang als Farbe, parallelverschobene Akkorde und tonalitätsfremde, auf Pentatonik und Ganztonakkorden beruhende Klänge setzten sie schon auf weiten Strecken außer Kraft.

„Denn die Kunst ist der Notschrei jener, die an sich das Schicksal der Menschheit erleben."

Kurzbiografie: ARNOLD SCHÖNBERG, 1874 bis 1951

⊙ **1918** Wien, Gründung Verein für musik. Privataufführungen

⊙ **1925 – 33** Berlin, Professur für Komposition, Verlust durch NS-Gesetze

⊙ **1933** Übertritt zum Judentum, Emigration USA

⊙ **1936 –1944** Universität von Kalifornien

⊙ **Tonale Periode 1899 –1907** ausdrucksstarker, spätromantischer Stil: *Gurre-Lieder* (1901), Streichsextett *Verklärte Nacht* (1917), *Pelleas und Melisande* (1903)

Abb. 8.2: ARNOLD SCHÖNBERG

⊙ **Atonale Periode 1907 –1921** 3 Klavierstücke op. 11 (1909), Liederzyklus *Buch der hängenden Gärten* (1909), Klangfarbenmelodie in 5 Orchesterstücken op. 16 (1909), Melodrama *Pierrot lunaire* (1912)

⊙ **Zwölftönige Periode 1921–1951** *Klaviersuite* op. 25 (1923), Oper: *Moses und Aaron* (1932), Kantate *Ein Überlebender aus Warschau* (1947)

⊙ **Schriften:** *Harmonielehre, Die Lehre vom Kontrapunkt* u. a.

Schönberg begriff Konsonanz und Dissonanz nicht mehr als Gegensatz, sondern als graduelle Abstufungen. Dissonanz war für ihn nur eine weiter entfernte Konsonanz. Die Stücke der **Freien Atonalität** wie z. B. Schönbergs 3 Klavierstücke op. 11 (1909) und op. 19 sind äußerst kurz und zu intensivstem Ausdruck verdichtet, weil durch den Verzicht auf tonale Gliederungsprinzipien für den Zuhörer längere Stücke nur schwer nachvollziehbar waren.

Beispiel   Das aus dem Jahr 1911 stammende Klavierstück Schönbergs gehört mit
9 Takten zu den kürzesten Zeugnissen der frühen atonalen Periode.
Die Musik ist als aphoristische Miniatur zu einem quasi stationären Klang aus
6 Tönen erstarrt.

Abb. 8.3: Schönberg, Klavierstück op. 19,6 – © Universal Edition A.G., Wien

8.3 Expressionismus

Spontaner **Ausdruck des inneren subjektiven Empfindens** war in den ersten beiden Jahrzehnten des 20. Jahrhunderts Anliegen des Expressionismus in Malerei, Dichtung und Musik, angeregt durch Freuds Psychoanalyse.

Edvard Munchs Bild „*Der Schrei*" symbolisiert geradezu den Notschrei des zerrissenen und gequälten Individuums und der Menschheit, welcher sich im Kunstwerk nach außen Bahn bricht. Im **Streben nach extremer Ausdruckssteigerung** werden überlieferte musikalische Bindungen aufgegeben. So löst sich Schönberg in der frühen Atonalität völlig von der Tonalität.

Rhythmus und Dynamik zeigen elementare Wucht und Bewegungskraft (STRAWINSKI, *Le sacre du printemps*), die Singstimme wird um die Ausdrucksbereiche Flüstern, Schreien und **Tonhöhendeklamation** (Sprechen im angegebenen Rhythmus auf ungefährer Tonhöhe, angezeigt durch die Kreuze im Notenhals) erweitert.

In BERGS Oper *Wozzeck* ersetzt die Tonhöhendeklamation das Rezitativ und kontrastiert zum echten Gesang.   Beispiel

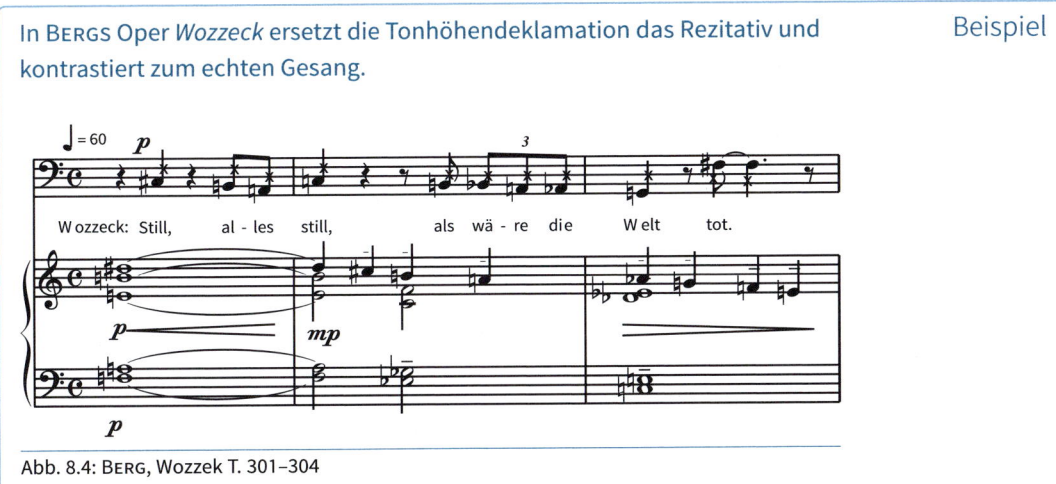

Abb. 8.4: BERG, Wozzek T. 301–304

Im Ringen von Detail und Struktur musste auch die **Form** immer wieder neu erarbeitet werden. Komponisten wie BARTÓK, STRAWINSKI, HINDEMITH und SCHÖNBERG kamen bei dieser Auseinandersetzung zu sehr verschiedenen kompositorischen Ergebnissen, sodass **keine einheitlichen Stilmerkmale** aufgezeigt werden können.

Kurz-biografie: BÉLA BARTÓK, 1881 bis 1945	Ungar. Volksliedforscher, Komponist, Pianist, Pädagoge, gilt als einer der wichtigsten Komponisten der Moderne. Er musste auch aufgrund seiner entschieden antifaschistischen Haltung in die USA emigrieren. Bartók verstarb in New York City an Leukämie.

Sein Werk beeinflusste unter anderem die Komponisten Charles Ives, Anton Webern oder Olivier Messiaen.

- **1899–1903** Studium in Budapest
- **1907–1939** Professor für Klavier in Budapest; Volksmusiksammler, sammelte mit Phonograph Volksmusik unberührter Gebiete; komponierte Begleitungen, übernahm motivisches Material und schuf eigene Kompositionen im Stil der Volksmusik; Forschungsreisen nach Bulgarien, in die Ukraine, nach Rumänien, Türkei, Algerien, Norwegen; oft mit Z. KODÁLY
- **1940** Emigration in die USA (New York); Merkmale aus der Volksmusik in seinen Werken: Bitonalität, unaufgelöste weiche und harte Dissonanzen, ostinate Wiederholungen, unsymmetrische Taktarten, z. B. 7/8 (Bulgarien), 11/8 (Rumänien)
- **Werke:** *Allegro barbaro* für Klavier und Schlaginstrumente (1911), Oper: *Herzog Blaubarts Burg* (1911); *Tanzsuite für Orchester* (1923); ab 1926 Klavierlehrwerk *Mikrokosmos*; 3 Klavierkonzerte, 6 Streichquartette, Konzert für Orchester (1943)

Kurz-biografie: PAUL HINDEMITH, 1895 bis 1963	Virtuose auf der Bratsche, spielte zahlreiche Instrumente, auch Hindemith ging ins Exil, zunächst in die Schweiz, später dann in die USA. 1946 erhielt er die amerikanische Staatsbürgerschaft. Ende der 1940er-Jahre widmete er sich besonders dem Dirigieren. Unter anderem führten ihn Konzertengagements auch wieder nach Europa. Ab 1953 lebt er wieder in der Schweiz.

- **1927** Berlin, Professur für Komposition; 1938 Schweiz
- **1940–1953** Yale Univ. (USA); 1951–1957 Univ. Zürich; Förderer der Tage zeitgenössischer Tonkunst, Donaueschingen
- **Kompositionsmerkmale:** Verwendung alter Formen, Einbeziehung von Jazzeinflüssen, durchgeistigte Polyphonie; Reihenkonstruktion mit zunehmend dissonanter Spannung der 12 Intervalle zum Grundton (Reihe I)
- **Werke:** *Ludus tonalis* (1924), Fugen und Präludien in Ordnung der Reihe I; Sinfonie (1934) und Oper *Mathis der Maler* (1935): Opern *Cardillac* (1926), *Harmonie der Welt* (1957); Sinfonien; Chöre; Lieder; Stücke für Laien; Lehrbuch: *Unterweisung im Tonsatz* (1937/39).

Der in München geboren Komponist schuf mit seiner *Carmina Burana* eines der bekanntesten Chorwerke des 20. Jahrhunderts. Er wirkte auch intensiv als Musikpädagoge. Anders als Bartók oder Hindemith ging Orff nicht ins Exil. Sein Verhältnis zum Nationalsozialismus gilt in der Forschung als nicht abschließend geklärt. Einerseits komponierte er etwa zur Eröffnung der Olympischen Spiele 1936 in Berlin Musik – als Auftragswerk der Machthaber. Andererseits war er mit Kurt Huber, einem Mitglied der Widerstandsgruppe Weiße Rose befreundet.

Kurz-
biografie:
CARL ORFF,
1895 bis
1982

Abb. 8.5: CARL ORFF

- ◉ **1924** Gründung einer Gymnastikschule mit D. Günther
- ◉ **1950 –1960** Professor für Komposition in München; Gründung des Orff-Instituts in Salzburg
- ◉ **Ziel:** elementarer menschlicher Ausdruck in Musik, Tanz und szenischem Spiel
- ◉ **Musikalische Merkmale:** elementare Rhythmik, klangorientierte Musik durch Ostinati, statische Klänge, Betonung der Schlaginstrumente, Vermeidung von Kadenzharmonik und romantischen Terzschichtklängen.
- ◉ **Werke:** Kantaten: 1937 *Carmina Burana*, 1943 *Catulli Carmina*; Musiktheater: 1943 *Die Kluge*, 1947 *Die Bernauerin*, 1949 *Antigone*, 1959 *Oedipus*; 1930 –1935, neu 1950 –1954 *Schulwerk*.

CARL ORFFS „O Fortuna", der Eingangs- und Schlusschor der szenischen Kantate „Carmina burana" ist eines der berühmtesten Stücke des 20. Jahrhunderts. Die Texte für ORFFS Komposition entstammen der gleichnamigen im Kloster Benediktbeuren gefundenen spätmittelalterlichen Liedersammlung (→ „Lieder der Spielleute" auf Seite 58).
Mit sich ständig wiederholenden Mustern aber dennoch quasi statischen Klangflächen charakterisiert ORFF das sich drehende Rad des Schicksals und das unerbittliche Wirken der Schicksalsgöttin auf das Schicksal der Menschen.

8.4 12-Ton-Technik

Das System der **Zwölftonmusik (Dodekaphonie)** sollte dazu beitragen, die aphoristische Kürze der frühen atonalen Musik zu überwinden und auf Basis eines neuen, tonal nicht gebundenen Systems längere Kompositionen zu schreiben. Die Stilrichtung wird als 2. Wiener Schule bezeichnet, Vertreter: SCHÖNBERG und seine Schüler BERG und WEBERN.

Grundmaterial einer **Reihe** bilden die **12 chromatischen Halbtöne** einer Oktave, die zunächst in einer bestimmten Reihenfolge (z. B. Allintervallreihe, symmetrische Tongruppen u. a.) zusammengestellt werden und in dieser Folge die melodische und harmonische Struktur der Komposition vorausbestimmen. Bei der Aufstellung der Reihe werden tonale Strukturen wie Dreiklänge vermieden, was zur Bevorzugung der früher als Dissonanzen betrachteten Intervalle wie Sekunden, Septimen und Tritonus führt. Das Material der Reihe kann durch **Umkehrung** (Umkehr der Intervallrichtung), **Krebs** (Reihe von hinten nach vorn) und **Krebsumkehrung** (KU) erweitert werden. Zusätzlich können alle vier Reihen auf jede Halbtonstufe transponiert werden, so dass neben den vier Grundreihen noch die 44 Transpositionen und damit **48 Modi** verwendet werden können (oberes Beispiel nächste Seite).

Unter Berücksichtigung der **Regel, dass alle Töne erklungen sein müssen**, bevor sie wiederholt werden dürfen (einzige Ausnahme: unmittelbare Wiederholung eines Reihentons), ist der weitere **Kompositionsvorgang intuitiv**. Die Töne dürfen beliebig oktavversetzt und repetiert, als melodisches oder harmonisches Material verwendet werden. Alle weiteren Parameter wie Tondauer, Dynamik, Artikulation und Metrum werden wie in der traditionellen Musik frei gewählt (unteres Beispiel nächste Seite).

SCHÖNBERG verwendet nur acht Modi für seine Suite op. 25, die Grundreihe mit Krebs, Umkehrung und Krebsumkehrung und die Transposition dieser Reihen um einen Tritonus nach oben, dem Intervall welches am deutlichsten der Tonalität entgegensteht.

Beispiel

Die zwischen 1921 und 1923 komponierte Suite greift die barocke Form der Suite auf (Neoklassizismus) und besteht aus den 6 Sätzen Präludium, Gavotte, Musette, Intermezzo, Menuett und Gigue.

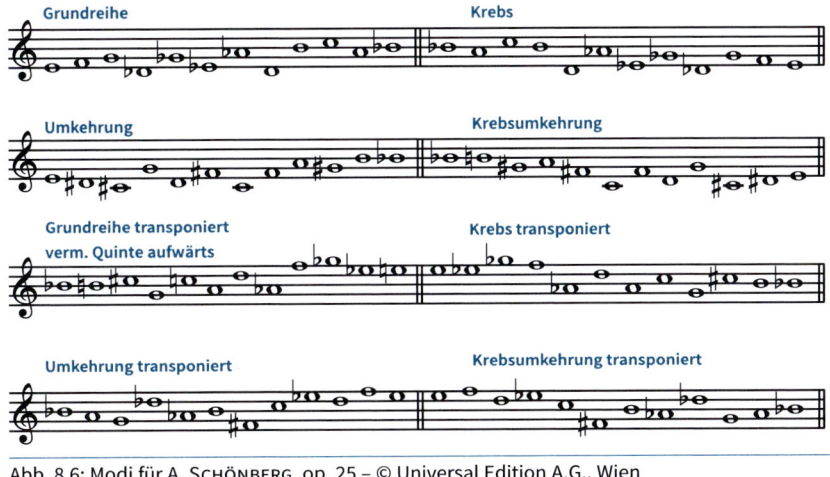

Abb. 8.6: Modi für A. SCHÖNBERG, op. 25 – © Universal Edition A.G., Wien

Im Präludium verwendet SCHÖNBERG für die Oberstimme die Grundreihe, für die Unterstimme die Transposition der Grundreihe; die letzten vier Töne bilden eine harmonisch gedachte zweite Stimme.

Beispiel

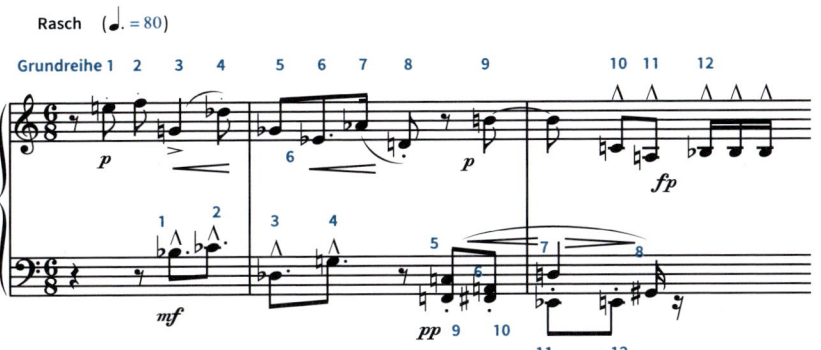

Abb. 8.7: SCHÖNBERG, Suite op. 25, 1 Präludium – © Universal Edition A.G., Wien

In der **Musette** findet man die ersten beiden Töne der Grundreihe in der obersten Stimme, der dritte Ton g in der Unterstimme wird wiederholt. Die Reihe setzt sich im zweiten Takt bis zur Mitte fort, die letzten vier Noten bilden als **Umkehrung des b-a-c-h** eine thematische Mittelstimme im ersten Takt. Durch die Verwendung des b-a-c-h-Motivs in seinem Werk möchte SCHÖNBERG verdeutlichen, dass er sich trotz der radikalen Veränderung, welche die Aufgabe der Tonalität mit sich bringt, in Fortsetzung der Tradition der Komponisten BACH, BEETHOVEN, BRAHMS sieht.

In gleicher Weise wird im folgenden die Transposition der Umkehrung verwendet, bei der aber die ersten beiden Töne zur Vermeidung des sonst entstehenden Es-Dur-Klanges vertauscht sind (**Permutation**).

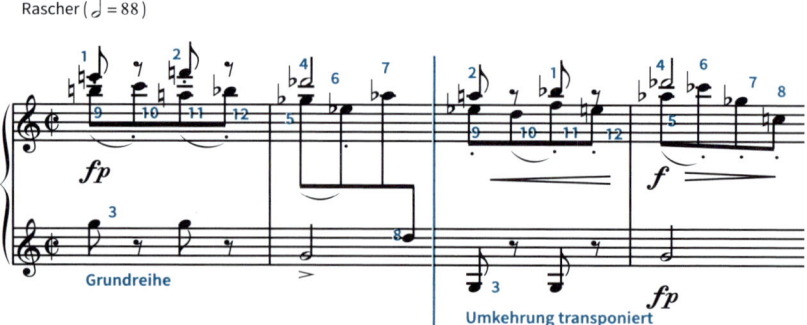

Abb. 8.8: SCHÖNBERG, Suite op. 25, 3 Musette – © Universal Edition A.G., Wien

8.5 Neoklassizismus

Die **Verwendung von Stilmerkmalen und Formen des 18. Jahrhunderts** bei der Komposition Neuer Musik auf der Suche nach einer vom Individuum abgelösten klaren und objektiven Kunst kennzeichnet eine Stilrichtung ab 1920 vorwiegend in Paris. Komponisten dieses Stils sind STRAWINSKI, aus der Gruppe „Les Six" COCTEAU, MILHAUD, HONEGGER, POULENC, weiter die Schweizer SCHOECK und MARTIN, und schließlich JOLIVET und MESSIAEN.

„Je mehr die Kunst kontrolliert, begrenzt und gearbeitet ist, umso freier ist sie." *(Poetique musicale – Harvard Vorlesungen)*

Kurz-biografie: IGOR STRAWINSKI, 1882 bis 1971

- ⊚ **1902 –1908** Privatschüler von Rimski-Korsakow
- ⊚ **1910 –1920** Clares, Morges, Genf – Schweiz
- ⊚ **1920 –1939** Paris, ab 1939 Hollywood, New York/USA
- ⊚ **Russische Periode bis 1920:** 3 Ballette: *Feuervogel, Petruschka, Le sacre du printemps* für Diaghilews Russisches Ballett (Paris); *Geschichte vom Soldaten* russ. Märchen (1918, nur 7 Instrumente)
- ⊚ **Neoklassizistische Periode 1920 –1950:** in seinen Kompositionen übernimmt er Anregungen von PERGOLESI, GLUCK, MOZART, VERDI u. a., die in motivisch-konstruktivistischer Weise in eher kühler, tonaler Klanglichkeit verarbeitet werden. *Pulcinella* – Ballett mit Gesang (1920); *Psalmensinfonie* (1930); *Dumbarton Oaks Konzert* (1938); Ballett *Orpheus* (1948), Oper *The Rake's Progress* (1951)
- ⊚ **Spätwerk 1950 –1971** Serielle Werke: *Cantata* (1952), *Requiem Canticles* (1966)

Auch SCHÖNBERG verwendet in seinem op. 25, dem ersten voll ausgeprägten Werk in der 12-Ton-Methode, die alte Form der **Suite**. Bei der **Aneinanderreihung von Tänzen** verschiedenen Charakters bleibt deren innerer Zusammenhang durch die gemeinsame 12-Ton-Reihe gewährleistet und ersetzt den im Barock oft üblichen Zusammenhalt durch gleiche Tonart oder durch die Verwendung einer gemeinsamen Melodie.

Beispiel

STRAWINSKI benannte sein *Dumbarton Oaks* Konzert nach der Landschaft, in welcher das Ehepaar lebte, welches ein Konzertstück zum 30. Hochzeitstag bestellt hatte. Als motivische Anregung für seine Komposition nahm er das *3. Brandenburgische Konzert* von J. S. BACH. Anklänge und motivische Ähnlichkeiten sind deutlich zu erkennen, ebenso wie STRAWINSKIS konstruktivistischer Kompositionsstil, der kleinste Motive baukastenartig zusammenfügt.

Abb. 8.9: BACH, Brandenburgisches Konzert Nr. 3

Abb. 8.10: STRAWINSKI, Dumbarton Oaks Konzert – © Schott Music GmbH & Co. KG, Mainz

8.6 Musik in totalitären Staaten

In den Kriegen und den totalitären Staatssystemen des 20. Jahrhunderts wurde Musik als eine Art psychologischer Waffe eingesetzt, was erst durch die Mittel der Massenkommunikation wie Rundfunk, Schallplatte und Film ermöglicht wurde, zu dessen Verständnis jedoch ein genauerer Blick auf Wirkung und Funktion von Musik notwendig ist.

Musik und Wirkung

Musik wirkt. Wenn Sie diese Zeilen lesen, haben sie mit höchster Wahrscheinlichkeit selbst positive Erfahrungen mit der Wirkung von Musik gemacht und setzen diese vielleicht sogar gezielt ein, um bei Ihnen selbst bestimmte Wirkungen zu erzielen. Musik heilt, entspannt, beruhigt, bringt in Stimmung, erhöht die körperliche Aktivität, regt zum Tanzen an, eventuell bis zur Ekstase, kann ein faszinierendes Kunsterlebnis sein oder zu meditativer Trance und zum Kontakt mit dem Jenseitigen führen. Zahlreiche musikpsychologische Studien beschäftigen sich mit den Wirkungen der Musik auf das vegetative Nervensystem des Körpers, auf die kognitiven Fähigkeiten sowie auf die Leistungsfähigkeiten des Gehirns.

Spätestens ab 1600 mit der Entstehung der Oper war es erklärtes Ziel der Komponisten, durch Musik körperlich-seelische Reaktionen zu erzeugen und dadurch bestimmte Emotionen gezielt hervorzurufen. Die dabei verwendeten musikalischen Mittel wurden in der Figuren- und Affektenlehre gesammelt, systematisch dargestellt und in der Lehre weitergegeben. Wurden im Barock eher stereotype Affekte wie Wut, Zorn, Liebe musikalisch dargestellt, gelang es in den folgenden Epochen speziell in der Verbindung von Lyrik und Drama mit Musik, individuelle seelische Entwicklungen musikalisch detailliert zu schildern. In den spätromantischen Musikdramen Wagners kamen sogar gleichzeitig verschiedene Emotionen von Darstellern in einer Art sinfonischer Polyphonie zum Erklingen.

Musik und Funktion

Musik wird zu verschiedensten gesellschaftlichen Gelegenheiten bewusst eingesetzt, als Gemeinschaft stiftendes Element bei Festen, Hymnen dienen als Statussymbol zur Selbstdarstellung, Marschmusik begleitet Staatsempfänge und den Weg ins Bierzelt und zu vielen anderen Anlässen. Was wäre Werbung oder Film ohne die Emotionen ausdeutende Kraft der mit großem Forschungsaufwand geschickt platzierten Musik. Nicht unumstritten ist allerdings der

Einsatz von „Muzak" genannter Musik als Konsumsteigerungsmittel in Waren-häusern oder der Einsatz von klassischen Werken auf Bahnhöfen quasi als „Insektenspray", um unerwünschte Personen zu vertreiben.

Problematisch wird die Funktionalisierung von Musik natürlich, wenn sie missbräuchlich in menschenverachtender Absicht eingesetzt wird, um eine politische Doktrin am Verstand vorbei emotional in einer Masse von Menschen zu verankern. Regimes mit so verschiedener politischer Ausrichtung wie der Na-tionalsozialismus, die sozialistische DDR und die kommunistische Sowjetunion verwendeten erstaunlicherweise in ihrer **Propagandamusik** in Hymnen und Märschen dieselben musikalischen und textlichen Mittel. Die Realität wurde auf eine Kampfsituation reduziert, der dabei entstehenden Not und Bedrängnis wurde ein Appell zur Geschlossenheit und zum Widerstand gegen die Untaten des Feindes entgegengestellt, der zum glorreichen Sieg hin überwunden wer-den muss.

Musikalisch sind die Melodien eingängig, leicht nachsingbar und volksliedhaft, ihr Rhythmus ist schwungvoll und marschmäßig mitreißend, die Verheißungen der siegreichen Zukunft sind oft durch eine höherliegende Melodik hervorge-hoben. In der klingenden Ausführung ist oft ein Blasorchester mit hymnischem Sprechgesang durch einen Männerchor hörbar.

Musik im Nationalsozialismus

Entartete Kunst

Während der Zeit des Nationalsozialismus galten alle Künste, die nicht dem Schönheitsideal der Nationalsozialisten entsprachen und die von jüdischen Künstlern stammten, als entartete Kunst, deren Aufführung und Verbreitung verbo-ten war. Ab 1933 wurden die Kunstschaffenden und die Gestaltung ihrer Kunstwerke von der Reichskulturkammer kontrolliert, was faktisch ein Berufsverbot für alle „Nichtarier" und „Kul-turbolschewisten" bedeutete. Dadurch wurden Komponisten und Ausführende in eine innere Emigration getrieben oder mussten tatsächlich auswandern. Dies betraf eine Reihe von Kompo-

Abb. 8.11: Ausstellung „Entartete Musik", 1938

nisten des Expressionismus, unter anderem A. Schönberg (Seite 187), P. Hin-demith (Seite 190) und B. Bartok (Seite 190),

Propagandamusik

Neben den bereits oben erwähnen propagandistischen Marschliedern wurde die Musik der „großen Deutschen" BEETHOVEN, HAYDN, MOZART, BRAHMS, BRUCKNER und BACH als Musik von Deutschen für Deutsche ideologisch vereinnahmt und zur Gestaltung der Parteitage benutzt. RICHARD WAGNER, der bereits 1869 eine antisemitische Broschüre „Das Judenthum in der Musik" veröffentlicht hatte und in seiner nordischen Götterwelt des *Ring der Nibelungen* das Ariertum vorweggenommen hatte, galt als musikalischer Wegbereiter des „Dritten Reiches"; seine Opern waren die meistgespielten klassischen Werke dieser Zeit. ORFFS *Carmina Burana* wurde 1937 zwar vor einem begeisterten Publikum uraufgeführt, gleichzeitig kritisierte der Völkische Beobachter eine vermeintliche „Jazzstimmung" des Werkes.

Musik im Konzentrationslager

In vielen NS-Lagern entstanden im täglichen Leben der Gefangenen Lagerchöre und Lagerorchester. Die Lieder der Häftlinge wurden teilweise in den Liederkanon des KZs aufgenommen. Das „Moorsoldatenlied – Wir sind die Moorsoldaten und ziehen mit dem Spaten ins Moor ..." aus dem KZ Börgermoor ist vielleicht das bekannteste und wird noch heute ab und zu gesungen. Neben der Hilfe zur Erleichterung des Alltags gab es auch Musik auf Befehl, als Schikane, zur Verspottung und zur psychischen Demütigung der Gefangenen, um beispielsweise einen Appell bei Kälte und Unwetter, einen Marsch in die Gaskammer oder in ein Vernichtungslager zu begleiten.

Das Lager in Theresienstadt, welches neben der Funktion als Gestapogefängnis und Durchgangslager zu den Vernichtungslagern auch eine Propagandafunktion als Altersghetto und jüdische Mustersiedlung gegenüber dem Ausland hatte, besaß ein besonders reichhaltiges Musikleben. HANS KRÁSAS Kinderoper *Brundibár* wurde dort 55-mal aufgeführt, 1944 auch zu Propagandazwecken bei einem Besuch des Roten Kreuzes und als Teil des Filmes „Der Führer schenkt den Juden eine Stadt". ELA STERN, die als 12-Jährige in der *Brundibar*-Aufführung in Theresienstadt die Katze spielte, berichtet über ihre Teilnahme an einer *Brundibár*-Aufführungen, zu welcher sie den Gelben Stern ablegen konnte: „Wir waren in diesem Augenblick nicht mit dem Gelben Stern gebrandmarkt, und das bedeutete für uns – wir waren in diesem Augenblick frei." Die Darsteller der Rollen mussten häufig ausgewechselt werden, da sie häufig, wie dann auch der Komponist, in den Vernichtungslagern endeten.

8.7 Entwicklungstendenzen Neuer Musik

Serialismus

Ausgehend von der Tonhöhenvorausbestimmung einer 12-Ton-Reihe werden in dieser **nach 1950** entstandenen Kompositionsweise auch die anderen **musikalischen Parameter Dauer, Dynamik und Anschlag** durch eine möglichst zwölftönige Reihe vorherbestimmt. Bei Anschlagsart und Dynamik ist dies jedoch nur mit Mühe zu verwirklichen. Die Parameter können dann fest mit einer Tonhöhe verbunden werden oder nach einem mathematischen Schema, z. B. einem Zahlenquadrat, wechselseitig verknüpft werden.

Der bestechenden inneren Logik dieser Kompositionsweise stehen die Schwierigkeiten der menschlich unpräzisen Ausführung und eine eher zufällige Klangwirkung gegenüber. Die serielle Kompositionspraxis wurde angeregt durch das Klavierstück *Mode de valeurs et d'intensités* (1949) von MESSIAEN.

Die **vier Parameter-Reihen für Tonhöhen, Tondauern, Tonstärken und Anschlagsarten** bilden die grundlegenden Daten für *Structures pour deux pianos* (I. Buch 1952) von BOULEZ.

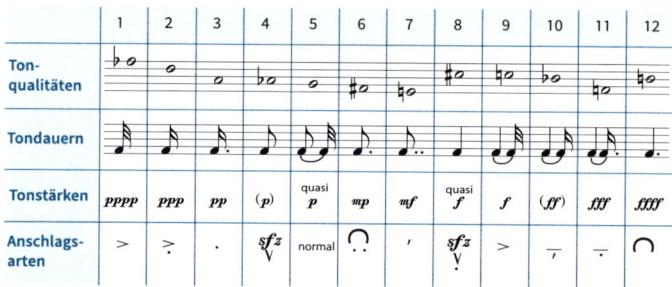

Abb. 8.12: Parameterreihen

Durch **Transposition der Tonhöhenreihe**, durch **Umkehrung**, **Krebs** und **Krebsumkehrung** ergeben sich verschiedene Zahlenreihen, die den vier Parametern, aber auch den formalen Abläufen zugrunde gelegt werden. Weitere Vertreter dieser Kompositionsweise sind: STOCKHAUSEN, NONO, POUSSEUR.

Elektronische Musik

Um **1950** entstandene Musikrichtung, bei der die kompositorische Bearbeitung eines Klanges mit elektronischen Mitteln das Entscheidungskriterium darstellt. Nicht dazu zählt beispielsweise die nur klangliche Verfremdung einer E-Gitarre oder ein elektronisches Klavier.

Zunächst waren nur **elektronisch zusammengestellte Klänge** erlaubt, später auch **Umweltgeräusche (Musique concrète)** und alles, was auf Tonband aufgezeichnet und elektronisch weiterbearbeitet werden konnte. Mit dieser Technik konnte die **serielle Technik** auch auf die einzelnen **Frequenzbestandteile eines Tones** ausgedehnt werden. Vertreter: STOCKHAUSEN, EIMERT, NONO u. a.

Aleatorik

In aleatorischer Musik (lat.: *alea* – Würfel) ist der **Zufall** strukturbildendes Merkmal. Als Gegenpol zu der in allen Parametern total bestimmten seriellen Musik reicht die Spannweite dabei von fest komponierten, nur in der Reihenfolge der Abläufe freien Werken über nur teilweise festgelegte Strukturen bis zur bloßen Vorgabe einiger Töne als Improvisationsmaterial.

Oft wird eine mehrdeutige **grafische Notation** zu Grunde gelegt, die entweder einen bestimmten Bewegungsablauf fordert oder als freie Assoziation die Mitwirkenden zu eigenen musikalischen Aussagen anregen soll. Ein eindeutiger Bezug des klingenden Ergebnisses zur vorliegenden Notation ist meist nicht beabsichtigt. Durch sehr genaue Spielanweisungen bezogen auf spezielle Parameter bestimmen die Komponisten jedoch oft eine Bandbreite an möglichen Klangereignissen.

Als Hauptvertreter der experimentellen Musik verbindet CAGE **musikalische Aktionen** mit anderen Künsten wie Malerei, Tanz und Gestik zu einer **spontanen Aktionsform** (Happening, Performance), die sich gegen das geschlossene Kunstwerk wendet. Weitere Vertreter: STOCKHAUSEN, BROWN u. a.

Wie verhält sich das klangliche Ergebnis von *Structures pour deux pianos* von BOULEZ zu Ihrer Vorstellung von Musik?

Tipp

Beispiel

Zu geplant empörter Publikumsreaktion führte 1952 in Darmstadt CAGES „Komposition" 4'33" (tacet in 3 Sätzen). Tacet ist ein gängiger Hinweis z. B. für den Orchestermusiker in Oper und Konzert, dass es in diesem Abschnitt für ihn nichts zu spielen gibt. Hier wird der traditionelle Werkbegriff in letzter Konsequenz aufgegeben. Eine Analogie hierzu ist der leere Rahmen in der bildenden Kunst.

Aleatorische Elemente in der Musikgeschichte findet man z. B. in der **Solokadenz** des Konzerts, im ausgezierten Wiederholungsteil einer Da-capo-Arie, in der rhythmischen Freiheit des Rezitativs, im nach Regeln improvisierten Generalbass oder in der freien Wahl der Instrumente in Musik der Renaissance und des Frühbarock.

Das folgende, ursprünglich farbige Gemälde entstand 2004 in einer gemeinsamen Performance zweier Leistungskurse Kunst und Musik, wobei sich die Musiker von den Farben und den entstehenden Strukturen inspirieren ließen, deren Entstehung wiederum von den gehörten Klängen angeregt wurde.

Abb. 8.13: Malen nach Klängen – Spielen nach (im Original) farbigen Formen

Klangflächenmusik, Mikropolyphonie

Hierbei handelt es sich um Musik, die **Klangballungen (Cluster)** meist aus über-einandergeschichteten Sekunden, aber auch anderen größeren und kleineren Intervallen (Vierteltönen) verwendet. Dissonanzwirkung und Harmonik werden dabei aufgehoben. Cluster sind durch **Ambitus**, **Dichte**, **Struktur**, durch **Statik** oder **innere Bewegung** gekennzeichnet.

LIGETI schreibt in seinen Kompositionen *Atmospheres* für Orchester und *Lux aeterna* für 16-stimmigen Chor im Tonhöhenverlauf streng polyphone, rhyth-misch jedoch freie Strukturen, die ein dichtes pulsierendes Klanggewebe (Clus-ter) ergeben, ohne traditionelle Melodie und äußerlich erkennbaren Rhythmus. Oft werden Clusterkompositionen auch grafisch notiert (LIGETI *Volumina* für Orgel, PENDERECKI, *De natura sonoris* und *Anaklasis* u. a.).

Minimal Music

Die Minimal Music enstand Mitte der 1960er-Jahre zeitgleich mit der Minimal Art an der amerikanischen Westküste. Sie ist Ausdruck der Beschäftigung mit indischer Musik und fernöstlicher Philosophie. Die Vertreter der Minimal Music wenden sich bewusst von der europäischen Musiktradition und ihrem Kunstverständnis ab und erwarten von ihren Hörern eine veränderte Form der Wahrnehmung (Musik als „gradueller Prozess").
Kleine **rhythmisch-melodische Einheiten (pattern)** werden repetiert und nur geringfügig melodisch, klanglich oder rhythmisch verändert. Dabei können komplexe, nicht notierbare Überlagerungsstrukturen entstehen. In Konzerten mit Minimal Music findet man überraschenderweise Hörer aus dem Pop-, Rock-, Jazz- und Klassikbereich. Vertreter: RILEY, GLASS, CAGE, REICH.

Auf der folgenden Seite findet sich ein Notenbeispiel zur Minimal Music, STEVE REICHS „Clapping music". Dabei ist besonders interessant, welche konkreten „Anweisungen" der Komponist seinem Werk beigibt. Er gibt beispielsweise an, dass das Stück eine Aufführungsdauer von rund fünf Minuten haben solle. Er gibt genaue Hinweise darauf, wie zu klatschen sei. Er überlässt den Interpreten aber, ob sie mit gewölbten oder flachen Händen klatschen wollen. Beide Inter-preten sollen aber die gleiche Art der Handhaltung wählen, damit die beiden Rhythmen verschmelzen und ein einheitlicher Klang entsteht.

Darüber hinaus empfiehlt REICH bei Räumen, die mehr als 200 Personen fassen eine elektrische Verstärkung. Er macht sich sogar Gedanken zu den dabei zu verwendenden Mikrofonen. Entweder sei ein omni-direktionales Mikrofon für beide Interpreten zu verwenden oder es sollten zwei direktionale Mikrofone aufgestellt werden. Beide Mikrofone sollten zu einem Mono-Ton gemischt werden. Die Aufführenden sollen dicht beieinander stehen, um sich gegenseitig gut hören zu können. Das Schallereignis Klatschen ist kurz und laut, man kann dabei leicht den Partner überhören, vor allem wenn das Stück im geforderten sehr raschem Tempo erklingt.

Beispiel

Clapping music (for two performers) **von Steve REICH (geb. 1936):**

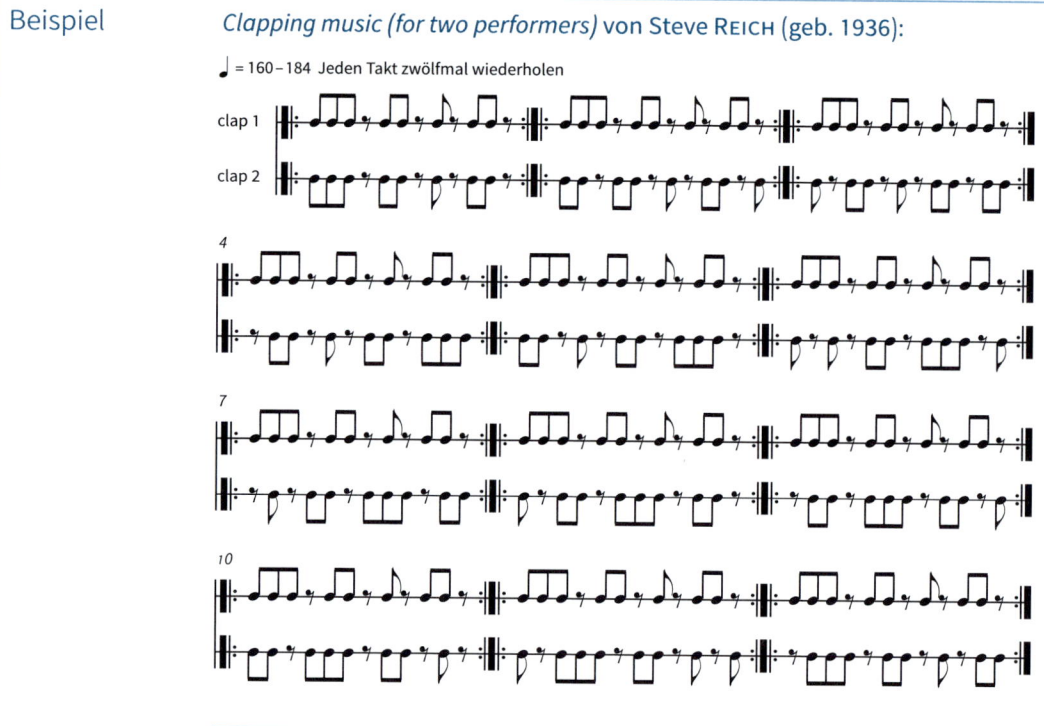

Abb. 8.14: STEVE REICH, *Clapping music* – © Universal Edition A.G., Wien

Aktuelle Tendenzen

Der Begriff **Neue Einfachheit**, der vermehrt für die Musik der Gegenwart gebraucht wird, ist ziemlich problematisch. Es werden so verschiedene Komponisten wie RIHM, mit großem philosophischen Hintergrund, der wieder klassische Formensprache mit neuen Klang- und Ausdrucksmitteln verknüpft, PÄRT, dessen extrem reduzierter Tintinnabuli-Stil Musik des Baltikums mit orthodoxer Kirchenmusik verbindet und viele andere zusammengefasst.

Nicht berücksichtigt werden Entwicklungslinien wie etwa von NONO ZU LACHEN-MANN, beide politisch-ethisch fundiert und gemeinsam auf der Suche nach dem Klang, bei NONO mit der Tendenz zu immer einfacherem Material, zu Vierteltönen/Mikrointervallen wie z. B. *Prometeo,* (eine Tragödie des Hörens), oder *Streichquartett*, bei LACHENMANN mit zunehmender Atomisierung des Klangs wie z. B. von *Ein Kinderspiel* über diverse Orchesterstücke hin bis zu *Das Mädchen mit den Schwefelhölzern* und *Schreiben* für Orchester 2004 in Darmstadt uraufgeführt.

Ebenso wenig finden Berücksichtigung:
- ⊙ die Verbindung der Künste z. B. bei XENAKIS (Architektur, Mathematik, speziell Stochastik);
- ⊙ der Personalstil des Ungarn KURTÁG, von GUBAIDULINA, HÖLZSKY oder des Japaners YUN;
- ⊙ die philosophisch-weltanschauliche Musik STOCKHAUSENS;
- ⊙ die Verbindung von meist fernöstlicher, traditioneller Volksmusik mit Neuer Musik, oft mit Elektronik;
- ⊙ Elektronik mit traditionellen Instrumenten, wie im Experimentalstudio der Heinrich-Strobel-Stiftung beim SWR in Freiburg;
- ⊙ die fast eigenständige Neue Musik für Schlagzeug und Perkussion.

Die Vielfalt ist verwirrend und zugleich ein Beweis für ein unglaublich intensives musikalisches Kunstschaffen, das sich aus gegenwärtiger Sicht nicht in Schulen und Richtungen einteilen lässt. Dies wird erst aus einer größeren zeitlichen Distanz möglich sein.

8.8 Jazz, Pop und Rock im Leben, aber in der Schule?

Jazz, Rock und Pop spielen im täglichen Leben der Jugendlichen, in der Gesellschaft und in ihrer wirtschaftlichen Bedeutung für die Musikindustrie sowie für Funk und Fernsehen eine bedeutende Rolle. Der Umsatz an Klassischer Musik in Deutschland sank im Jahr 2019 im Vergleich zum Vorjahr um 7,3 % und hatte mit 39 Mio. Euro gegenüber 1331 Mio. Euro Umsatz für nationale und internationale Popmusik nur noch eine eher marginale Bedeutung. Der Rückgang hat sich allerdings verlangsamt im Vergleichzeitraum 2017 zu 2018 hatte der Rückgang noch 24% betragen. Der Umsatz aus digitaler Vermarktung – hier vor allem das Audio-Streaming – stieg abermals an.

Dennoch kommen die oben genannten Musikrichtungen in den Abiturprüfungen der meisten Bundesländer nicht vor. Für die zögerliche Einführung gibt es wohl einige objektive Gründe, aber sicher auch ideologische Barrieren im Umgang mit dieser Musik:

Ein großer Teil dieser Musik ist nur als Audioaufzeichnung ohne Notenmaterial zugänglich. Die grundsätzliche Schwierigkeit, bloß gehörte musikalische Vorgänge sprachlich eindeutig wiederzugeben, macht sie somit für Prüfungen ungeeignet. Für einen kleineren Teil gibt es Aufzeichnungen der Melodie mit zugehörigen Akkordsymbolen, die allerdings oft genug nur sehr einfach oder gar verfälschend ausfallen. Das wesentliche Merkmal der Stücke jedoch, das Klangbild, der spezielle Sound, der durch das Arrangement und die Bearbeitung mit Effektgeräten und Mischpult entsteht, und die oft dazu gehörenden Improvisationen sind nicht notiert und sprachlich noch weniger eindeutig greifbar. Auch die wenigen vorliegenden Arrangements sind meist nur als Andeutungen oder Orientierungshilfen zu verstehen. Dieselben Titel gibt es bisweilen in mehreren Stilarten nebeneinander.

Der für das musikalische Kunstwerk geltende **Werkbegriff**, der durch den schriftlich überlieferten Notentext die Intention des Komponisten bezüglich Instrumentation und musikalischem Ausdruck möglichst genau widerspiegeln soll, ist für die meisten Stücke aus Jazz, Pop und Rock ohne Relevanz.

Die wenigen Versuche einer geschichtlichen Aufarbeitung speziell der Popmusik ertrinken in der Namensflut von Stars, Bands und Discographien. Die Orientierung wird erschwert durch nicht genau abgrenzbare Definitionen von

Stilrichtungen und deren vielfältige Verflechtungen. Zudem erschwert die zeitliche Nähe den nur aus der Distanz möglichen geschichtlichen Überblick.

Mechanismen des Stilwandels: Dem raschen **Stilwandel** vor allem in Pop und Rock liegt meist ein bestimmter Mechanismus zu Grunde: eine von „unten" kommende, urwüchsige, regionale und soziale Besonderheiten ausdrückende Musik wird von der Musikindustrie entdeckt, kommerziell verwertet und für das Massenpublikum geglättet. Dabei geht die ursprüngliche Authentizität meist verloren. Eine oft darauf einsetzende **Gegenbewegung** nimmt entweder als **Revival** bereits bestehende Stile wieder auf (z. B. Rock'n'Roll um 1970) oder greift neue Strömungen von unten auf.

Innerhalb des **Mainstream** besteht jedoch meist eine Vielzahl von Stilen, in Ausdruck und Lautstärke härter (hot) oder weicher (soft), als Strömungen nebeneinander. Abseits des Mainstream gibt es immer wieder stark ausgeprägte Individualstile, deren Musik geprägt ist etwa durch kunstvollen Stilmix oder durch die Verbindung heterogener Elemente. Im harten Konkurrenzkampf der Bands und der Musikindustrie um Berühmtheit und hohe Verkaufszahlen besteht ein ständiger Bedarf an neuen Trends.

Pop, Rock und Jazz, spielen in der Ausbildung der Schulmusiker eine zunehmend größer werdende Rolle, sie tauchen in Lehrplänen der Sekundarstufe auf und werden dadurch abiturrelevant.

In den Bundesländern ohne vorgegebenen Lehrplan sollte ein Gespräch mit den Lehrkräften und die Durchsicht der zurückliegenden Abituraufgaben Klarheit schaffen.
In den Bundesländern, in denen ein ministerieller Lehrplan mit thematischen Vorgaben vorliegt, könnten sie als Prüfungsstoff in beispielsweise in folgenden ausgewiesenen Themenbereichen auftauchen:
- Musik und Sprache
- Textbehandlung, z. B. bei Liedermachern, im Jazz, Rock/Pop, HipHop
- Musik und Politik – aktuelle Protestsongs
- Musik und Tradition – Gestaltungselemente früherer Epochen in der Popularmusik

8.9 Jazz

Der Jazz ging hervor aus einem Prozess der gegenseitigen Durchdringung (Akkulturation) zweier unterschiedlicher Kulturen, der afrikanischen und der europäisch-amerikanischen. Die Nachfahren der von den europäischen Kolonisatoren nach Amerika verschleppten Sklaven entwickelten im 19. Jahrhundert die musikalischen Gattungen **Spiritual** (religiöses Lied), **Worksong** (rhythmisch betontes Lied zur Arbeitsbegleitung) und **Blues** (erzählt von persönlichen Problemen, prangert aber auch Diskriminierung und soziale Missstände an), die sowohl afrikanische wie auch europäische Elemente beinhalteten.

Wie in der Kunstmusik gibt es heute auch im Jazz eine unüberblickbare Aufsplitterung in unzählige Stile und individuelle Stilnuancen. Zum einen sind alle historischen Stilrichtungen vom New Orleans Jazz bis zu Free Jazz und Fusion auch heute noch gleichzeitig präsent, zum anderen ist die erklärte Absicht jedes Jazzmusikers, seinen eigenen unverwechselbaren Stil zu finden, der ordnenden Schematisierung durch Historiker nicht gerade förderlich.

Musikalische Merkmale

⊙ Im Gegensatz zur europäischen Musik zählt beim Jazz nicht die schriftlich fixierte, im Zeitablauf genau vorgeplante Komposition, sondern der im spontanen Spielen und Improvisieren stattfindende stark **persönliche seelische Ausdruck (Soul)**, der die Kommunikation mit Mitspielern und Publikum sucht.

⊙ **Rhythmik**: Der in allen Stilrichtungen des Jazz zu findende swing beruht auf den meist vor, selten auch nach der regelmäßigen Zählzeit gebrachten Akzenten (**Off-beat**) und der **ternären Spielweise** (zwei gleich notierte Noten werden ungefähr im Verhältnis 2 : 1, lang – kurz ausgeführt).

⊙ **Melodik**: Verwendung der auf die **afrikanische Pentatonik** zurückgehenden **Bluestonleiter** mit den erniedrigten Stufen 3, 5 und 7 (**blue notes**).

⊙ **Tonideal**: Eine persönlich ausdrucksvolle Tonbildung wird angestrebt, die durch rauen Klang (**dirty tones**), starke Akzentuierung der (hohen) Noten (**hot intonation**) und das oft gleitende Erreichen der Noten (**smear**) geprägt wird.

⊙ **Call and response**: Kurze, variierte Melodien eines Vorsängers werden vom Chor wiederholt.

⊙ **Improvisation**: das spontane Spiel ohne Notenvorlage als **Soloimprovisation** oder als Kollektivimprovisation, welche vor allem bei stark afroamerikanisch bestimmtem Jazz verbreitet ist.

Die verschiedenen **Stilwandel** des Jazz wurden stets begleitet von gesellschaftlichen Veränderungen im Zusammenleben der beiden Kulturen und lassen
jeweils ein stärkeres Hervorheben oder ein Abschwächen der afrikanischen
Merkmale erkennen.

New Orleans Jazz und Dixieland

Um 1900 wurden in New Orleans von schwarzen Musikern die verschiedenen
Einflüsse zum ersten voll ausgeformten Jazzstil zusammengeschmolzen.
Kollektivimprovisationen überwiegen, Einzelsoli tauchen nur als Über-
raschungsmoment in den **Breaks** auf. Der Klang ist gekennzeichnet durch
starke Akzente und raue Tonbildung. Kornett oder Trompete, Klarinette und
Posaune bilden die **melody section**, Klavier, Banjo oder Gitarre, Kontrabass
und das Schlagzeug die Rhythmusgruppe (**rhythm section**). Das Kornett führt,
es trägt und verziert die Melodie, die Klarinette umspielt diese mit kunstvoll
übermütigen Akkordbrechungen, die Posaune übernimmt Kontrapunkt- und
Bassfunktion (→ Heterophonie, Seite 52, 60).

Die wichtigsten Solisten waren der Komponist und Pianist JELLY ROLL MORTON,
der Posaunist KID ORY, der Kornettist BUDDY BOLDEN und die Trompeter JOE
KING OLIVER und LOUIS ARMSTRONG.

Die ersten Jazzaufnahmen wurden 1917 von der weißen Original DIXIELAND
JAZZ BAND aufgenommen, erst seit 1921 liegen auch Aufnahmen afroamerikanischer Musiker vor. Die Rekonstruktion der Ursprünge des Jazz ist somit
auf zeitgenössische Dokumente und die oft phantasievollen Erzählungen der
älteren Musiker angewiesen. Die starke Bedeutung der Brass-Marching-Bands
für die Entwicklung des Jazz wurde in der Geschichtsschreibung überbetont
und ist nicht eindeutig belegbar. Rein schwarze Bands waren nämlich in der Regel nur mit Saiteninstrumenten besetzt, mit Geige, Gitarre und Bass. Um 1890
verlor die bürgerlich gebildete kreolische Bevölkerung, die Nachkommen der
spanischen und französischen Einwanderer, ihre wirtschaftlichen Vorteile und
wurde dem schwarzen Proletariat gleichgestellt. Die musikalisch gebildeten,
notenkundigen Kreolen spielten nun oft zusammen in Bands mit den unausge-
bildeten Schwarzen. Je nach Publikum spielten sie Ragtime oder sweet für die
Mittelschicht oder auch hot für die Unterschicht, mit den typischen afro-ameri-
kanischen Stilelementen. Blues und Jazz erklangen nur in den Kabaretts, in die
die Unterschicht ging. Der Wettbewerb um die bestbezahlten Stellen förderte
bei den Kreolen die Übernahme von Stegreifimprovisation und stark betontem
persönlichen Ausdruck, welche ursprünglich nur typisch afro-amerikanische
Merkmale waren, und wurde so zu einem Motor für die Akkulturation zwischen
schwarzer Folklore und städtischer Musik.

Schon wenige Jahre später ereignete sich mit der Entstehung des **lebhaft heiteren weißen Dixielandstils** erstmals der bereits oben erwähnte **Stilwandel**, der sich in der Jazzgeschichte mehrmals wiederholte. Weiße Musiker übernahmen einen von den Schwarzen entwickelten Musikstil, glätteten ihn für ein weißes Publikum und verdienten an seiner Verbreitung. Als Gegenreaktion entwickelten die dabei leer ausgegangenen Schwarzen einen neuen Stil.

Chicago Jazz

Schon vor dem Eintritt der USA in den ersten Weltkrieg 1917 und vermehrt danach wanderten viele Schwarze, teils aus wirtschaftlicher Not und teils um den diskriminierenden Rassengesetzen zu entgehen, aus dem Süden in die großen Städte Chicago und Detroit ab. Durch die Kriegsanstrengungen war dort ein größeres Angebot an freien Arbeitsplätzen entstanden. Als New Orleans Kriegshafen wurde, schloss man das Vergnügungsviertel Storyville. Über Nacht verloren die meisten Jazzmusiker ihren Arbeitsplatz in den Vergnügungslokalen. Die Hoffnung auf gutbezahlte Jobs lockte auch viele Musiker wie KING OLIVER und LOUIS ARMSTRONG nach **Chicago**, welches zum neuen Zentrum des Jazz wurde. Durch Imitation des „schwarzen New-Orleans-Stils" entstand dort ein „weißer" Stil mit **weicherer, europäisch orientierter Tongebung und vermehrter Soloimprovisation**, während die Kollektivimprovisation verschwand. Der Trompeter BIX BEIDERBECKE zählt zu den bedeutendsten Vertretern des Chicago Jazz.

Swing

Anfang der 30er-Jahre entstanden die großen Swing-Tanzorchester (**Big Band**). Wegen der Weltwirtschaftskrise (1929) waren viele Musiker arbeitslos geworden und schlossen sich vor allem an der Ostküste zu den großen Orchestern zusammen, die in vornehmen Klubs und Hotels zum Tanz aufspielten. Eine straffe Orchesterdisziplin und das Spielen nach ausgefeilt arrangierten Noten ließen kaum Spielraum für spontane Improvisation, die afrikanischen Elemente traten weiter zurück. Improvisationen wurden zur Sache der weltberühmten **Starsolisten**, darunter z. B. der Bandleader und Klarinettist BENNY GOODMAN. Die **melody section** bestand aus der chorisch besetzten reed section (Holzbläser), in welcher vermehrt Saxophone die Klarinetten ersetzten und der **brass section** (Blechbläser) mit Trompeten- und Posaunensatz. Die **rhythm section** blieb solistisch besetzt.

Bebop

Die Jazzstile ab dem Bebop bezeichnet man als **Modern Jazz**, die Stile bis zum Swing als **Oldtime Jazz**. Um 1940 beginnt in New York in *Minton's Playhouse* mit dem Saxophonisten CHARLY PARKER, dem Trompeter DIZZY GILLESPIE und dem

Pianisten THELONIUS MONK als Reaktion auf den kommerzialisierten Swing eine Rückbesinnung auf schwarze Elemente. Der Name **Bebop** soll die abwärtsgerichtete verminderte Quinte nachahmen. Die Unberechenbarkeit der kurzen hektischen und virtuosen Melodiefloskeln wird erzeugt durch Akzentverlagerungen und die Verwendung von alterierten, dissonanten Spannungsakkorden. Der **textlose Scatgesang** imitierte den Instrumentalklang von Saxophon und Trompete.

Cool Jazz und Hardbop
Der Cool Jazz um 1950 behält in Fortsetzung des Bebop die harmonischen Errungenschaften bei, betont dessen **vibratoloses Spiel** und glättet die Rhythmik durch **Off-beat-Spiel nach dem Grundschlag** zu **kühl verhaltenem Ausdruck**, wodurch eine Nähe zur Kunstmusik entsteht. Bedeutende Musiker des Cool Jazz waren der Trompeter MILES DAVIS, der Pianist LENNIE TRISTANO sowie der Saxophonist LEE KONITZ. Das MODERN JAZZ QUARTET fand in der Annäherung an Form- und Ordnungsprinzipien „klassischer" Musik, vor allem der Barockmusik, zu einer eigenen, unverwechselbaren Musiksprache. Der **Hardbop als Gegenpol** sucht durch Verwendung alter Formen wie Worksong und Blues verstärkt die Wurzeln des Jazz hervorzuheben.

Free Jazz
Im Free Jazz, der um 1960 entstand, wurden alle bisher geltenden Formgesetze, das Spiel auf Grundlage von Harmonien sowie die regelnde Funktion des Grundschlags (beat) aufgehoben. Spontanes Reagieren, klanginspiriertes Improvisieren mit hohem Geräuschanteil im Ton, vor allem inspiriert durch ORNETTE COLEMAN und JOHN COLTRANE, führte zu einer Art neuer aggressiver Polyphonie.

Fusion
Seit 1970 ist verstärkt eine Fusion genannte Verschmelzung von Jazz mit Rock und Pop bemerkbar. Auch Elemente aus der Folklore verschiedenster Länder Indiens, Afrikas und Südamerikas werden aufgegriffen und integriert. Die Verbindung der beiden jahrzehntelang unabhängig voneinander existierenden Musikrichtungen verlangt Zugeständnisse von beiden Richtungen, zwangsläufig aber größere vom Jazz.

Merke

Vom Blues zum Fusion Jazz

- ⊙ **Blues – Worksong – Spiritual – Gospelsong** Anfang 19. Jahrhundert; weltliche und geistliche Gesänge der Schwarzen in den USA; im Blues 12-taktiges Akkord-Schema; „blue notes"; meist mit Gesang, Banjo und Gitarre, später auch Bands; Vertreter: BESSIE SMITH, H. LEDBETTER, MAHALIA JACKSON, GOLDEN GATE QUARTETT

- ⊙ **Ragtime** 1890 bis 1910 – nicht improvisierte Klaviermusik mit „schwarzer" Rhythmik; Vertreter: SCOTT JOPLIN, JELLY ROLL MORTON, TOM TURPIN, JAMES SCOTT, EUBIE BLACKE. Moderne Interpreten: WILLIAM BOLCOM, REGINALD R. ROBINSON.

- ⊙ **New Orleans Jazz** 1900 bis 1925 – „weißer" Dixieland; Kollektiv-/Soloimprovisation; aus Militärkapelle entstandene Combo; Vertreter: JOE „KING" OLIVER, BUNK JOHNSON, LOUIS ARMSTRONG mit den „HOT FIVE" und „HOT SEVEN", JOHNNY DODDS, KID ORY, LIL HARDIN, ORIGINAL DIXIELAND JASS BAND, NEW ORLEANS RHYTHM KINGS

- ⊙ **Chicago Jazz** 1925 bis 1930 – Tutti-Spiel, zunehmend Solo-Improvisationen, vor allem junge „weiße" Gruppen; Vertreter: BIX BEIDERBECKE, AUSTIN HIGH SCHOOL GANG

- ⊙ **Swing Jazz** 1940 bis 1945 – „Arrangements" in Tutti-Teilen, Improvisationen nur in Soli, tanzmusikartig; Big Band mit mehrfach besetzten Bläsern, die in Gruppen (sections) spielen; Vertreter: DUKE ELLINGTON, COUNT BASIE, BENNY GOODMAN, ELLA FITZGERALD, BILLY HOLIDAY, COLEMAN HAWKINS, LESTER YOUNG, OSCAR PETERSON, GENE KRUPA

- ⊙ **Bebop** 1940 bis 1955 – Melodie-Instrumente spielen unisono im Eingangs- und Schluss-Tutti; rasend schnelle, hektische Solo-Improvisationen; komplizierte Harmonik; Combo; Vertreter: CHARLIE PARKER, DIZZY GILLESPIE, THELONIOUS MONK, CHARLIE MINGUS, KENNY CLARKE. Wichtige Alben: THELONIOUS MONK: Genius of Modern Music; CHARLIE PARKER: The Bird Returns; BAD POWELL: The Amazing Bud Powell; CHARLIE PARKER, DIZZY GILLESPIE, BUD POWELL, CHARLES MINGUS, MAX ROACH: The Quintett – Jazz at Massey Hall.

- ⊙ **Cool Jazz** 1950 bis 1960 – vibratolose, gleitende Melodie-Improvisationen; komplizierte Harmonik; melancholisch-resignierter oder introvertiert-kühler Ausdruck; Anlehnung an „barocke" Formen; Combo, seltener auch Big Band; Vertreter: MILES DAVIS, LENNIE TRISTANO, LEE KONITZ, MODERN JAZZ QUARTET. Wichtige Alben: MILES DAVIS: The Complete Birth of the Cool; LENNIE TRISTANO (with WARNE MARSH & LEE KONITZ): Live in Toronto; THE MODERN JAZZ QUARTETT: Django.

- **Free Jazz** 1960 bis 1975 – Loslösung von herkömmlicher Harmonik und
  Form; neuartige Spieltechniken, ausgefallene Klangeffekte; „totale Impro-
  visation"; extrem subjektiv, elitär. Combo, seltener Big Band. Vertreter:
  ORNETTE COLEMAN, JOHN COLTRANE, ERIC DOLPHY, DON CHERRY, SUN RA.
  Wichtige Alben: ORNETTE COLEMAN: The Shape of Jazz to Come; ERIC DOL-
  PHY: Iron Man; KEITH JARRETT: Facing You.
- **Rock Jazz – Electric Jazz – Fusion Jazz** seit ca. 1975/80 – Verbindung
  von Jazz- und Rockelementen; stilistische Vielfalt; heute auch Fusion
  mit der Avantgarde; zusätzlich: elektrisch verstärkte und elektronische
  Instrumente; Vertreter: JOHN MCLAUGHLIN, MILES DAVIS, CHICK COREA, JOE
  ZAWINUL, WEATHER REPORT, UNITED JAZZ + ROCK ENSEMBLE, PAT METHENY,
  DAVID SANBORN, JAN GARBAREK, BERND KONRAD, LOUIS SCLAVIS. Wichtige
  Alben: MILES DAVIS: Bitches Brew; MAHAVISHNU ORCHESTRA: Inner Moun-
  ting Flame; HERBIE HANCOCK: Head Hunters; WEATHER REPORT: Mysterious
  Traveller.

Abb. 8.15: Gerade in den 1920er-Jahren wurde Jazz-Musik auch in Europa beliebt.
Das Bild zeigt eine Werbung für Konzerte im Berliner Palais der Friedrichstadt.

8.10 Musik und Internet

Ein neues Verhältnis zur Musik

Eine Reihe von technischen Erneuerungen veränderte in den letzten 20 Jahren grundlegend das Verhältnis von Musik zu ihrer Produktion, ihrer Vermarktung und den Hörgewohnheiten der Konsumenten. Das betrifft zwar grundsätzlich jede Musikrichtung – aber ganz besonders die populäre Musik.

Digitale Aufnahme und Vervielfältigung

Kennzeichen sind: das digitale Kopieren ohne Qualitätsverlust in Sekundenschnelle, verbunden mit der Reduktion der Datenmenge auf ein Zehntel der Originalgröße; das Tauschen oder Downloaden aus mitunter illegalen Tauschbörsen, das Angebot von unzähligen nach Sparten sortierten Rundfunksendern aus aller Welt. Dazu gibt es digitale (radioähnliche) Streamingdienste von denen einige ein individualisiertes Programm anbieten, das nach dem bereits Gehörten ähnliche weitere Titel vorschlägt (Beispiele: Spotify, Apple Music).

Musik in der Hosentasche

Eine immer größere Rolle als Hardware spielt dabei das Smartphone in seiner Funktion als Audio- oder Videoabspielgerät. Durch Kabel oder Bluetooth mit Lautprechern oder Anlagen verbunden, wird es zum teils vollwertigen Ersatz für Platten- oder CD-Spieler. Vorhandene CDs werden eingelesen oder inzwischen fast noch häufiger, es wird gleich per Download gekauft (Beispiele für Anbieter: Amazon oder Apple/iTunes). Dabei machen die schon oben genannten Streamingdienste dem „normalen" Musikkauf Konkurrenz. Ein Kennzeichen herkömmlicher Tonträgerkäufe wird dadurch abgelöst: Auf der (Vinyl)Schallplatte oder auf der CD sind Musikstücke in einer (im Idealfall vom Musiker bestimmten) Abfolge und damit in einer musikalischen „Dramaturgie" gegeben. Der Download oder das Streamen macht eine beliebige Auswahl und Einzelkauf oder -konsum möglich, was wiederum solche musikkonzeptionellen Überlegungen hinfällig macht.

Musik ist so „nah" wie nie zuvor!

Nutzen Sie aktiv die vielen Möglichkeiten des Internets für Ihre instrumentale Ausbildung und bei Interesse für die nie zu früh beginnende Vorbereitung auf das Abitur zur Erweiterung Ihres Horizontes. Beziehen Sie dabei die frei zugänglichen Sammlungen von Audios wie myspace, youtube, freemusic-archiv, jamedo, netlabels ..., die verschiedenen Formen der Internetradios, die Midisammlungen und die Noten und Partiturensammlungen wie ismlp. org oder cpdl.org und die verschiedenen Streamingportale mit ein.

Besorgen Sie sich möglichst mehrere Audio- oder Mididateien zu den Werken, die sie am Instrument gerade studieren. Freewareprogramme auf Computer und Handy helfen Ihnen, schwierige Stellen als Loop im langsameren Tempo zu studieren. Sollte kein Hörbeispiel zu finden sein, so kann auch ein Programm Scan to Midi die Lösung sein.

Hören Sie möglichst zeitnah zur Besprechung im Unterricht den ganzen Satz, das ganze Werk oder Album zu den meist kurzen Beispielen im Unterricht (am besten mit Noten). Notieren Sie den eigenen Höreindruck eventuell mit Bezug zu vorgegebenen Fragestellungen in Ihr Unterrichtsprotokoll.

Gehen Sie bewusst auf spannende Entdeckungsreise außerhalb Ihrer üblichen Hörgewohnheiten.

Copyright versus schöpferisches Gemeingut

Viele Musiker und Kunstschaffende anderer Sparten veröffentlichen heute ihre Werke nicht mehr mit dem üblichen Copyright-Vorbehalt, sondern unter der creative-commons-Lizenz und legen in einer Liste genauer fest, welche Nutzungsrechte sie einräumen. So entscheiden sich viele z. B. dafür, die Weiterverbreitung und Aufführung zu erlauben, solange der Künstlername genannt wird und kein finanzieller Profit damit erwirtschaftet wird.

Grundsätzlich unterliegen alle veröffentlichten Werke dem Gesetz zum Schutz des Urheberrechts, welches in Deutschland von der GEMA für ihre Mitglieder wahrgenommen wird, welche dafür einen Mitgliedsbeitrag entrichten. Der einmal jährlich ausgeschüttete Betrag aus Verkaufs- und Sendeerlösen rechnet sich nur bei sehr häufiger Aufführung, was meist nur dann der Fall ist, wenn der Künstler bei einem der fünf großen Plattenlabels unter Vertrag steht. Mit der entsprechenden Erlaubnis kann die Musik für eigene kreative Projekte wie z. B. Filme und Dokumentationen eingesetzt werden, die wiederum veröffentlicht werden können.

Überblick

Musik des 20. Jahrhunderts

- ⊙ Spätromantik, Neoklassizismus, Impressionismus, Expressionismus, Folklorismus
- ⊙ atonale Musik, 12-Ton-Musik
- ⊙ Serialismus
- ⊙ Elektronische Musik
- ⊙ Aleatorik
- ⊙ Klangflächenmusik
- ⊙ Minimal Music
- ⊙ Wie gelingt DEBUSSY die Abkehr vom psychologischen Musikdrama WAGNERS?
- ⊙ Warum bereitet die Verwendung der Ganztonleiter und der übermäßigen Akkorde die Atonalität vor?
- ⊙ Durchdenken Sie SCHÖNBERGS Konsonanz-Dissonanzbegriff auf der physikalischen Grundlage der Obertonreihe. Führt er grundsätzlich zur Atonalität?
- ⊙ Schließt die Verwendung der 12-Ton-Technik Tonalität aus?
- ⊙ Handelt es sich bei 4'33 von John Cage um Musik, um Kunst oder um bloße Provokation?

Jazz, Rock und Pop

Können Sie über diese <u>Schlüsselbegriffe</u> referieren?

- ⊙ Blues
- ⊙ Jazz
- ⊙ Pop
- ⊙ Rock
- ⊙ Rhythm & Blues
- ⊙ Reggae
- ⊙ Rock'n Roll
- ⊙ Beat
- ⊙ Hard Rock
- ⊙ Punk
- ⊙ Techno Rock

Glossar

absolute Musik
Ideal einer nur von musikalischen Zusammen-hängen und Gesetzmäßigkeiten bestimmten Instrumentalmusik frei von außermusikalischen Programmen wie Bildern, poetischen Texten u. a. Ab ca. 1850 stand die Theorie der „tönend bewegten Form" nach dem Wiener Musikkritiker EDUARD HANSLICK für Reinheit und Vollkommenheit der Musik im Gegensatz zur Programmmusik.

Affektenlehre
In der Musiktheorie des Barocks systematisch ausgearbeitete Lehre, um im Hörer Gefühlszustände wie beispielsweise Freude, Leidenschaft, Trauer durch musikalische Mittel hervorzurufen, so z. B. Schmerz durch eine Häufung von Dissonanzen.

Afrikanische Penta-Heptatonik
Verschiedene lokal und kulturell unterschiedliche, meist mündlich überlieferte afrikanische Tonsysteme wurden bei der Entstehung des Jazz in der Begegnung mit dem europäischen Dur-Moll-System in der Blues-Tonleiter mit erniedrigter 3. und 7. Stufe vereinheitlicht.

Agogik
Beabsichtigte, nicht notierte Temposchwankung *(Tempo rubato)* zur Verstärkung des musikalischen Ausdrucks wie z. B. die Dehnung einer Zweierbindung oder eines harmonischen Vorhalts

Air
Bestandteil der Gattung Lied, seltener eine einfache zweiteilige Instrumentalkomposition. Im Barock kann die Air Bestandteil einer Suite mit kantablem Charakter sein.

Akkolade
Mehrere übereinander angeordnete Notensysteme, die gleichzeitig erklingen. Man findet sie beispielsweise bei Klaviernoten oder in einer Partitur.

Akkord
Zusammenklang von drei oder mehreren Tönen die sich harmonisch deuten lassen auf Grundlage der Lehre des →Dreiklangs.

Akzentstufentakt
Ab ca. 1600: geregelte Abstufungen von Betonungen innerhalb eines Taktes mit dem Hauptakzent nach dem Taktstrich so im 4/4-Takt schwer, leicht, mittelschwer, leicht

Akzidenzien
→Vorzeichen

Aleatorik
(lat.: *alea* – Würfel) Kompositionsstil nach 1950, welcher im Gegensatz zum alle Parameter bestimmenden →Serialismus den Zufall als strukturbildendes Merkmal zulässt.

Allemande
Meist langsamer Schreittanz im 4/4-Takt, in der Barockzeit 1. Satz der vierteiligen Suite

Arie
Von Instrumenten begleiteter, vorwiegend in der Oper auftretender Sologesang oft in ABA´-Form zur Darstellung von Gemütsbewegungen (Affekten) wie z. B. Wut, Rache. Meist geht ein Rezitativ voraus.

Artikulation
Verschiedene Abstufungen von Trennung oder Bindung aufeinander folgender Töne, die durch Bögen, Striche oder Punkte über den Noten gefordert wird *(legato, staccato, portato, marcato …).*

Atonalität
Musik ohne Bezug zu einem tonalen Zentrum (Grundton)

Auflösungszeichen
(♮) hebt die Erhöhung (♯) oder Erniedrigung (b) eines Stammtons (weiße Tasten des Klaviers) wieder auf.

Auftakt

Melodiebeginn mit einem unvollständigen Takt, der zusammen mit dem Schlusstakt wieder einen vollständigen Takt ergibt.

Augmentation

Vergrößerung der Notenwerte eines Motivs um das Zwei- oder Mehrfache, s. a. → Diminution

Ballade

Der Begriff verändert mehrmals seine Bedeutung im Mittelalter und der Renaissance. Ab 1770 verstand man darunter die Vertonung epischer Erzählungen für Gesang oft mit tonmalerischer Klavierbegleitung, aber auch für erzählende Instrumentalmusik. In der Pop-Musik steht Ballade für ein lyrisches oft nur instrumental vorgetragenes Stück.

Barock

Zeitraum von ca. 1600–1750 auch → Generalbass-Zeitalter oder Epoche des → konzertierenden Stils genannt auf der Grundlage der absolutistischen Gesellschaft. Entstehung von → Oper → Kantate und → Oratorium mit → Monodie, → Rezitativ und → Arie. Innerhalb der höfischen Musikkultur entsteht eine selbstständige Instrumentalmusik mit Formen wie Sonate und Triosonate. Ausgehend von der venezianischen Mehrchörigkeit entstehen Canzoni per sonar, das *Concerto grosso*, Solo-Konzert und die Weiterentwicklung der Suite für Orchester. Aus der instrumentalen Ouverture entwickelt sich im 18 Jh. die Sinfonie. Weitere musikalische Merkmale: Das Dur-Moll-System verdrängt die Kirchentonarten, Akzentstufentakt, temperierte Stimmung ab 1700.

Basso continuo

Akkordkurzschrift der Musik des 17. und 18. Jahrhunderts (→ Generalbass). Über einer durchlaufenden Bassstimme wurden harmonische Füllakkorde improvisiert, die durch den Basston und einige darunter stehende Ziffern bestimmt wurden. Über dem Basston wurde üblicherweise der leitereigene Dreiklang gespielt, Abweichungen davon wurden durch die Ziffern bezeichnet.

Beat

1. Grundschlag; im Jazz auch → On-Beat genannt im Gegensatz zum → Off-Beat, der vor dem Grundschlag erklingt. 2. Musik der Beatles und Rolling Stones ab 1960

Bebop

1940 von schwarzen Musikern als Reaktion auf den kommerzialisierten Swing entwickelter Jazzstil mit unberechenbaren hektischen und virtuosen Melodiefloskeln, Akzentverlagerungen und alterierten, dissonanten Spannungsakkorden. Der Name Bebop imitiert die abwärts gerichtete verminderte Quinte.

Big Band

Groß besetztes, um 1930 während der Swing-Epoche entstandene Orchesterformation mit mehrfach besetzten Trompeten, Posaunen und Saxophonen und einer Rhythmusgruppe mit Klavier, Gitarre, Bass und Schlagzeug.

Blue notes

Erniedrigte 3., (5.) und 7. Stufe

Blues

Eng mit den Lebensverhältnissen der afroamerikanischen Bevölkerung in den USA verbundene poetisch-musikalische Ausdrucksform mit charakteristischer Gestaltung von Text, Melodie, Harmonik und Form ist der Blues eine wichtige Grundlage für die Entwicklung von Jazz, Rock und Rock'n'Roll. Zu einer beschreibenden Textaussage, die wiederholt wird, gibt der Sänger in der dritten Verszeile eine emotional reflektierende Antwort. Musikalisch ist die am häufigsten verwendete 12-taktige Bluesformel entsprechend gestaltet, mit 3 mal 4 Takten, in welcher die Melodie der ersten Zeile (4 Takte Tonika) auf der Subdominante wiederholt wird. Die Antwortzeile startet auf der Dominante und endet auf der Tonika, was einer klassischen Kadenz mit Hauptdreiklängen entspricht.

Bluestonleiter

Auf afrikanische Pentatonik zurückgehende Tonleiter mit den erniedrigten Stufen 3, 5 und 7 (*blue notes*), oft ohne 2. Stufe

Bourée
Fröhlicher, ursprünglich aus Südfrankreich stammender Gesellschaftstanz meist in 2/2-Takt; in Oper, Ballett und Suite Bestandteil der Musik des Barock

brass section
Blechbläsergruppe, in der Big Band meist 4 Trompeten und Posaunen

Cakewalk
Seit 1870 afroamerikanischer Tanz in synkopischem 2/4-Takt

Call and response
Kurze, variierte Melodien eines Vorsängers werden vom Chor wiederholt.

Cantus firmus, c. f.
Lat.: feststehender Gesang, oft eine Melodie des Gregorianischen Chorals, die in größeren Notenwerten einer mehrstimmigen Komposition zugrunde liegt.

Chanson
1. die *Chanson*: im franz. Mittelalter weltliches Lied, ab 13. Jh. dreistimmige Komposition mit liedhafter Oberstimme. 2. im 20. Jh. das *Chanson*, Lieder oft mit politischer oder sozialkritischem Inhalt nach französischem Vorbild.

Charakterstück
Gattung der romantischen Instrumentalmusik: ein kurzes von einer poetischen Idee bestimmtes Instrumentalstück meist für Klavier ohne feste Form, das oft durch einen Titel näher bestimmt wird wie z. B. „Träumerei" oder „Nocturne".

Charaktervariation
Variation mit eigenständigem, zur Vorlage kontrastierendem Charakter durch Veränderung spezieller Motive oder harmonischer Wendungen

Chicago Jazz
Weicherer „weißer" Stil des Jazz um 1920 mit weicherer, europäisch orientierter Tongebung und vermehrter Soloimprovisation in festgelegten Ablauffolgen anstelle der Kollektivimprovisation

Cluster
Tontraube aus eng beieinanderliegenden Tönen, meist Sekunden, aber auch größeren oder kleineren Intervallen (Vierteltönen). Ambitus, Dichte, statische Struktur oder innere Bewegung kennzeichnen die klangliche Wirkung.

Coda
(it.: Schwanz) abschließender Teil einer Komposition, der als freier Teil in jeder Form auftreten und diese abschließen kann, so z.B. in Lied, Variation, Rondo oder in Sätzen der Sonate bzw. Sinfonie.

Collagetechnik
Geräusche, Klänge oder Zitate aus Musikstücken werden als Material in einem neuen Sinn zusammengestellt.

Comes
Auf den → Dux folgendes Fugenthema in der Dominante (Oberquinte oder Unterquarte), welches real (ursprüngliche, nur quinttransponierte Gestalt) oder tonal (leicht verändert) auftreten kann.

Commedia dell'arte
Stegreiftheater mit Masken und verschiedenen typischen Figuren wie Arlecchino, Colombina.

Concertino
Solistengruppe im *Concerto grosso*

Concerto
1. Zusammenwirken einer Gruppe von Musikern (ital.: *concertare* – zusammenwirken); 2. eine musikalische Gattung (lat.: *concertare* – wettstreiten), geprägt vom Mit- und Gegeneinander verschiedener Stimmen und Klanggruppen auf der Grundlage des Generalbasses. Die älteste Form, das „mehrchörige Konzert" wirkt durch den Raumklang mehrerer Klanggruppen, deren zahlenmäßige und instrumental-vokale Besetzung oft noch nicht festgelegt war, das „Solokonzert" lebt vom klanglichen Wechsel zwischen einem einzigen Solisten und dem Orchesterapparat. Dazwischen steht das → *Concerto grosso*.

Concerto grosso
Dem gesamten Orchester *(Ripieno* oder *Tutti)* steht eine Gruppe von Solisten *(Concertino)* gegenüber. Zwischen die vom *Ripieno* gespielten

wiederkehrenden Themen *(Ritornell)* werden Soloepisoden eingeschoben. Die Satzstruktur entspricht der Kirchensonate (langsam – schnell – langsam – schnell) oder der Kammersonate (schnell – langsam – schnell).

Cool Jazz
Stilrichtung um 1950, Off-beat-Spiel nach dem Grundschlag, vibratoloser verhaltener Ausdruck und Nähe zur Kunstmusik.

Coro-spezzato-Technik
Zwei räumlich getrennte Chöre wechseln sich nicht nur versweise, sondern in kleineren Sinneinheiten ab.

Countryrock
Stilrichtung des Rock mit Elementen der Countrymusik wie den aus der europäischen Volksmusik stammenden Melodien sowie den typischen Instrumenten und Spielweisen.

Courante
Lebhafter, auftaktiger Tanz im 3/4-Takt, zweiter Tanz der viersätzigen klassischen → Suite des Barock

Da-capo-Arie
In der Wiederholung des A-Teils einer Arie in ABA-Form kann der Sänger mit virtuosen Läufen, Umspielungen und Trillern den Aussagegehalt der Arie erhöhen und dem Publikum die eigene Gesangskunst vorstellen.

Diminution
Verkleinerung der Notenwerte eines Motivs um das Zwei- oder Mehrfache, s. a. → Augmentation.

dirty tones
Typische afroamerikanische Gesangsweise, die durch rauen Klang eine persönlich ausdrucksvolle Tonbildung anstrebt. Entsprechungen werden in der Instrumentalmusik z. B. durch Wah-wah-Dämpfer, Growl-Effekte oder Verzerrer erzeugt.

Dissonanz
Klang mit Spannungscharakter im Gegensatz zur → Konsonanz

Dixieland Jazz
Um 1900 „weiße" Nachahmung des von afroamerikanischen Musikern entwickelten New-Orleans-Jazz mit Glättung und Kommerzialisierungstendenz.

Dodekaphonie
→ 12-Ton-Musik

Doppelfuge
Fuge mit zwei Themen

Durakkord
Dreiklang aus großer und darüber liegender kleiner Terz, Grundakkord des Dur-Moll-Systems und damit Hauptklang der abendländischen Musik ab ca. 1400, in der Naturtonreihe Ton 3, 4 und 5

Durchführung
Mittelteil der Sonaten-Hauptsatz-Form mit verstärkter motivisch-thematischer Verarbeitung oft mit Modulation in entfernte Tonarten

Durchgang
Begriff aus dem kontrapunktischen Satz: stufenweise fortschreitende Dissonanz auf unbetonter Taktzeit, s. a. Wechselnote und Vorhalt auf betonter Taktzeit

Dux
Fugenthema in der Originalgestalt und in der Haupttonart

Dynamik
Tonstärke, im Verlauf der Musikgeschichte immer detailreicher in der Komposition notierte Vortragszeichen, so z. B. für gleichbleibende (p, f), für ab- bzw. zunehmende (*cresc., decresc.* oder für plötzlich zu verändernde Lautstärke (sf).

Elektronische Musik
Um 1950 entstandene Musikrichtung, bei der Klänge mit elektronischen Mitteln kompositorisch bearbeitet werden.

Engführung
Wiedereintritt eines Motivs oder Themas meist in polyphonen Werken, bevor dieses in einer anderen Stimme beendet wurde.

Enharmonische Verwechslung

Gleich klingende Töne können in temperierter Stimmung verschiedene Namen haben (c = his = deses = aisisis).

Etüde

Instrumentalstück zum Training bestimmter technischer Schwierigkeiten, auch eigenständiges Kunstwerk

Evangelische Kirchenmusik

Vokal- und Instrumentalmusik zur Aufführung im evangelischen Gottesdienst. Ausgehend vom liturgischen, deutschsprachigen und von der Gemeinde gesungenen Kirchenlied, das als evangelischer Choral den gregorianischen ersetzte, wurden Lesungsmusik, Spruchmotette, geistliches Konzert und Kantate zu vollgültigen Bestandteilen des Gottesdienstes. Nach Luthers Verständnis vom göttlichen Ursprung der Musik hat Musik in der evangelischen Tradition neben dem Lobpreis auch immer die Aufgabe der Verkündigung.

Evangelischer Choral

Text und Musik der Gemeindelieder im evangelischen Gottesdienst

Exposition

Formbegriff der Klassik, erster Teil der → Sonatenhauptsatzform, mit zwei kontrastierenden Themen in folgendem Tonartenschema: Hauptthema in Dur – Seitenthema in der Dominante z. B. (G–D); Hauptthema in Moll Seitenthema in der Durparallele (Cm–Es). Die Exposition wird in der Regel wiederholt.

Expressionismus

In den ersten beiden Jahrzehnten des 20. Jahrhunderts in verschiedenen Künsten nach dem Impressionismus ein Stil mit gesteigertem Ausdruck des inneren subjektiven Empfindens. In der Musik werden Dissonanzen, freie Formen und extrem gesteigerte Klänge verwendet. Komponisten wie SCHÖNBERG, STRAWINSKY, HINDEMITH und BARTÓK kamen zu sehr verschiedenen kompositorischen Ergebnissen ohne einheitliche Stilmerkmale. Diese Musik zeichnete sich durch Dissonanzen, freie Formen und ins Extreme gesteigerte Klänge aus. Im Mittelpunkt stand die Selbstverwirklichung des Künstlers.

Fantasie

Formal frei gestaltetes Instrumentalstück, welches einen Zusammenhang mit Improvisation erkennen lässt.

Faux-Bourdon-Satz

Eine in der Renaissance gebräuchliche homophone Satztechnik aus einer Kette von Sextakkorden, die in einem Quint-Quart-Klang enden. Aufgrund des Verbotes von Quartparallelen wurden nur die Außenstimmen notiert, die parallele Mittelstimme in der Art eines falschen Basses (it.: *falsobordone*) dazu improvisiert.

Figuralvariation

Umgestaltung einer Melodie z. B. durch Verzierungen, Takt- oder Tonartwechsel, Motivveränderungen und -abspaltungen, während das Melodiegerüst des Themas in Form und Harmonik erhalten bleibt.

Florentiner Camerata

Ein Kreis von Gelehrten, Dichtern und Philosophen um 1600 mit dem Ziel der Wiedererweckung der wundersamen Kraft der antiken Musik. Die Verbindung mythologischer Dramenstoffe mit der Monodie (Sologesang mit akkordischer Begleitung) führte zu rezitativisch generalbassbegleiteten Sprechgesang mit gelegentlichen dramatischen und kantablen Ausschmückungen. Die ersten erhaltenen Opern sind Dafne (1598) von PERI und Euridice (1600) von PERI und (1602) von CACCINI.

Formenlehre

Schematische Beschreibung der Gestaltmodelle musikalischer Gattungen, wobei das einzelne Werk vielfach vom Gestaltmuster abweicht.

Free Jazz

Um 1960 in New York und Chicago entstandener Jazzstil, der alle bisher geltenden Formgesetze, das Spiel auf Grundlage von Harmonien sowie die regelnde Funktion des Grundschlags *(beat)* aufhob. Spontanes Reagieren, klanginspiriertes Improvisieren mit hohem Geräuschanteil im Ton, vor allem inspiriert durch ORNETTE COLEMAN, MILES DAVIS und JOHN COLTRANE, auf Grundlage modaler Tonleitern, später auch mit außereuropäischer Tonskalen führte zu einer Art neuer aggressiver Polyphonie.

Fugato

Fugenähnliche, aber nicht streng durchgeführte Abschnitte oft in Vokalkompositionen.

Fuge

Die Fuge ist eine kunstvolle kontrapunktische Instrumentalform für zwei bis fünf, gelegentlich auch mehr Stimmen, mit streng geregelten Teilen, in denen das Fugenthema einmal oder mehrmals auftaucht (Durchführungen) und lockeren themenfreien Abschnitten (Zwischenspielen). Die erste Durchführung, auch Exposition genannt, folgt einer genauen Regel: Die Fuge beginnt mit dem Thema als *Dux* in der Haupttonart, der zweite Themeneinsatz, *Comes* genannt, erfolgt in der Dominanttonart eine Quinte höher oder eine Quarte tiefer. Währenddessen wird die erste Stimme als Kontrapunkt weitergeführt. Der dritte Themeneinsatz erfolgt wieder als *Dux* in der Grundtonart, während die zweite Stimme mit dem Kontrapunkt fortfährt. Die Exposition endet, wenn alle beteiligten Stimmen das Thema einmal vorgestellt haben. Bei einer realen Themenbeantwortung des *Dux* werden die Töne des *Comes* unter Wahrung der Intervallverhältnisse in reiner Quinttransposition unverändert in die Dominanttonart übernommen. Bei einer tonalen Beantwortung erfolgt eine Intervalländerung im Themenverlauf, um in der Haupttonart zu bleiben. Ein beibehaltener Kontrapunkt taucht in gleichbleibender Gestalt immer wieder zusammen mit dem Thema auf.

Fugenthema

Fugenthemen besitzen meist einen durch bestimmte Rhythmen und Intervalle gut erkennbaren Themenkopf und eine fließende, oft unmerklich in den Kontrapunkt übergehende Weiterführung.

Fusion Jazz

Seit 1970 Verschmelzung von Jazz mit Rock und Pop sowie mit Elementen der Folklore verschiedenster Länder Indiens, Afrikas und Südamerikas.

Ganztonleiter

Besteht aus sechs Ganztonschritten (z. B. c – d – e – fis – gis – ais – his (= c)) ohne Grundton. Die Dreiklänge auf jeder Stufe sind übermäßig (z. B. c – e – gis, d – fis – ais, …). Sie sind klanglich nicht von ihrer Umkehrung zu unterscheiden (z. B. e – gis – his = e – gis – c). Bedingt durch die übermäßigen Quinten (z. B. c – gis, d – ais, …) gibt es bei der Ganztonleiter keine Tonika-Dominantspannung.

Gavotte

Hof- und Gesellschaftstanz, Bestandteil der Orchestersuite.

Gegenbewegung

Begriff der Satztechnik, zwei Stimmen, oft die Ober- und Unterstimme, die sich in gegensätzliche Richtungen bewegen.

Geistliche Musik

Musik, die für den religiösen Gebrauch komponiert oder musiziert wird, im Gegensatz zur weltlichen Musik.

Geistliches Konzert

Musikalische Gattung im 17. Jh., mit solistischer Besetzung der Vokalstimmen, geht in der Kantate auf.

Generalbass

→ *Basso continuo.*

Gigue

Lebhafter Tanz oft in schnellem 6/8-Takt, aus der irisch-schottischen Jig entstanden, vierter Tanz der vierteiligen klassischen Suite.

Gospelsong

Christliche Musik mit afroamerikanischen Wurzeln

Graduale

1. „Stufengesang", Gesang nach der 1. Lesung.
2. *Liber gradualis,* Buch mit den Messgesängen des *Proprium* und des *Ordinarium missae.*

Grafische Notation

Die Verwendung von Symbolen, Texten und Bildern zusätzlich oder anstelle der herkömmlichen Elemente der Notenschrift in der experimentellen und Avantgarde-Musik seit dem 20. Jahrhundert. Mehrdeutige grafische Notationen können einen bestimmten Bewegungsablauf fordern oder sollen als freie Assoziation zu eigenen musikalischen Aussagen anregen. Ein eindeutiger Bezug des klingenden Ergebnisses zur vorliegenden Notation ist dabei nicht beabsichtigt.

Gregorianik
Geschichte, Theorie und Praxis des gregorianischen Chorals

Gregorianischer Choral
Einstimmiger lateinischer Gesang der römischen Kirche, als zunächst unbegleitet gesungenes Wort Gottes ein wesentlicher Bestandteil der liturgischen Handlung. Das Kernrepertoire besteht aus dem → *Proprium* und dem → *Ordinarium* der Heiligen Messe sowie dem → Stundengebet, aufgezeichnet für die Messgesänge im → *Graduale* für das Stundengebet im → *Antiphonale*.

Hardbop
Gegenpol zum Cool Jazz um 1950 sucht durch Verwendung alter Formen wie Worksong und Blues verstärkt die Wurzeln des Jazz hervorzuheben.

Harddisc-Recording
Die heute übliche Technik der digitalen Tonaufnahme auf Festplattensysteme mit weitreichenden Möglichkeiten zur nicht-linearer Bearbeitung, ohne die Quellaufnahme zu verändern.

Hauptthema
In der Formenlehre das erste Thema im Kopfsatz einer in der → Sonaten-Hauptsatz-Form komponierten → Sonate bzw. → Sinfonie.

Hausmusik
Seit dem 17. Jh. im bürgerlichen Familien- oder Freundeskreis gepflegte Musik im Gegensatz zur öffentlichen Musikausübung am Hof, in Kirche, Stadt oder Staat.

Heavy Metal
Nachfolger des Hard-Rock mit härterem Sound in den späten 1970er- und 1980er-Jahren mit Bands wie Saxon und Judas Priest

Heterophonie
Zwischen Ein- und Mehrstimmigkeit liegende Musizierpraxis, bei welcher eine erklingende Melodie gleichzeitig von weiteren Instrumenten auf verschiedene Weisen verziert und umspielt wird.

Hexachord
In der mittelalterlichen Musiktheorie eine Folge von sechs aufeinander folgenden Tönen, welche überlappend den gesamten Tonraum abbilden.

Hip Hop
Schnelles rhythmisiertes Sprechen vor einem dichten Rhythmushintergrund, aus den afroamerikanischen Ghettos der USA, weitere Merkmale: Sampeln, Scratchen, Rap

Hot intonation
Ein Merkmal des afroamerikanischen Gesangs, die harte Akzentuierung von Noten wird auch beim Instrumentalspiel in Jazz und Rock angewendet.

House
Härterer Stil des Techno Rock

Hymnus
1. Lobgesang. 2. Mit Ambrosius von Mailand um 400 beginnende, streng metrische Dichtung, die, als Strophenlied gesungen, vor allem im Stundengebet der Mönche ihren Platz fand, mit jambischem Versmaß; jede Strophe besteht aus vier Zeilen mit jeweils vier Hebungen.

Ideensinfonie
Bezeichnung für einen Sinfonietypus Beethovens 3. (Sinfonia Eroica), 5. und 9. Sinfonie

Imitation
Das gleiche oder veränderte Übernehmen einer melodischen Linie in einer anderen Stimme

Impressionismus
Musik aus Debussys mittlerer Schaffensperiode, nach einer Stilrichtung der französischen Malerei um 1900 benannt, sucht Klarheit und Natürlichkeit. In Verbindung mit Titeln werden feine Stimmungsbilder gemalt, die vor allem Mensch und Natur abbilden. Musikalische Mittel: unabhängig von periodischer Eingrenzung und funktionaler Harmonik sich entfaltende Melodik, reich verästelte, schwebende Rhythmik. Akkorde und Dissonanzen werden als Farbwerte nebeneinandergesetzt. Weitere musikalische Mittel sind: Ganztonleiter und Pentatonik leittonlose Akkorde, Kirchentonarten, Terzschichtakkorde (Nonen- und Undezimenakkorde), parallelverschobene Akkorde und naturverbundene Orchesterklangfarben.

Improvisation
Spontanes freies Spiel ohne festlegende Noten

Instrumentalmusik
Gegensatz zur Vokalmusik, ausschließlich auf Instrumenten gespielte Musik

Intermezzi
Heiter-komische Zwischenakteinlagen der *Opera seria*.

Jazz
Um 1900 aus einem Prozess der gegenseitigen Durchdringung der afrikanischen und der europäisch-amerikanischen Kultur entstandener Musikstil mit den Wurzeln Worksong (rhythmisch betontes Lied zur Arbeitsbegleitung) und Blues (erzählt von persönlichen Problemen, prangert aber auch Diskriminierung und soziale Missstände an).

Jazzrock
Rockstil mit Einflüssen des Jazz

Kadenz
1. Akkordverbindung der Hauptstufen. 2. Soloepisode in einem Satz eines Instrumentalkonzerts

Kammermusik
Musik für kleine solistisch besetzte Ensembles

Kammersonate
Sonatentyp im 18 Jh. mit der Satzfolge: Präludium mit zwei bis vier folgenden Tanzsätzen

Kantate
Mehrteilige, instrumentalbegleitete, ursprünglich solistisch, später auch mit Soloensembles und Chorsätzen besetzte Hauptgattung der evangelischen Kirchenmusik und der Musik des 17. und 18. Jh.

Kantilenensatz
Im Mittelalter eine Liedform mit gesungener Oberstimme, von ein bis drei Instrumenten begleitet, mit den Formen Ballade, *Rondeau* und *Virelai*

Katholische Kirchenmusik
Vokal- und Instrumentalmusik zur Aufführung im katholischen Gottesdienst. Wichtige Formen sind Messvertonungen, Kantaten, Motetten, Choräle, einstimmige Kirchengesänge und verschiedene Formen der Orgelmusik.

Kirchensonate
Sonatentyp im 18 Jh. mit der Satzfolge: 1. Satz: langsam, gravitätisch imitierend; 2. Satz: schnell, fugiert; 3. Satz: langsam, kantabel, homophon; 4. Satz: schnell, fugiert

Kirchentonart
Im Mittelalter verwendete Tonarten, zu den vier authentischen Kirchentonarten (*Modi, toni*) dorisch, phrygisch, lydisch, und mixolydisch sowie den vier plagalen Kirchentonarten hypodorisch, hypophrygisch, hypolydisch und hypomixolydisch mit der jeweils gleichen Finalis (Schlusston) kamen um 1550 noch äolisch (*cantus mollis*) und ionisch (*cantus durus*), aus denen später Moll und Dur wurden, sowie ihre plagalen Formen hinzu.

Klang
Klang wird in der Musik nicht eindeutig verwendet, so kann der Begriff einen Ton allein aber auch mehrere gleichzeitig erklingende Töne bezeichnen (z. B. Dreiklang), oder auch Klangfarbe bzw. Klangcharakter.

Klangballung
→ Cluster

Klangflächenmusik
Kompositionen, welche Klang und Klangflächen gestalten durch übereinandergelegte Akkorde sowie vertikale und horizontale Tonverbindungen in Form von Clustern und Glissandi.

Klangkontrast
Wechsel der Klangfarbe durch verschiedene musikalische Mittel wie z. B. Solo–Tutti, vokal–instrumental, hoch–tief

Klassik
In der Musik versteht man unter Wiener Klassik die Zeit von 1750 (dem Todesjahr Bachs) bis 1827 (dem Todesjahr Beethovens) mit Stil und Werken der drei großen Wiener Komponisten (Haydn, Mozart, Beethoven).

Klassizismus, romantischer
Musik, die sich an ältere Vorbilder anlehnt, so werden beispielsweise Kompositionen von Mendelsohn und Brahms bezeichnet, die die Formprinzipien der Wiener Klassik anwenden.

Klavierlied
Kunstvolle Vertonung eines Gedichts für Solo-stimme und Klavier

Klaviersuite
Klaviermusik in Form einer Suite

Kollektivimprovisation
Ursprüngliches Merkmal des Jazz, alle Musiker der Gruppen improvisieren gleichzeitig.

Konsonanz
Klang mit ruhigem Charakter mit einfachen Pro-portionen der Schwingungszahlen, Oktave (1/2), Quinte (2/3), Prime werden als vollkommene Konsonanzen bezeichnet, Terzen und Sexten als unvollkommene Konsonanzen. Die Quarte (3/4) ist konsonant, wenn ihr Hauptton (Grundton des Akkords) oben liegt, sonst ist sie dissonant.

Kontrafaktur
Verfahren bei dem aus einem Kunstwerk unter Beibehaltung bestimmter Bestandteile ein neues Kunstwerk gemacht wird – z. B. durch die Neutextierung einer Melodie.

Kontrapunkt
Kompositionstechnik mit dem Ziel melodisch selbstständiger Stimmführung im Gegensatz zur Harmonielehre

Konzertierender Stil
Ab 1560, klangprächtiges generalbassbegleitetes Musizieren mit unterschiedlichen vokalen und instrumentalen Klanggruppen, entstand direkt aus der Vokalpolyphonie.

Konzertouvertüre
Kleineres Orchesterstück ohne Bezug zu einer Oper, oft in der Form eines Sonatensatzes mit vorangestellter langsamer Einleitung

Konzertstück
Auch als *Concertino* bezeichnet; ein einsätziges Konzert für Soloinstrument und Orchester in So-natenhauptsatzform oder formaler freier Anlage

Kopfsatz
Erster Satz einer Sonate oder Sinfonie in der Sonatenhauptsatzform

Krebs
Melodie oder 12-Ton-Reihe von hinten nach vorn

Krebsumkehrung
Melodie oder 12-Ton-Reihe von hinten nach vorn mit gespiegelter Intervallrichtung.

Kunstlied
1. Klavierlied der Romantik. 2. Lied, das den Kunstwillen eines Komponisten zum Ausdruck bringt im Gegensatz zum Volkslied.

Lautensuite
Suite für das Instrument Laute.

Leitmotiv
Ein charakteristisches wiederkehrendes Motiv, welches symbolisch für Personen, Gegenstände, Stimmungen usw. steht und dabei dem Verlauf einer Handlung entsprechend variiert werden kann.

Lied
Ein gesungener Text von einer nur beiläufig improvisierten Lebensäußerung bis zur in allen Details von Melodie und Begleitung geplanten und notierten Kunstäußerung eines Autors und dessen Interpretation im Konzertsaal. Bei der Verbindung von Gedicht und passender Melodie wird oft die → Strophenform verwendet und zwischen → Volkslied und → Kunstlied unter-schieden. Ein Lied kann auch rein instrumental ausgeführt werden. Der Begriff Lied wird auch für epische Dichtungen verwendet.

Liedermacher
Singen eigene selbstkomponierten Lieder, wobei die Verbindung von aktuellem Text vom „Macher" selbst musikalisch gestaltet und vor-getragen meist sehr authentisch wirkt.

Liedsatz
1. mehrstimmige Vertonung eines Liedes für Vo-kalstimmen. 2. Bezeichnung für den langsamen oft liedhaften 2. Satz einer Sinfonie

Literaturoper
Opernmusik zu einem schon bestehenden dra-matischen Bühnenstück, ohne ein Libretto zu verwenden, in welchem der Text für die Kompo-sition gekürzt und verändert wurde.

Liverpool-Beat
Beginn der europäischen Rockmusik 1962/63, bekannteste Gruppe *The Beatles*

Loops
Wiederholungsschleifen, oft in den Stilen
→ Techno, → Rap, → House zu finden

Madrigal
Mehrstimmige Vokalvertonung mit weltlicher
Lyrik, dreistimmig ab dem 14. Jh., vier- und
mehrstimmig ab dem 16. Jh. mit reicher harmonischer und tonmalerischer Textausdeutung
(Madrigalismen). Das Gegenstück mit geistlichem Text ist die → Motette.

Mehrchörigkeit
Musizieren mit zwei oder mehreren gleich oder
verschieden besetzten Vokal- oder Instrumen-
talchören, die oft an verschiedenen Stellen im
Raum aufgestellt wurden.

Mehrspurtechnik
Verfahren der Audioaufzeichnung, bei welchem
mehrere gleichzeitig oder nacheinander aufge-
nommene Tonspuren früher auf ein Magnetband
aufgezeichnet wurden. Heute werden die Spuren
in digitaler Form auf eine Festplatte gespeichert,
was vielfältige Möglichkeiten der Nachbearbei-
tung ermöglicht.

Mehrstimmigkeit
Musik mit zwei oder mehr erklingenden Tönen

Melodievariation
Umgestaltung der Melodie durch Verzierungen,
Takt- oder Tonartwechsel oder Motivverände-
rungen ,während das Melodiegerüst in Form und
Harmonik erhalten bleibt.

Melodik
1. Lehre der Melodie. 2. bezeichnet die charak-
teristischen Eigenschaften einer Melodie oder
Melodiengruppe aus Tonhöhen, Rhythmus und
Betonungen, welche deren unverwechselbare
Gestalt prägen.

melody section
Bezeichnung für die eine Melodie spielenden Instrumente einer Band im Gegensatz zur *rhythm
section*.

Mensuralnotation
Nach der Choralnotation mit unbestimmten
Tondauern das Notationssystem der Vokalpolyphonie ab dem 13. Jahrhundert noch ohne Taktstriche, mit welchem auch rhythmisch komplexe
Vorgänge festgehalten werden konnten. Aus den
Noten in quadratischer oder rhombischer Form,
bei welchen die Unterteilungen in der Regel
dreizeitig (*tempus perfectum*) waren, aber durch
Mensurzeichen bestimmt auch zweizeitig sein
konnten (*tempus imperfectum*) entstand durch
Abrunden der Notenköpfe ab dem 15. Jahrhundert die heutige Notenschrift.

Menuett
Ruhiger Tanz im 3/4-Takt der sowohl in der
→ Suite als auch in → Sonate und → Sinfonie
vorkommt. Seine komplexen Figuren und
Schrittfolgen stehen symbolisch für das aristo-
kratische Hofzeremoniell der Barockzeit.

Messe
Bezeichnung des christlichen Hauptgottes-
dienstes, der Eucharistiefeier. Als musikalische
Gattung ab Ende des 14. Jahrhunderts existent,
meint Messe die Vertonung des → *Ordinarium
missae (Kyrie, Gloria, Credo, Sanctus/Benedictus,
Agnus Dei)*, der in jeder Messe gleichbleibenden
Texte, bis zum 2. Vatikanischen Konzil ausschließlich in lateinischer Sprache.

Metrum
1. geregeltes Versmaß einer Dichtung. 2. In der
Musik die Folge von betonten und unbetonten
Zählzeiten

Midi-file
Musical Instrument Digital Interface, Datei mit
musikalischen Steuerinformationen zur Kommunikation zwischen elektronischen Instrumenten und Computerprogrammen

Mikropolyphonie
Von György Ligeti im 20. Jahrhundert entwi-
ckelte Kompositionstechnik der polyphonen
Verflechtung von vielen selbstständig geführten
Stimmen, die zu einer pulsierenden Klangfläche
verschmelzen.

Minimal Music

Fasst verschiedene ab den 1960er-Jahren in den USA entwickelten Musikstile zusammen, bei welchen oft ein Klangteppich mit trancehafter Wirkung entsteht. Merkmale: repetitive Strukturen wie das Aneinanderreihen, Wiederholen und Überlagern kleinster motivischer Elemente (*pattern*) mit kleinen Variationen oder durch geringe unterschiedliche Geschwindigkeitsverläufe entstehende polyrhythmische Überlagerungen.

Minnegesang

Minnesang bezeichnet eine mittelalterliche gesungene Liebeslyrik an den Höfen des Adels im deutschen Sprachraum, welche die hochgestellte Frau verehrte.

Missa brevis

Kurze, ca. 20-minütige Messe für den normalen Sonntag mit eher kleiner Besetzung ohne Pauken und Trompeten manchmal nur aus *Kyrie* und *Gloria* bestehend.

Missa solemnis

Größer besetzte Komposition meist mit Pauken und Trompeten, mit Chor und Solisten für den feierlichen Festgottesdienst. ·

Mittelalter

Zeitraum zwischen Altertum und Neuzeit, in welchem nur in der europäischen Musiktradition die komponierte Mehrstimmigkeit erfunden wurde.

Modalnotation

Notenschrift der Notre-Dame-Schule im 12. Jahrhundert, in welcher nur schematisch gleiche den Versmaßen entsprechende Rhythmusgruppen notiert werden konnte.

Modern Jazz

Verschiedene Jazzstile ab dem Bebop um 1940

Monodie

Von Instrumenten akkordisch begleiteter Sologesang, der affektvoll vorgetragen wurde. Aus dem frei fließenden Sprachgesang (*stile recitativo*) entstanden Rezitativ und Arie.

Motette

Mehrstimmige Vokalkomposition mit geistlichem Text. Kleinere Textabschnitte werden jeweils unterschiedlich vertont und aneinandergereiht. Das weltliche, meist Liebeslyrik vertonende Gegenstück ist das → Madrigal.

Motettisches Prinzip

Die Aneinanderreihung jeweils unterschiedlicher, oft dem Text entsprechend bildhaft vertonter kleinerer Abschnitte.

Musette

1. franz. Dudelsack. 2. ruhiger, von einem Dudelsack begleiteter Tanz, aus dem sich der Musettewalzer entwickelte.

Musica enchiriadis

Musiktraktat aus dem 9. Jahrhundert, in welchem in der Organum-Lehre die Entstehung der Mehrstimmigkeit erkennbar wird.

Musical

Das Musical (engl.: *musical comedy, musical play*) bezeichnet ein ursprünglich amerikanisches, besonders am Broadway in New York beheimatetes Unterhaltungstheater mit gesprochenen Dialogen, Songs, Tanz und Balletteinlagen, das Stilelemente aus Operette, Varieté, Pop, Rock und Jazz beinhalten kann.

Musikdrama

Um 1850 schuf Wagner im Bemühen um das Gesamtkunstwerk das Musikdrama mit einer bis dahin unbekannten Verflechtung der Teilkünste Wort, Ton, Handlung, Schauspiel und Bühnenausstattung.

Musiktheater

Nach 1950 entstandener Begriff für die vielschichtigen Stile der Oper

Musique concrète

Eine Richtung der elektronischen Musik, die mit konkreten gespeicherten Klängen wie Alltagsgeräuschen oder eingespielten Instrumenten arbeitet, die durch Montage, Bandschnitt, Veränderung der Bandgeschwindigkeit und Tapeloops elektronisch verfremdet werden.

Neapolitanische Oper

Um 1700 die führende italienische Oper mit zwei lange Zeit gültige Formtypen, der ernsten *Opera seria* und der komischen *Opera buffa*

Neoklassizismus

Stilrichtung ab 1920, welche Formen des 18. Jahrhunderts verwendet. Sie ist auf der Suche nach einer vom Individuum abgelösten klaren und objektiven Kunst.

Neumen

Mittelalterliche Notenzeichen, welche nur die relative Tonhöhe nicht aber die Tondauer angeben.

New Orleans Jazz

Erster um 1900 in New Orleans von schwarzen Musikern ausgeformter Jazzstil mit Kollektivimprovisationen. Der Klang ist gekennzeichnet durch starke Akzente und raue Tonbildung. Kornett oder Trompete, Klarinette und Posaune bilden die *melody section*, Klavier, Banjo oder Gitarre, Kontrabass und das Schlagzeug die Rhythmusgruppe (*rhythm section*).

Off-beat

Typisches Merkmal des Swing-feelings, meist vor der regelmäßigen Zählzeit gebrachter Akzent

Offizium

Auf Benedikt von Nursia zurückgehendes Stundengebet der Mönche mit *Matutin, Laudes*, den kleinen Horen: *Prim, Terz, Sext, Non, sowie Vesper* und *Komplet*

Oktavbereiche

Jeweils von c bis zum nächsthöheren h reichender Tonbereich. Der mittlere Bereich heißt c1 (c') c eingestrichen; die nächsthöhere Oktave c2 (c'') zweigestrichen usw. Nach unten heißen die Bereiche kleine, große, Kontra- und Subkontraoktave.

Oldtime Jazz

Jazzstile vor 1940

Oper

Die Verbindung von Musik und weltlicher Bühnenhandlung, bei welcher die Musik eine tragende Rolle einnimmt und die Personencharaktere sowie die äußere und innere Handlung mitgestaltet.

Opera buffa

Aus den heiteren und komischen Zwischenakteinlagen der *Opera seria* entstand die abendfüllende *Opera buffa* mit spielfreudigen, frechwitzigen Stoffen aus dem bürgerlichen Alltag.

Opera seria

Um 1700 aus der adligen Festkultur entstandener ernster Typ der Neapolitanischen Oper mit heroischen und mythologischen Stoffen und dem Belcanto-Gesang als Stilideal.

Opéra-ballet

Gegen Ende des 17. Jahrhunderts werden die nur lose inhaltlich verbundenen Ballett- und Gesangsszenen in Schauspielen zu einer abendfüllenden Unterhaltung zusammengestellt.

Oratorium

Eine abendfüllende konzertante Vertonung eines meist geistlichen Textes für Orchester, Solisten und Chor um 1600 beinahe zur selben Zeit wie die Oper entstanden.

Orchesterexposition

Im Solokonzert erklingt zunächst die Orchesterexposition ohne Solist mit etwas kürzerem Haupt- und Seitenthema, darauf die Soloexposition, in welcher der Solovirtuose die Hauptrolle spielt.

Orchesterlied

Um 1850 durch Übertragung von Klavierliedern für das Orchester aus dem Wunsch entstanden, die große Lyrik durch die vielseitigeren Differenzierungsmöglichkeiten der orchestralen Begleitung einem breiteren Publikum nahezubringen.

Orchestersuite

Folge von Tanzsätzen in Form einer Suite für Orchester

Ordinarium missae

Die fünf in einer Messe gleichbleibenden Texte: *Kyrie, Gloria, Credo, Sanctus/Benedictus, Agnus Dei*. Sie bilden meist in lateinischer Sprache die Grundlage für zahllose Messkompositionen durch alle Epochen.

Organum
1. Im Mittelalter Bezeichnung für verschiedenartige Instrumente, speziell auch der Orgel. 2. Zu Beginn der Mehrstimmigkeit zunächst eine Anweisung zur Improvisation einer zweiten Stimme, dann auch eine Gattungsbezeichnung für zwei bis vierstimmige Kompositionen über einen *Cantus firmus*

Orgelpunkt
Ein lang ausgehaltener oder ständig wiederholter Basston, über dem auch entfernte Tonarten erklingen, oft als Steigerung der Kadenzwirkung an Werkschlüssen.

Ostinatovariation
Auch *Chaconne* oder *Passacaglia*, Variationen über einer ständig wiederholten, vier- oder achttaktigen Bassmelodie oft mit zugehöriger kadenzierender Akkordfolge

Ouvertürensuite
Bezeichnung für Suiten, die mit einer Ouvertüre beginnen.

Parlando
Eine rasches Sprechen nachahmende Singweise

Parodieverfahren
Bei der Komposition werden Teile aus anderen Werken übernommen s. a. Kontrafaktur.

Pattern
Ein musikalisches Grundmuster oder einfaches Motiv, das öfter wiederholt wird.

Pentatonik
Tonsystem aus 5 Tönen ohne Halbtöne aus drei Ganztönen und zwei kleinen Terzen

Permutation
In der seriellen Musik das Vertauschen von Tönen innerhalb einer Reihe.

Phantasievariation
Spezielle Motive oder harmonische Wendungen des Themas werden aufgegriffen und melodisch, rhythmisch und harmonisch so stark verändert, dass ein eigenständiger, zur der Vorlage kontrastierender Charakter entsteht.

Picardische Terz
Die große Terz bei Mollstücken, die mit einem Durdreiklang enden.

Popmusik
1. Im weiten Sinn jede durch Massenmedien verbreitete Unterhaltungsmusik. 2. Im engeren Sinn angloamerikanische auf Rock'n'Roll und Beat basierende Musik ab 1950

Präludium
Einleitungsstück vor einem anderen Musikwerk

Programmsinfonie
Sinfonie mit einem unterlegten Programm

Protestsong
Ein Lied gegen politische oder soziale Missstände

Psalmodie
Gesungener Vortrag von Psalmversen, die jeweils unterschiedliche Silbenanzahl besitzen, auf eine Psalmton genannte melodische Formel (Psalmmodell).

Quintenzirkel
Grafisch kreisförmige Darstellung der Quintverwandtschaften von Durdreiklängen auf allen 12 Halbtonstufen mit ihren parallelen Molltonarten

Quintorganum
Entwicklungsstufe bei der Entstehung der Mehrstimmigkeit; die in parallelen Quinten unter der Hauptstimme geführte zweite Stimme.

Ragtime
Klaviermusik mit besonders synkopierter Spielweise, Vorläufer des Jazz, bekanntester Komponist und Interpret: Scott Joplin

Rap
Schneller rhythmisierter Sprechgesang zu einem Rhythmushintergrund

Reggae
Mischung aus Rhythm & Blues und jamaikanischer Folklore

Renaissance
Kulturepoche des 15. und 16. Jahrhunderts, musikalisch auch Niederländische oder Francoflämische Vokalpolyphonie genannt.

Reprise
Teil der Sonatenhauptsatzform, nimmt mehr oder weniger verändert die Exposition wieder auf.

Responsorisch
Wechsel zwischen Vorsänger und Gruppe

Revival
Das Wiederaufleben eines Stils oder einer Mode der Vergangenheit

Rezitativ
Instrumental begleiteter Sprechgesang, auf den in Oper, Oratorium und Kantate oft eine Arie folgt.

Rhythm & Blues (R & B)
seit etwa 1940, Großstadtblues der Schwarzen in den USA; schneller, härter, rhythmischer als der „alte" (ländliche) Blues

Rhythmik
1. Lehre vom Rhythmus 2. Spezifische rhythmische Stilkomponente eines Werkes

Rhythm section
Rhythmusgruppe einer Band

Rhythmus
Die lebendige Vielfalt der wechselnden Tondauern und Betonungen der Musik, im Gegensatz zur gleichförmigen Abfolge der Taktbetonungen

Ricercar
Instrumentales einleitendes Vorspiel in der Imitationstechnik einer Motette

Ripieno
Bezeichnung für das volle Orchester im 17. und 18. Jahrhundert

Ritornell
Ein mehrfach wiederkehrender Abschnitt

Rock'n'Roll
Rhythm & Blues vermischt mit Elementen aus Country & Western und Hillbilly-Musik; wird zum Generationssymbol der weißen Teens und Twens der 1950er-Jahre.

Romantik
Musikalisch unscharfe, von der Literatur geprägte Bezeichnung für das 19. Jahrhundert. Die Musik gilt als universale Kunst, die poetischen Gehalt übermittelt und durch die direkt das Innere des Menschen ausgedrückt und angesprochen werden kann.

Rondeau
Rundtanz, Reigenlied mit Refrain

Rondo
Reihungsform, bei welchem zwischen die einprägsamen wiederkehrenden Teile neue Teile eingeschoben werden z. B. ABACADA oder ABA C ABA.

Rückmodulation
Tonartwechsel zurück in die Ausgangstonart

Salonmusik
Unterhaltende bürgerliche Gebrauchsmusik im 19. Jahrhundert, oft für Klavier oder für Klavier mit Violine oder Gesang gesetzt

Salonorchester
Kleineres Instrumentalensemble für Unterhaltungsmusik im bürgerlichen Salon, im Ballsaal oder in Kuranlagen

Sarabande
Tanzsatz der klassischen Suite in langsamem, gravitätischen 3/2-Takt mit Betonung der 2. Zählzeit

Satzstruktur
Untersucht die musikalische Beschaffenheit eines Tonsatzes auf Merkmale wie Vokal- und Instrumentalsatz oder homophone, kontrapunktische, freie, figurierte Setzweise zur Darstellung der speziellen Eigenheiten.

Scherzo
Aus dem Menuett entwickelter schneller Satz im 3/4-Takt, welcher auch das Menuett in Sonate und Sinfonie ersetzt.

Seccorezitativ
Nur von Generalbassinstrumenten begleitetes Rezitativ im Gegensatz zum orchesterbegleiteten *accompagnato* Rezitativ

Seitenthema

Das zweite Thema in der Sonatensatzform

Sequenz

1. Mittelalterliche Gattung der Gregorianik: entstanden aus der syllabischen Textierung des langen melismatischen Jubilus auf dem letzten „a" des *Alleluja* vor dem Evangelium. 2. Wiederholung eines Motivs auf einer anderen Tonstufe

Serialismus

Kompositionsweise nach 1950, die ausgehend von der Tonhöhenvorausbestimmung einer 12-Ton-Reihe auch die anderen musikalischen Parameter Dauer, Dynamik und Anschlag durch eine möglichst zwölftönige Reihe vorherbestimmt.

Sinfonie

Sonate für Orchester

Sinfonische Dichtung

Gattung der → Programmmusik ab 1850 für sinfonisches Orchester, die sich nicht an der Formgestalt einer Sinfonie orientiert, sondern an einer außermusikalischen Idee.

Singer-Songwriter

Liedermacher im angloamerikanischen Sprachbereich

Slèndro-Skala

5-töniges System aus der Gamelanmusik Javas mit fünf gleichgroßen 1/5tel Tönen in einer Oktave

Smear

Das oft gleitende Erreichen der Tonhöhen in afroamerikanischer Musik

Soggetto

Für kontrapunktische Werke typische Themengestalt mit einem markanten Themenkopf und einer fließend unscharfen Weiterführung

Soloexposition

Die im Solokonzert nach der Orchesterexposition ohne Solist erklingende zweite Gestalt der Exposition mit ausgeschmücktem Haupt- und Seitenthema, in welchen der Solovirtuose die Hauptrolle spielt.

Solokadenz

Im Solokonzert am Ende der Reprise stehender solistischer Einschub, eingeleitet vom Orchester mit dem typischen Quartsextakkord der Tonika. Der Solist hat hier die Möglichkeit, ohne Orchester seine virtuose und künstlerische Ausdruckskraft zu beweisen.

Solokonzert

Sonate für Orchester und Soloinstrument mit nur drei Sätzen, dem schnellen, energischen Kopfsatz in der Sonatenhauptsatzform, dem kantablen Liedsatz und dem spielerisch bis virtuosen Finalsatz, meist in Rondoform. Der Tanzsatz fehlt.

Sonata da camera

Auch Kammersonate genannt mit den vier Kernsätzen Allemande – Courante – Sarabande – Gigue, welche durch weitere Sätze ergänzt werden konnte.

Sonata da chiesa

Auch Kirchensonate genannt mit der Satzfolge: 1. Satz: langsam, gravitätisch imitierend; 2. Satz: schnell, fugiert; 3. Satz: langsam, kantabel, homophon; 4. Satz: schnell, fugiert

Sonate

1. Ein mehrteiliges, formal freies Instrumentalstück gegen Ende der Renaissance in Venedig entstanden. 2. Im Barock weiterentwickelt zur Solosonate mit und ohne Generalbass und zur Triosonate mit zwei Melodieinstrumenten und *Basso continuo* in den beiden Formen Kammer- und Kirchensonate. 3. Wichtigste Instrumentalgattung der Klassik mit meist vier Sätzen, gekennzeichnet durch zwei häufig kontrastierende Themen, motivisch-thematische Verarbeitung, den periodischen Aufbau der Themen, die Struktur der Tonarten sowie durch Veränderungen von Dynamik, Klangfarbe und Satzstruktur auf kleinstem Raum. Die Einzelsätze wurden nicht mehr nur aneinandergereiht, sondern als Bestandteil der größeren Form Sonate wahrgenommen (Zyklusbildung).

Sonatenhauptsatz

1. Satz der Sonate in Sonatensatzform

Song
Im Englischen Sprachgebrauch allgemein die Verbindung von Text und Musik, im Deutschen ein etwas ungenauer Begriff für heutige fremdsprachige und deutsche Lieder wie etwa Folksong, Gospelsong oder Protestsong.

Spiritual
Christliches mit dem Beginn der Sklaverei in USA entstandenes Lied

Stammtöne
Die Stammtöne (c, d, e, f, g, a, h, c) entsprechen den Tönen der C-Dur-Tonleiter und den weißen Tasten des Klaviers.

Stilisierte Tänze
Bei den Sätzen der spätbarocken Suite handelt es sich oft um stilisierte Tänze oder tanzfreie Stücke, da die Tänze bereits unmodern geworden waren.

Stilpluralismus
Gleichzeitig nebeneinander bestehende Stilvielfalt, Merkmal des 20. Jahrhunderts

Stilwandel
Veränderung wesentlicher Merkmale eines Stils

Streichquartett
Ensemble aus zwei Violinen, Viola und Violoncello, anspruchsvollste und typisch klassische Gattung der Kammermusik. Alle beteiligten Streichinstrumente gehören zur Familie der Violineninstrumente, die sich auszeichnen durch einen enormen Tonumfang von vier Oktaven, vielseitige klangliche Möglichkeiten durch verschiedene Artikulation und Bogentechnik, große dynamische Flexibilität, die Möglichkeit zu schnellsten Passagen, großen Sprüngen und mehrstimmigem Spiel.

Strophenlied
Gleiche Melodie zum wechselnden Strophentext

Sturm und Drang
Stil von 1760–1780 mit den musikalischen Kennzeichen gesteigerter Gefühlsbetontheit durch kühne Harmonik, prägnanter Rhythmik und starker dynamischer Gegensätze

Suite
Reihungsform aus einer Folge von Tanzsätzen

Swing
In allen Stilrichtungen des Jazz zu findendes Merkmal aus *Off-beat* dem meist vor der regelmäßigen Zählzeit gebrachten Akzenten und der ternären Spielweise (zwei gleich notierte Noten werden ungefähr im Verhältnis 2 : 1, lang – kurz ausgeführt).

Synkope
Akzentverschiebung auf eine unbetonte Zählzeit durch Anbindung einer unbetonten Zählzeit an die folgende betonte

Tanzsatz
1. Zum Tanz gedachte Komposition. 2. Der 3. Satz einer Sonate (Menuett oder Scherzo)

Techno
Von elektronischen Instrumenten und Apparaten (Synthesizer, Sampler, Electronic Drums u. a.) geprägte Rockrichtung

Tempo
Geschwindigkeit, Angaben oft in Zählzeiten pro Minute

Ternäre Spielweise
Zwei gleich notierte Noten werden ungefähr im Verhältnis 2 : 1, lang – kurz ausgeführt.

Terzschichtakkord
Aus mehr als 3 Terzen bestehende Akkorde (Nonen- und Undezimenakkorde)

Themenkopf
Markanter, erinnerbarer Beginn eines Themas meist in kontrapunktischer Umgebung

Tondauer
Länge eines Tons

Tonhöhe
Grundeigenschaft eines Tons abhängig von seiner Schwingungsfrequenz, je höher die Frequenz, umso höher der Ton.

Tonhöhendeklamation
Sprechen im angegebenen Rhythmus auf ungefährer Tonhöhe, angezeigt durch die Kreuze im Notenhals

Tonmalerei
Nachahmung von Sicht- oder Hörbarem

Tonumfang
Spannweite zwischen dem höchsten und dem tiefsten Ton eines Instruments oder einer Stimme

Transposition
Das Versetzen von Musik in eine höhere oder tiefere Lage verbunden mit einem Wechsel der Tonart

Triosonate
Zwei Instrumente in Sopranlage und ein Generalbassinstrument, häufigste Instrumentalgattung des Barock

Troubadour
Südfranzösische Dichter, Komponisten und Sänger höfischen mittelalterlichen Liedern in provenzalischer Sprache im 12. und 13. Jahrhundert

Trouvère
Dichtersänger in der altfranzösischen Sprache Nordfrankreichs nach 1250

Tutti
Alle Beteiligten in Chor oder Orchester

Umkehrung
1. Vertauschen der Intervallrichtung von oben nach unten und umgekehrt, in der 12-Ton-Musik die genaue Spiegelung des Intervalls. 2. Bei Akkorden werden jeweils andere Akkordtöne zum tiefsten Ton siehe z. B. Sextakkord oder Quintsextakkord.

Unendliche Melodie
WAGNER versteht die sich einer periodischen Gliederung widersetzende Melodie als historisch notwendige Befreiung von den Tanzformen der italienischen Oper.

Variation
Ein Grundprinzip jeder künstlerischen Gestaltung; jede abwandelnde Veränderung mit Wiederholung und Kontrast

Variationenzyklus
Die einzelne Variation wird funktionales Glied einer größeren Einheit.

Venezianische Oper
1637 wurde in Venedig das erste öffentliche Opernhaus eröffnet. Gegen Eintrittsgeld konnte nun jeder die Oper besuchen, deren Stoffe dem Unterhaltungsbedürfnis des Publikums entsprechend abwechslungsreicher und auch komischer wurden. Chor und Ballett wurden aus Kostengründen fast ganz weggelassen, das Orchester nur klein besetzt.

Verdichtung, kontrapunktische
Oft am Fugenende z. B. durch mehrfache Engführung und Orgelpunkt, ein lang ausgehaltener Basston, über dem auch entfernte Tonarten erklingen können.

Versetzungszeichen
Siehe Vorzeichen

Vespervertonung
Vertonung von Psalmen und Hymnus des abendlichen Vespergottesdienstes

Violineninstrumente
Violine, Viola und Violoncello besitzen vier in Quinten gestimmte Saiten und denselben Grundbauplan.

Virtuose
Zeichnet sich aus durch ausdrucksvolles und technisch brillantes Spiel auf seinem Instrument.

Vokalpolyphonie (auch Franko-flämische Vokalpolyphonie)
Bezeichnet das Schaffen mehrerer Generationen von Komponisten, die aus Nordfrankreich, dem heutigen Belgien und den südlichen Niederlanden stammend zwischen 1380 und 1600 in ganz Europa gewirkt haben.

Volkslied
Meist mündlich überliefert ohne bekannten Autor

Vorhalt
Dissonante Note auf betonter Taktzeit, wurde in der Kontrapunktlehre durch Überbindung von einer konsonanten Note erreicht.

Vortragsbezeichnungen
Zusätzlich zum Notentext notierte Zeichen oder Texte, welche Dynamik, Tempo, Artikulation usw. genauer bezeichnen.

Vorzeichen

Auch Akzidenzien genannt, erhöhen, erniedrigen einen Stammton oder machen dessen Versetzung rückgängig.

Wechselnote

Dissonanz auf unbetonter Zählzeit, die stufenweise erreicht wird und zum Ausgangston zurückkehrt.

Wiener Klassik

Die Zeit von 1750 (dem Todesjahr BACHS) bis 1827 (dem Todesjahr BEETHOVENS) mit Stil und Werken der drei großen Wiener Komponisten (HAYDN, MOZART, BEETHOVEN).

Worksong

Ein rhythmisch betontes Lied zur Begleitung der Arbeit

Zwischenspiel

1. Verbindende Musik zwischen verschiedenen Teilen z. B. einer Oper. 2. In der Fuge, locker komponierte themenfreie Abschnitte

Zwölftonmusik

System zur Komposition atonaler Musik auf Grundlage der 12 Halbtöne der chromatischen Tonleiter, aus welchen eine bestimmte Reihe erstellt wird, in welcher jeder Ton nur einmal vorkommt. Die Reihe wird dann zur melodischen und harmonischen Grundlage des Werkes.

Zyklus

Mehrteiliges Werk, dessen Einzelteile durch einen Sinnzusammenhang zu einer größeren Einheit zusammengefasst werden.

Bildquellenverzeichnis

akg-images GmbH, Berlin: Beethoven-Haus Bonn 154. |bpk-Bildagentur, Berlin: 95, 174, 198; Arnold Schönberg 187. |Monteverdi, Claudio: Internationale Musikbibliothek 82. |Picture-Alliance GmbH, Frankfurt/M.: 191. |Rettenmaier, Jürgen, Augsburg: 202. |ullstein bild, Berlin: 70; TopFoto 163. |Alamy Stock Photo/ Heritage Image Partnership Ltd: 135.

Wir arbeiten sehr sorgfältig daran, für alle verwendeten Abbildungen die Rechteinhaberinnen und Rechteinhaber zu ermitteln. Sollte uns dies im Einzelfall nicht vollständig gelungen sein, werden berechtigte Ansprüche selbstverständlich im Rahmen der üblichen Vereinbarungen abgegolten.

Stichwortverzeichnis

Blau gedruckte Seitenzahlen verweisen auf das Glossar.

Personenregister

Fett gedruckt Seitenzahlen verweisen auf die Kurzbiografien.